FRANZ LENK.
DER ENTWIRK-
LICHTE BLICK

FRANZ LENK. DER ENTWIRK-LICHTE BLICK

Herausgegeben von Johannes Schmidt

Städtische Galerie Dresden – Kunstsammlung

Städtische Wessenberg-Galerie Konstanz

Deutscher Kunstverlag

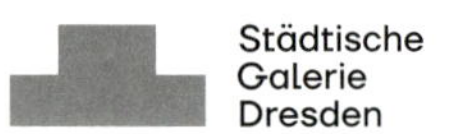
Städtische
Galerie
Dresden

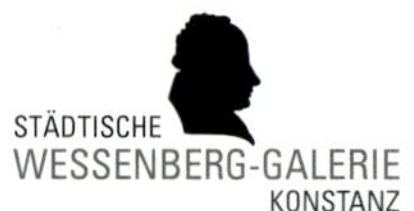
STÄDTISCHE
WESSENBERG-GALERIE
KONSTANZ

Wir danken für die Unterstützung der 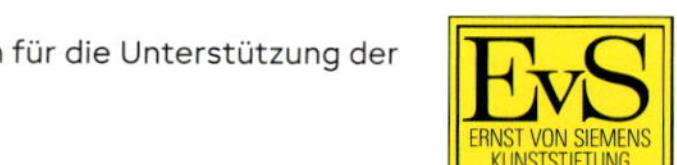

Inhalt

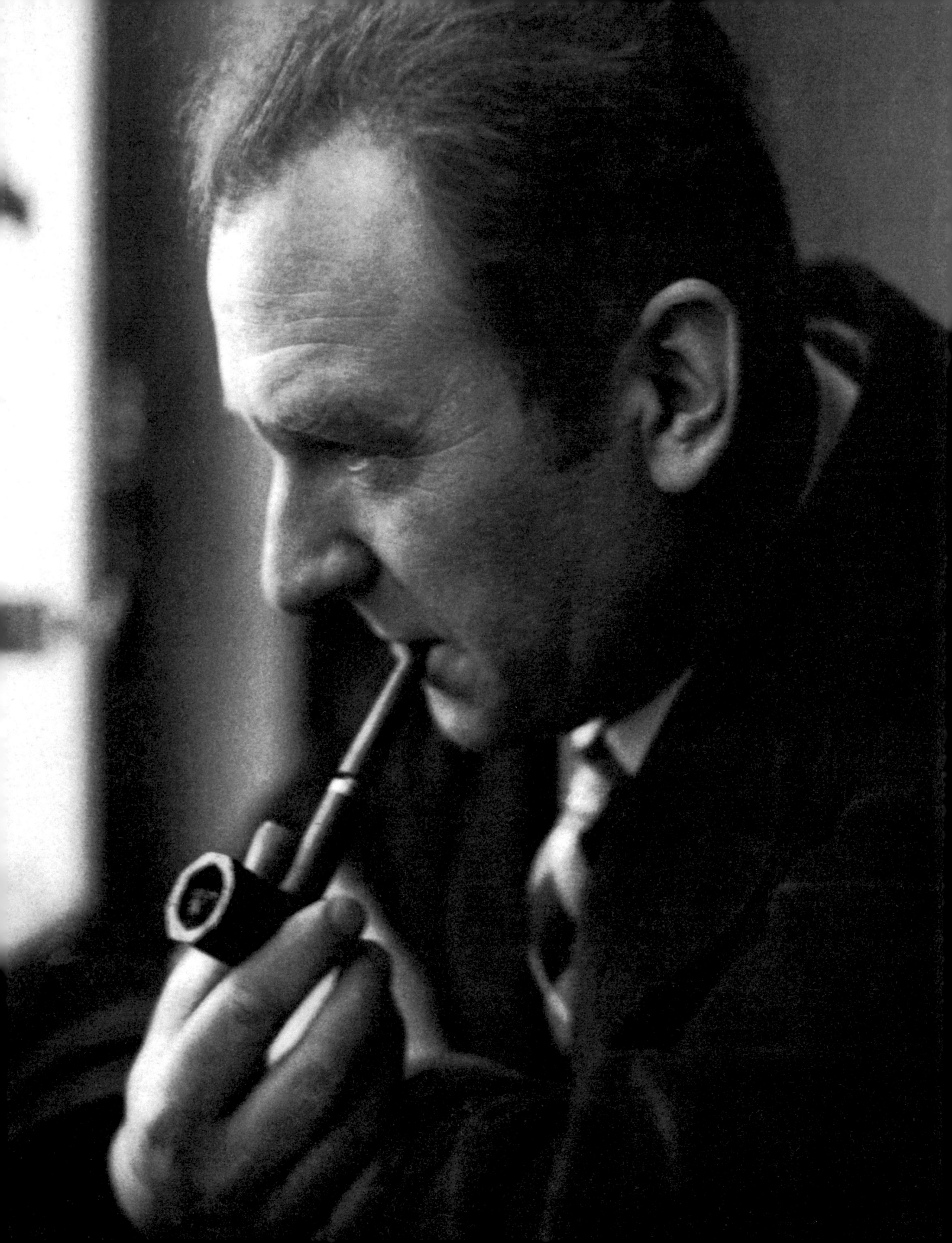

Vorwort und Dank

Franz Lenk zählt zu den herausragenden Vertretern eines neuen Realismus, der sich in Deutschland Anfang der 1920er Jahre entwickelte. Diese Kunstrichtung, die nach einer berühmt gewordenen Ausstellung, die 1925 in der Mannheimer Kunsthalle stattfand, den Namen »Neue Sachlichkeit« erhielt, löste den Expressionismus ab. Der Begriff »Neue Sachlichkeit« beinhaltet dabei durchaus Gegensätzliches und versammelt so unterschiedliche künstlerische Positionen wie die sozialkritischen Bilder eines Otto Dix, George Grosz oder Georg Scholz, Alexander Kanoldts konstruierte, abweisende Stadtarchitekturen, Carl Grossbergs seelenlose Maschinenparks, Georg Schrimpfs und Theo Champions lyrische Romantizismen, Christian Schads, Jeanne Mammens und Richard Zieglers kühl analysierende Laszivität oder Gerta Overbecks, Grethe Jürgens und Hannah Nagels eindringliche Milieuschilderungen.
Franz Lenk, 1898 in Langenbernsdorf in Sachsen geboren, stammte aus bäuerlichen Verhältnissen. Diese ländliche Herkunft sollte sein Weltbild und sein künstlerisches Schaffen entscheidend prägen. Nach einer Lehre als Lithograf studierte er 1916 an der Dresdner Kunstakademie. Sein durch den Kriegsdienst unterbrochenes Studium schloss er 1924 ab. Mit dem Umzug nach Berlin begann 1926 Lenks künstlerischer Aufstieg: Er nahm an Ausstellungen in Deutschland, Norwegen, den Niederlanden und den USA teil, schloss sich 1932 mit Theo Champion, Adolf Dietrich, Hasso von Hugo, Alexander Kanoldt, Franz Radziwill und Georg Schrimpf zusammen zur Gruppe »Die Sieben« und wurde 1933 als außerordentlicher Professor für Landschaftsmalerei an die Vereinigten Staatsschulen für freie und angewandte Kunst Berlin berufen. Er geriet jedoch bald in kritische Distanz zum NS-Regime; 1939 legte er sein Lehramt nieder, um sich nach Orlamünde in Thüringen zurückzuziehen. 1939 wurde der Künstler eingezogen und nahm für kurze Zeit als Kriegsmaler am Polenfeldzug teil. Nach Orlamünde zurückgekehrt, zog er sich endgültig in die innere Emigration zurück. 1944 flüchtete Lenk vor dem Krieg zu Freunden nach Wilhelmsdorf bei Ravensburg, um 1948 nach Fellbach und 1959 nach Schwäbisch Hall überzusiedeln, wo er zeitweilig als städtischer Kulturbeauftragter tätig war und 1968 starb.
Franz Lenks künstlerischer Durchbruch erfolgte Ende der 1920er Jahre und auch in der Zeit des Nationalsozialismus war er erfolgreich tätig. Die Themen seiner Bilder – Porträts, Stillleben und immer wieder Landschaften –, vor allem aber sein malerischer Stil ließen sich scheinbar konfliktlos mit den ideologischen Vorgaben der neuen Machthaber vereinen. Tatsächlich neigte Lenks Kunst nach neusachlich nüchternen Anfängen schon um 1930 einer neuromantischen Haltung zu, die jedoch bei genauer Betrachtung weitaus weniger idealisierend ist, als es auf den ersten Blick scheint. Nach 1945 verfolgte der Künstler unbeirrt den eingeschlagenen Weg, auch wenn er sich angesichts der wachsenden Dominanz der Abstraktion in Westdeutschland zunehmend isoliert sah.

Obwohl Franz Lenk zu den herausragenden neusachlichen Malern zählt, in keiner Abhandlung über diesen Stil fehlt und seine Gemälde und Grafiken nicht nur in deutschen Museen und Sammlungen vertreten sind, kommt seinem Werk nicht die Aufmerksamkeit zu, die es verdient. Die 1976 erschienene, von der Kölner Galerie von Abercron herausgegebene »Retrospektive mit Dokumentationen« stellte die erste wegweisende Veröffentlichung über Franz Lenk dar. 1986 legte Susanne Thesing eine Monografie über den Künstler vor. 2019 erschien anlässlich einer Lenk-Ausstellung bei der Galerie Bayer in Bietigheim-Bissingen ein von Michael Kicherer verfasster Katalog. Lenk-Ausstellungen in Museen fanden seit Längerem nicht mehr statt. 2017 erinnerte letztmals das Hällisch Fränkische Museum in Schwäbisch Hall an den Maler.

Die Städtische Galerie Dresden und die Städtische Wessenberg-Galerie Konstanz haben sich zusammengetan, um das Leben und Werk von Franz Lenk wieder in Erinnerung zu rufen. Dresden ist Lenk durch seine Studienzeit biografisch verbunden, am Bodensee hielt er sich 1931 erstmals auf und besuchte die Gegend bis zu seinem Tod immer wieder.

Im Zentrum von Ausstellung und Publikation steht nicht nur Lenks künstlerische Entwicklung, sondern auch seine ambivalente Haltung in den Jahren 1933 bis 1945 wird analysiert und im Kontext der Zeitereignisse bewertet. Weitergehende biografische und kunsthistorische Erkenntnisse, unter anderem zum Umfeld des Künstlers, wie zur Gruppe »Die Sieben«, seine Freundschaft mit Georg Schrimpf oder seine regelmäßige Teilnahme an den Ausstellungen des Carnegie Instituts in Pittsburgh, USA, werden thematisiert. Zentrale Aspekte seines Schaffens – Stillleben, Porträt und vor allem die Landschaftsdarstellung – aber auch die Deutung seiner Kunst vor dem Hintergrund seiner theoretischen Schriften stehen im Fokus der Darstellung.

Unser Ausstellungsvorhaben stieß auf überaus positive Resonanz, wäre aber ohne die allseits erfahrene Unterstützung nicht möglich gewesen. Illona und Mira Lenk, den Enkelinnen des Künstlers, sowie Michael Kicherer, der das Werkverzeichnis erarbeitet, sind wir zu besonderem Dank verpflichtet. Ohne die mit ihnen geführten Gespräche, den umfassenden Einblick, den sie uns in den Lenk-Nachlass gewährten und ihre große Hilfsbereitschaft wären unsere Forschungen weniger ertragreich gewesen. Michael Kicherer hat zudem einen lesenswerten Beitrag für den Katalog verfasst.

Zahlreiche Leihgaben aus öffentlichen und privaten Sammlungen wurden uns für die Ausstellung zugesagt. Wir danken allen Leihgebern sehr herzlich für ihre Bereitschaft, uns zu unterstützen, und für das Vertrauen, das sie unserer Arbeit entgegenbringen.

Daneben sind uns viele Menschen und Institutionen bei unseren Forschungen und der schrittweisen Umsetzung des Projekts mit Rat und Tat zur Seite gestanden. Sie alle mögen sich in unseren Dank eingeschlossen fühlen, denn ein Vorhaben wie dieses hat uns – zumal in den schwierigen Corona-Zeiten – vor nicht alltägliche Herausforderungen gestellt. Dass es überhaupt zu einer Kooperation kam, verdanken wir Rainer Wandel, Konstanz, der beiden Häusern seit langem freundschaftlich verbunden ist und eine Zusammenarbeit anregte. Johannes Schmidt, Kustos für Malerei an der Städtischen Galerie Dresden, war nicht nur für die Konzeption und Verwirklichung der Schau in Dresden verantwortlich, sondern übernahm auch die sachkundige Redaktion des Kataloges. Denise Walther besorgte dessen ansprechende Gestaltung und dem Deutschen Kunstverlag danken wir für die Aufnahme des Buches in sein Programm.

Dass dieser Katalog überhaupt möglich wurde, wäre jedoch ohne die großzügige Förderung der Ernst von Siemens Kunststiftung nicht möglich gewesen, denn aus eigenen Mitteln hätten wir die Publikation nicht realisieren können. Dank der gewährten Unterstützung können die neu gewonnen Erkenntnisse zu Franz Lenks Leben und Werk dauerhaft gesichert und einer breiten Öffentlichkeit zugänglich gemacht werden.

Ein Projekt wie dieses kann nur gelingen, wenn alle Beteiligten konstruktiv zusammenwirken. Vor allem die kleinen Teams unserer Häuser, die stets bescheiden im Hintergrund wirken, haben wieder maßgeblich zu seiner Umsetzung beigetragen. Ihnen gebührt einmal mehr unser Dank.

Wir wünschen den Ausstellungen in Dresden und Konstanz viel Erfolg und hoffen, dass sie dazu beitragen, Franz Lenks qualitätvolles Werk bekannter zu machen und seinen Namen fortan als feste Größe in der deutschen Kunstgeschichte zu verankern.

Dr. Gisbert Porstmann
Direktor der Städtischen Galerie Dresden

Dr. Barbara Stark
Leiterin der Städtischen Wessenberg-Galerie Konstanz

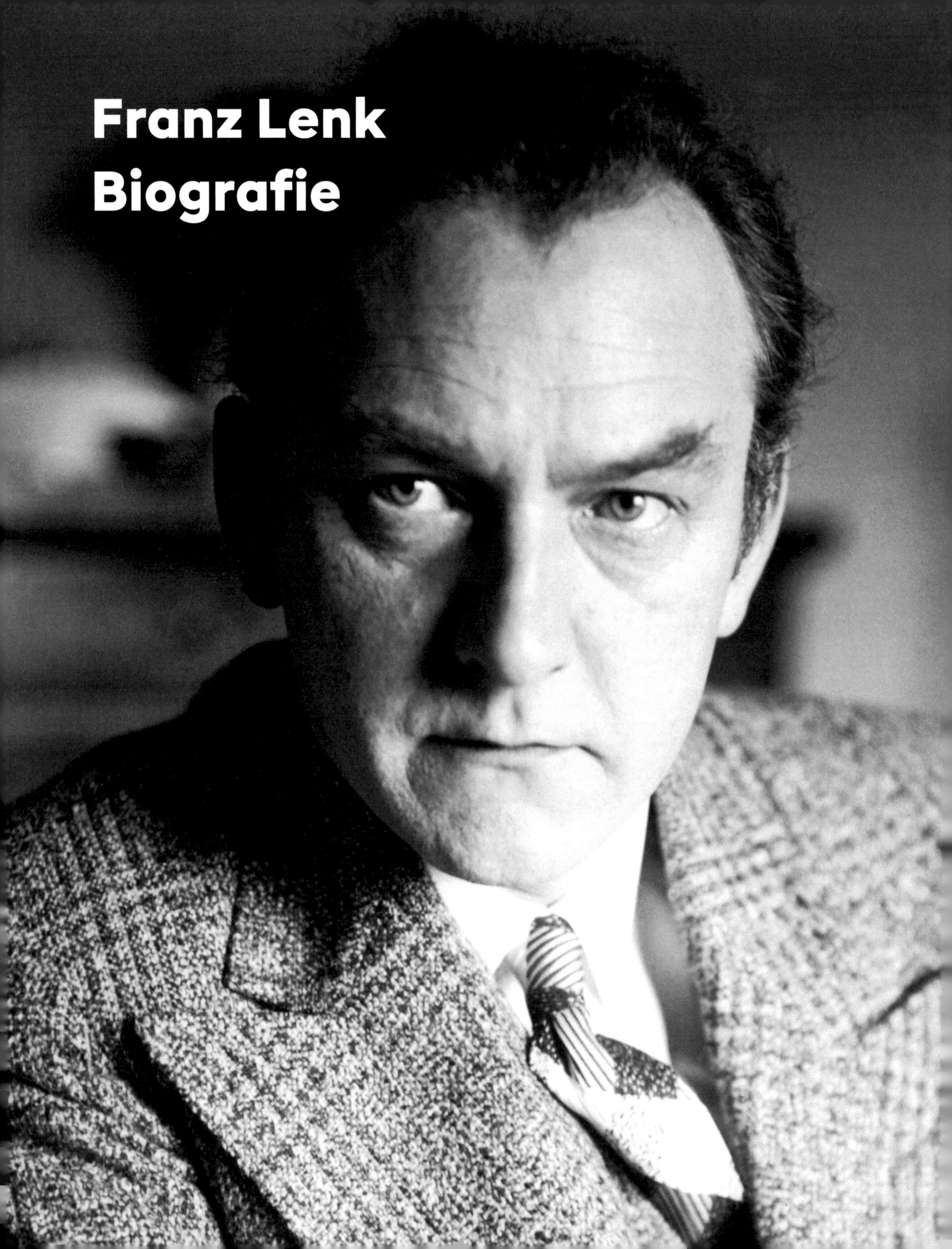

Franz Lenk
Biografie

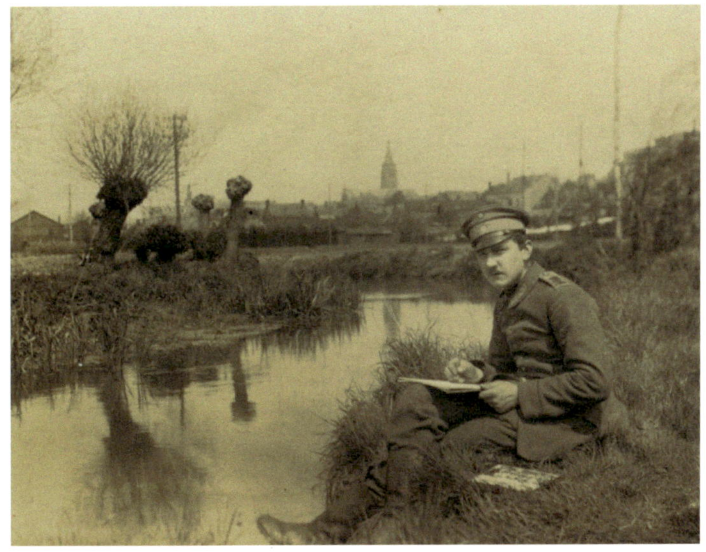

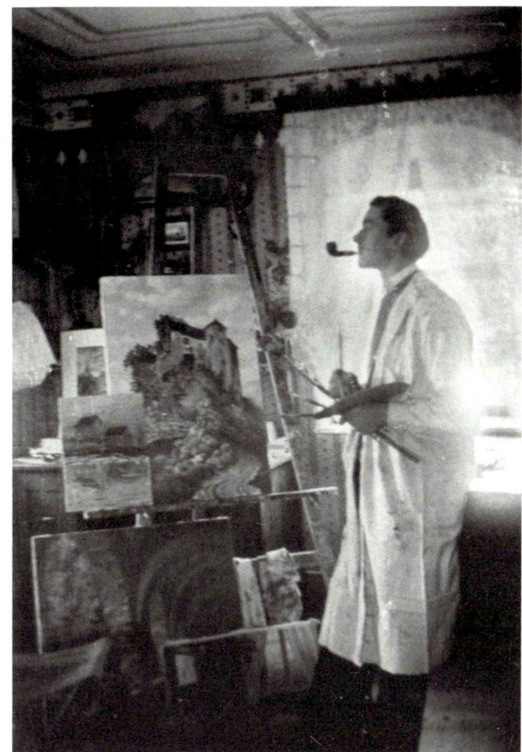

Abb. 1 — Unbekannter Fotograf, Franz Lenk zeichnend in Frankreich, 1917

Abb. 2 — Unbekannter Fotograf, Franz Lenk in Dresden, 1920

1898 Franz Erich Lenk wird am 21. Juni in Langenbernsdorf im Landkreis Zwickau in bäuerlichen Verhältnissen geboren und evangelisch getauft. Der Vater Eduard Franz Lenk (1861–1922) ist Landgendarm und Gemeindediener, die Mutter Anna Auguste Lenk, geborene Kästner (1858–1943). Franz Lenk hat zwei ältere Geschwister, den 1891 geborenen Bruder Hans Walter und die 1893 geborene Schwester Martha Elsa.

1912 Er beginnt eine Lehre als Dekorationsmaler, die er nach einem halben Jahr abbricht. Stattdessen absolviert er eine Ausbildung zum Lithografen in Crimmitschau, die er 1915 abschließt.

1916 Ein Nachbar unterstützt ihn finanziell, sodass er ein Studium an der Dresdner Kunstakademie aufnehmen kann. Er beginnt zu Ostern 1916 auf Probe in der Anfangsklasse bei Richard Müller. Auf Antrag des Vaters, der seine bescheidenen Vermögensverhältnisse offenlegt, erhält er eine Freistelle. Ein halbes Jahr später wird er zum Militärdienst eingezogen.

1916–1918 Lenk leistet Kriegsdienst als Kartenzeichner und Infanterist an der Westfront, u. a. in Le Cateau-Cambrésis, Frankreich (Abb. 1). Nach der Entlassung vom Militär meldet er sich Ende November 1918 an der Dresdner Kunstakademie zurück.

1919–1920 Ab Januar 1919 setzt er sein Studium in der Zeichenklasse von Richard Müller fort (Abb. 2). Im Wintersemester 1919/20 lässt er sich beurlauben – aufgrund »besondere[r] Verhältnisse«, wie er 1921 schreibt. Später erwähnt er, dass er geflohen ist vor dem »köstlichste[n] Unsinn in ernster Maske«[1] der unter seinen Kommilitonen dominierenden Avantgarde-Strömungen. Möglicherweise bestand der Grund auch darin, dass Lenk einen Auftrag der Stadtverwaltung Werdau angenommen hatte, zwei Stadtansichten für den Stadtverordnetensaal des dortigen Rathauses zu malen (Abb. 3). Mit den Bildern sollten die Porträts des Kaisers und des sächsischen Königs ersetzt werden. Wohl anlässlich von deren Übergabe zeigt Lenk vom 3. bis 8. November 1920 eine Ausstellung »Aquarelle und Oelstudien von der Nordsee, aus Thüringen, aus dem Felde u. aus der Heimat des Künstlers. Porträts, Porträtstudien, Stilleben, Interieurs, Pastellbilder, Zeichnungen, Kompositionen u. v. m.« im Kleinen Saal der Festhalle auf dem Schützenplatz in Werdau. Sein

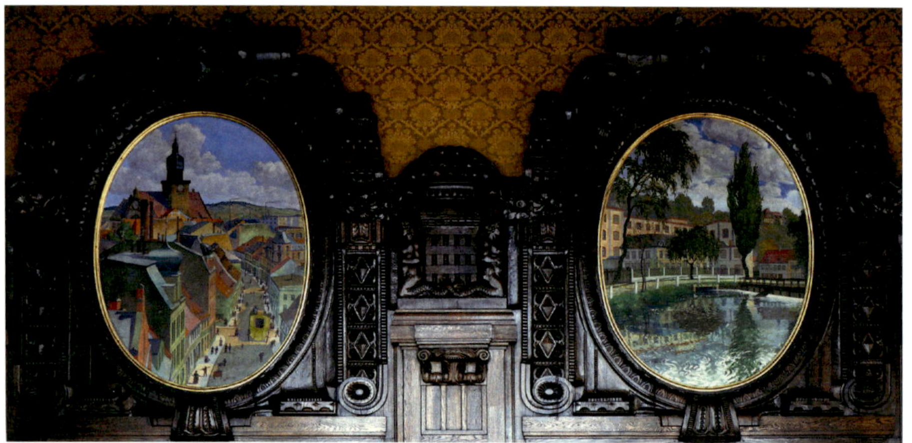

ehemaliger Zeichenlehrer Karl Orth würdigt ihn mit einer Rezension in der Werdauer Zeitung. Am 26. November 1920 bedankte sich der Werdauer Bürgermeister bei Lenk für den »dauerhaften prächtigen Schmuck« und die »treffliche Leistung«.

1921 Am 22. Januar heiratet Lenk in Dresden die neun Jahre ältere Charlotte Süßemilch (1889–1976) und bezieht mit ihr im Norden der Stadt eine Wohnung in der Marsdorfer Straße 10. Er beginnt mit dem Führen eines Arbeitsbuchs, in dem er seine Ölbilder und deren Verbleib einträgt sowie maltechnische Details notiert. In dessen Abschrift vermerkt er später »1921 hatte ich ein Atelier in Dresden, Wilder Mann, darin die meisten der Bilder entstanden sind.«[2] Damit ist wohl seine Wohnadresse gemeint, die er auch bei seiner Wiederanmeldung an der Kunstakademie angibt.

Zum Wintersemester 1921/22 setzt er sein Studium fort. Von Richard Müllers Klasse wechselt er in die Malklasse von Richard Dreher und wenig später in die von Ferdinand Dorsch und Max Feldbauer. Die Akademie stellt ihm ein Atelier in der Zirkusstraße. Möglicherweise lernen sich Lenk und Otto Dix in dieser Zeit an der Kunstakademie kennen.

1922 In seinem Arbeitsbuch vermerkt Lenk die Entstehung von 47 Bildern, davon 35 Landschaften, vier Porträts und acht Stillleben.

1923 Im August unternimmt Lenk eine Studienreise nach Bayern.

1924 An der Akademie druckt Lenk Lithografien (Abb. 4). Im März unternimmt er eine Studienreise ins Vogtland. Zum Sommersemester wechselt er als Einzel-

schüler zu Robert Sterl. Dem Spätimpressionisten verdankt er sicher nicht unwesentliche Impulse für seine Auseinandersetzung mit der Landschaftsmalerei, notiert aber später in seinem Arbeitsbuch »Mit Sterl kein Verstehen«.

Am 13. Juni wird seine Ehe geschieden.

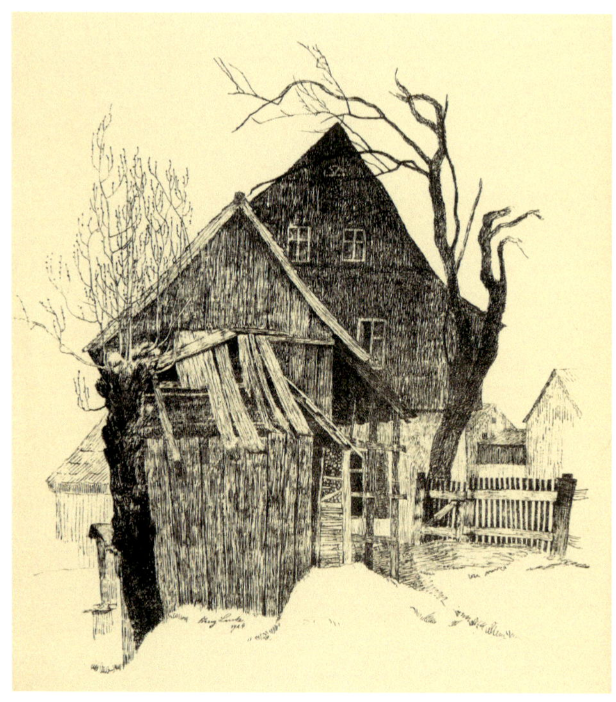

Abb. 4 — Franz Lenk, ohne Titel (Häuser im Erzgebirge), 1924.
Lithografie, 38 × 36 auf 43 × 37 cm, bez. u. l. (im Stein): Franz Lenk / 1924,
Privatbesitz

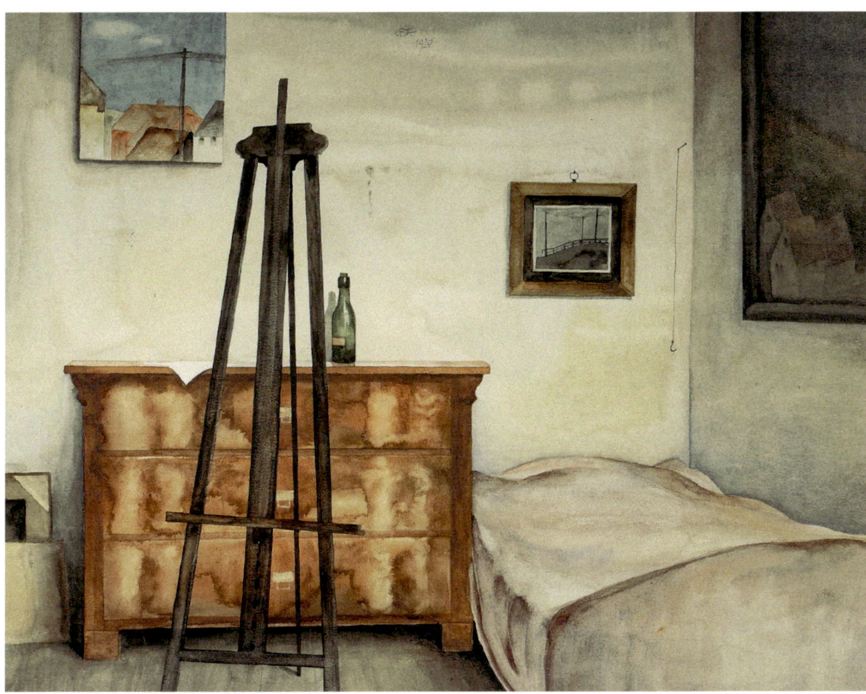

Im August reist Lenk nach Frankfurt, Darmstadt, in den Odenwald und noch einmal ins Vogtland. Im November zieht er in den Dresdner Stadtteil Klotzsche und heiratet am 13. November die Buchhalterin Anneliese Hoernecke (1900–1988).

1925 Mitte März bis Ende Mai fertigt Lenk Studien von Sandgruben in der Dresdner Heide sowie Waldstudien im Vogtland an. Zu Ostern beendet er sein Studium. Mit seiner Frau zieht er im August in den Vorort Lausa nördlich von Dresden (Abb. 5).

1926 Franz Lenks Aquarelle und Zeichnungen, fast ausschließlich Landschaftsmotive, werden im Januar in einer ersten Einzelausstellung im Graphischen Kabinett des Kunstsalons Emil Richter in Dresden ausgestellt. Der Dresdner Anzeiger sieht eine »beachtliche Entwicklung in wenigen Jahren« und beschreibt die gezeigten Motive: »Erzgebirgshäuser, Bäche, Bahndämme, Brücken, Sandgruben, Flußufer, Bergwiesen, Weiden, Sandabhänge, Wassertümpel. Aus allem ist aber das Leben entschwunden: abenteuerliche Bäume, die kaum mehr Rinde führen, als letzte Zeugen eines vergangenen Werdens, an stillen Wassern Baumstümpfe mit bloßgelegten Wurzeln, die keine Kraft mehr saugen, öde Sandgruben, leblos daliegende, ge-

spenstisch vom Licht beschienene Hausdächer.«[3] Die Dresdner Neuesten Nachrichten attestieren dem jungen Künstler: »Er ist seiner stillen, biedermeierischen Natur von den zaghaften ersten Versuchen an bis zu den letzten Leistungen stets treu geblieben, unbeirrt durch das Rumoren, das ihn während seiner Studienjahre umgab.«[4] Im Juni und Juli arbeitet Lenk in Dresden – erneut an Sandgruben-Motiven aber auch an Blumenbildern und Interieurs.

Im August zieht Lenk mit seiner Frau nach Berlin. Ein Atelier findet er in der Lützowstraße. Im September arbeitet er in einer Malerfirma in Dresden. Mit dem verdienten Geld reist er im Oktober zu Studien nach Thüringen und ins Vogtland.

1927 Von Januar bis Anfang März hält sich Lenk in Dresden auf. Von Mai bis Juli reist er auf die Insel Amrum. Arbeitsaufenthalte im Vogtland und in der Umgebung von Dresden schließen sich an.

1928 Im Januar bezieht Lenk ein neues Atelier in Berlin-Friedenau, Odenwaldstraße 24.

Er zeigt in der Berliner Galerie Hirzel & Spanier Aquarelle und Zeichnungen. Die lokale Presse nimmt erstmals Notiz von ihm, lobt seine Auffassung als: »ehrfürchtiger Realismus« und wertet: »Franz Lenk: etwas

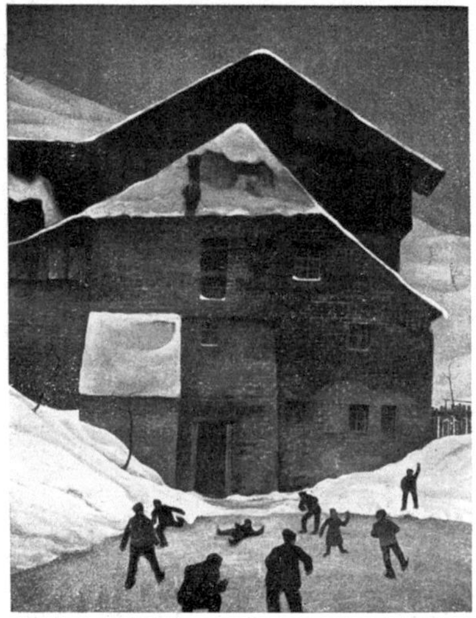

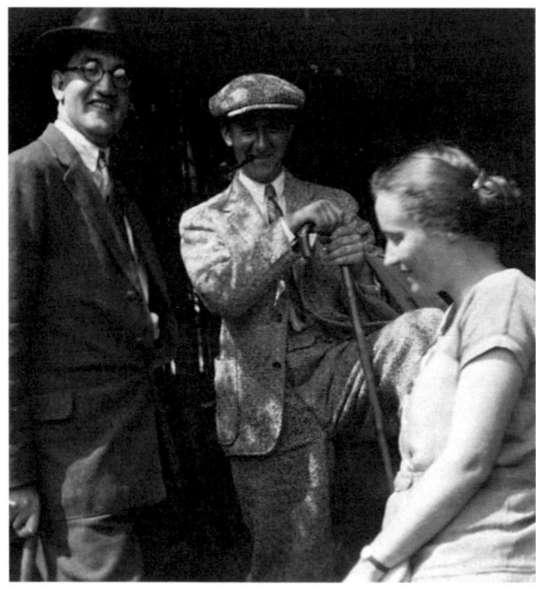

für Feinschmecker. Etwas für die, die – mit ihm – wissen, was aquarellieren heißt.«[5] Auch anlässlich einer Ausstellung der Berliner Secession findet er Beachtung: »Ein Unbekannter, Franz Lenk, zeigt mit einem Häuser-Bild, daß er etwas kann und er verspricht viel«, schreibt Bruno E. Werner in der Zeitschrift *Die Kunst für alle*.[6]

Im April unternimmt Lenk erneut Studienreisen nach Dresden und ins Vogtland, im Sommer reist er noch einmal ins Vogtland. Im Juli notiert er in seinem Arbeitsbuch: »Einschneidende Umstellung in der Maltechnik. Folgende Bilder nur in Mischtechnik gemalt.« Damit ist eine Untermalung in Tempera und darüber der Aufbau von Öllasuren entsprechend der Rezeptur nach Max Doerner gemeint.

Im August hilft Lenk bei der Vorbereitung der *Juryfreien Ausstellung Berlin*, an der er sich auch als Aussteller beteiligt. Er zeigt fünf Ölbilder und acht Arbeiten auf Papier. Für sein Gemälde »Eisbahn« erhält er den ersten Preis der Berliner Volks-Zeitung (Abb. 6).

Ende August, Anfang September fertigt er auf dem Rittergut Rothschönberg in Sachsen Studienzeichnungen von Schweinen an.

Der bisher behauptete Zusammenschluss der Gruppe »Die Sieben« im Jahr 1928, wohl zurückgehend auf die Ersterwähnung im Katalog Abercron 1976, S. 21, ist anzuzweifeln. >> *siehe Eintrag 1931.*

1929 Im März tritt Lenk in den Verein Berliner Künstler ein und nimmt an der Vereinsausstellung *Das Gesicht von Berlin* sowie der jährlichen Herbstausstellung im Vereinshaus Tiergartenstraße teil. Es entstehen nochmals einige druckgrafische Arbeiten.

Außerdem nimmt Lenk an der von der Künstlervereinigung De Onafhankelijken (Die Unabhängigen) organisierten Ausstellung *Nieuwe Zakelijkheid* (Neue Sachlichkeit) von Mai bis Juni im Stedelijk Museum in Amsterdam teil.

Ende Mai bis Mitte Juni unternimmt er eine Reise nach Thüringen, u. a. nach Weida und Orlamünde. Im August folgen Studien im Bereich der Rüdersdorfer Kalkwerke östlich von Berlin. Hier interessieren ihn alte Ziegelöfen und neue Kalkschachtöfen als Bildmotive.

Lenk wird von der Galerie Neumann-Nierendorf unter Vertrag genommen, löst diesen Vertrag jedoch schon im Januar 1930 wieder auf. Man bleibt in Verbindung, doch das Verhältnis scheint sehr wechselhaft gewesen zu sein.[7]

Paul Ferdinand Schmidt charakterisiert Lenks »Erzgebirgslandschaft« in der Herbstausstellung des Berliner Vereins bildender Künstler als »fast ohne Atmosphäre (Typus der sogenannten neuen Sachlichkeit)«.[8] Zum Jahresende notiert Lenk in seinem Arbeitsbuch »Auf vielen Ausstellungen Erfolge und zahlreihe Verkäufe.«

1930 Mitte Juni bis Anfang August unternimmt er eine ausgedehnte Studienreise nach Nürnberg, Dinkelsbühl, Nördlingen und Harburg, auf die Schwäbische Alb sowie die Donau entlang bis Dürnstein in der Wachau. Lenks Schaffen findet immer mehr Resonanz, insbesondere sein Weg jenseits künstlerischer Moden findet zunehmend Anklang. Die Frankfurter Nachrichten stellen sein Werk vor: »Es entspricht dem Bedürfnis unserer Zeit nach Einfachheit und Aufrichtigkeit, wenn in den letzten Jahren immer deutlicher Tendenzen an die Oberfläche treten, die schon einmal vor 100 Jahren, in der Frühromantik, ihre stilbildende Kraft bewährt haben. [...] Die Sprache der [...] Landschaften dieses Künstlers hat einen Klang, der aufhorchen lässt. [...] Das alles, mit klarer, harter Handschrift gestaltet, ist Geist vom Geiste Friedrichs, ein Realismus hintergründiger Art«.[9]

In der Zeitschrift *Die Kunst für alle* erscheint ein Aufsatz von Bruno E. Werner, der ebenfalls besonders Lenks Landschaften hervorhebt.[10] Auch Velhagen & Klasings Monatshefte widmen ihm einen ausführlichen Artikel mit sieben farbigen Abbildungen und sehen in ihm »einen der begabtesten Vertreter des um eine Erneuerung der deutschen Malerei sich bemühenden jüngeren Künstlergeschlechts.«[11]

Mit Erfolg stellt Lenk im Kunstverein Zwickau und im Greizer Sommerpalais aus.[12]

1931 Im Februar zeigt die Berliner Galerie Neumann-Nierendorf eine Einzelausstellung mit Werken Lenks. Baron Eduard von der Heydt kauft zwei Gemälde. Oscar Bie schreibt: »Ein Muster der neuen Sachlichkeit [...] sehr wohltuend, einmal einer solchen Naturschilderung zu folgen, die ohne Pose und Schöngeisterei die Wahrheit sucht und findet.«[13]

Vom 20. Mai bis 26. August unternimmt Lenk eine Studienreise nach Süddeutschland. Er besucht Heilbronn, das Neckarbergland, das obere Donautal, die Region Heuberg, den Hegau, den Bodensee und das Wilhelmsdorfer Moor bei Ravensburg. Dort lernt er den Wilhelmsdorfer Pfarrer Friedrich Hartmann-Zeller kennen, der einer seiner treuesten Sammler wird und mit dem ihn lebenslange Freundschaft verbindet (Abb. 7).

Währenddessen zeigt der Kunstverein Frankfurt am Main im Juli die Ausstellung *Die deutsche Neuromantik in der Malerei der Gegenwart*, an der auch Lenk beteiligt ist.

In der Zeitschrift *Die Kunst für alle* veröffentlicht Lenk im September den Aufsatz »Was ich will«, in dem er selbstbewusst seinen Werdegang und sein persönliches Verhältnis zur Natur beschreibt und seine intuitive Kunstauffassung darlegt: »Es kümmert mich nicht, ob es andere Maler anders oder ebenso machen oder gemacht haben. Im Ringen um den Ausdruck [...] entsteht von selbst die Sprache. Ob man das Ergebnis davon ›Naturalismus‹, ›Verismus‹ oder ›Neue Sachlichkeit‹ nennt, ist mir vollständig gleichgültig.«[14]

Im Oktober unternimmt Lenk nochmals eine Studienreise an den Rhein nach Kaub und Rüdesheim für zwei Auftrags-Landschaftsbilder,[15] sowie nach Plauen und Langenbernsdorf.

Im Herbst entwickelt er zusammen mit dem Maler Hasso von Hugo und Richart Reiche, Konservator und künstlerischer Leiter des Barmer Kunstvereins sowie Leiter der Bochumer Gemäldegalerie, die Idee einer Gemeinschaftsausstellung neusachlicher Maler. Am 24. November versendet Reiche ein Rundschreiben an die Künstler der späteren Gruppe »Die Sieben«.

Im Dezember findet in Dessau die Ausstellung *Die stille Landschaft* mit Werken von Theo Champion, Franz Lenk, Werner Scholz und Georg Schrimpf statt. Kurz darauf spricht Richart Reiche in einem Brief an die Maler der »Sieben« die Adressaten einzeln an und dankt für die allgemeine Akzeptanz des Titels »Ausstellung der Sieben« zur 1932 geplanten Schau im Kunstverein Barmen. Dies stellt einen zeitigeren Zusammenschluss der Gruppe infrage.[16]

1932 Im Januar ist Lenk an der Ausstellung *Nyere Tysk Kunst. Maleri og Skulptur* im Kunstnernes Hus in Oslo beteiligt.[17] Die Schau wird danach in Bergen, Stavanger und Malmö, im Mai 1932 in Kopenhagen und anschließend in Köln gezeigt.[18]

Gemeinsam mit Theo Champion, Adolf Dietrich, Hasso von Hugo, Alexander Kanoldt, Franz Radziwill und Georg Schrimpf nimmt Lenk an der Wanderausstellung *Neue deutsche Romantik – Die Gruppe ›Die Sieben‹* teil, die ab 6. März 1932 in der Städtischen Gemäldegalerie Bochum eröffnet und danach bis Herbst 1932 in Barmen, Krefeld, Köln und Düsseldorf zu sehen ist. Gezeigt werden 150 Werke, es erscheint ein Katalog mit Texten von Richart Reiche und Richard Biedrzynski. Danach wird die Schau nur mit Werken von Champion, Lenk, Kanoldt und Radziwill in den Kunst-

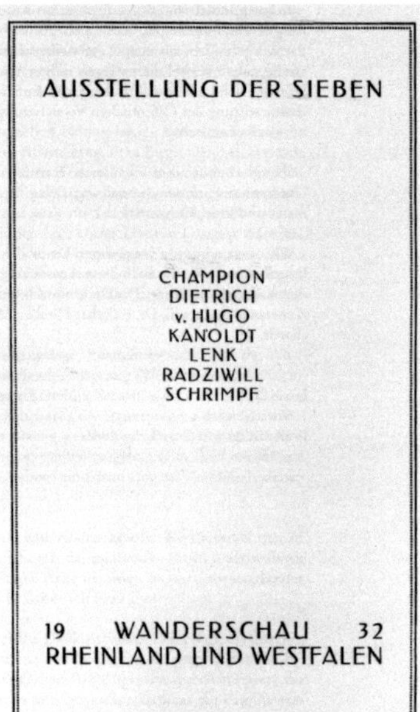

Abb. 8 — Titelseite der Ausstellungsbroschüre »Die Sieben«, 1932

vereinen in Kiel und Parchim gezeigt. Weitere geplante Stationen in Aachen, Münster und Mülheim/Ruhr entfallen, weil Lenk seine Werke für andere Ausstellungen abziehen muss. Er hatte 27 Werke, darunter 13 Gemälde präsentiert (z. B. Kat. 30, Abb. S. 114 und Kat. 37). Im Geleittext des Kataloges widerspricht Reiche einem Gruppenzusammenhang: »Die Ausstellung verdankt ihr Entstehen einer Anregung der jüngsten an ihr beteiligten Maler. Aufgrund der Verwandtschaft ihres künstlerischen Schaffens hatte der Unterzeichnete die Herren Hasso von Hugo und Franz Lenk zu einer gemeinsamen Ausstellung im Barmener Kunstverein eingeladen. Fast zwangsläufig ergab sich aus den Verhandlungen der Wunsch und das Bedürfnis, über den Kreis dieser beiden Künstler hinaus einmal alle deutschen Maler, die heute erkennbar im gleichen Geiste tätig erscheinen, zu einer ersten gemeinsamen Kundgebung aufzurufen. Die daraufhin [...] zur Mitbeteiligung aufgeforderten Herren Champion, Dietrich, Kanoldt, Radziwill und Schrimpf sind der Einladung gern gefolgt.« (Abb. 8). Die Werke von Lenk und Schrimpf werden als »Kernstücke« der Schau, zwischen der naiven Malerei Dietrichs und dem expressionistisch geprägten Radziwill angesehen.[19]

Curt Gravenkamp schreibt über »Die deutsche Neuromantik in der Malerei der Gegenwart« und betont den nationalen Aspekt dieser Entwicklung: »Vom Westen Europas, von Frankreich her, ist die abstrakte Bewegung ausgegangen, im Herzen Europas, in Deutschland, gewinnt ein Weltbild langsam seine Form, in dem durch tiefste Ergründung des Scheinbaren sich das Wesen der Dinge zu läutern beginnt«. Er betont auch den Aspekt des Ausdrucks für den Wunsch nach gesellschaftlicher Befriedung: »daß es durch das Medium dieser Malerei seit langem wieder möglich ist, unsere Welt wahr und schön zugleich zu sehen«.[20]

Im Mai zieht Lenk mit seiner Frau nach Berlin-Charlottenburg, Kaiserdamm 20, in die ehemalige Wohnung des Galeristen Karl Nierendorf.

Von Juni bis August unternimmt er erneut eine Studienreise nach Heilbronn, Engen im Hegau, an den Bodensee (Meersburg und Reichenau) und in das Wilhelmsdorfer Hochmoor. Anschließend reist er nach Reichenbach in Schlesien und ins Eulengebirge.

Am 31. Oktober sendet die Funk-Stunde Berlin ein Gespräch Lenks mit dem Kunstkritiker Richard Bie »Neuer Horizont über der Landschaft. Ein Gespräch über Malerei«.[21]

Die Kunsthütte Chemnitz zeigt eine Einzelausstellung mit Werken von Franz Lenk.

Karl Nierendorf eröffnet am 23. November seine neuen Galerieräume am Lützowufer 19a mit einer Ausstellung von Ölgemälden und Aquarellen Lenks. Er zeigt Motive vom Bodensee, aus dem Frankenland und aus Schwaben, vom Erzgebirge, Rhein und aus dem Hochmoor. Baron von der Heydt erwirbt Lenks Gemälde »Schwäbische Landschaft« aus der Ausstellung und schenkt es der Nationalgalerie Berlin.

Curt Glaser schreibt im Berliner Börsen-Courier: Er sieht Lenk als »Außenseiter des Daseins, dessen tüchtiges Handwerk längst von den technischen Apparaten [...] in Frage gestellt worden ist« und wertet: »so gut man es verstehen kann, daß es nicht wenige Zeitgenossen gibt, die die aus unserer stürmisch bewegten Gegenwart sich in solche Formen zurückträumen möchten, wie diese Bilder sie ihnen bieten, hier ist doch nicht mehr unser Reich und unsere Zeit.«[22]

Im Dezember bereitet Gustav Hartlaub von Mannheim aus eine Wanderausstellung *Die Welt aus der Nähe* bzw. *Beschauliche Sachlichkeit* vor: »Gegenüber den gegenwärtig verbreiteten reaktionären Tendenzen zu einer sentimental-altmeisternden Heimatkunst

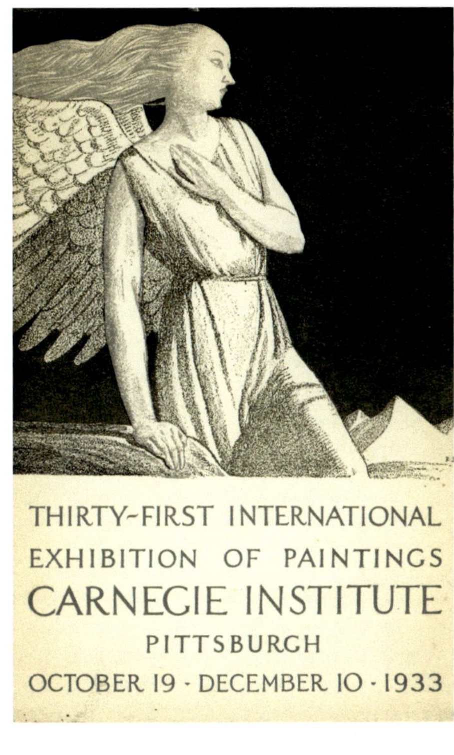

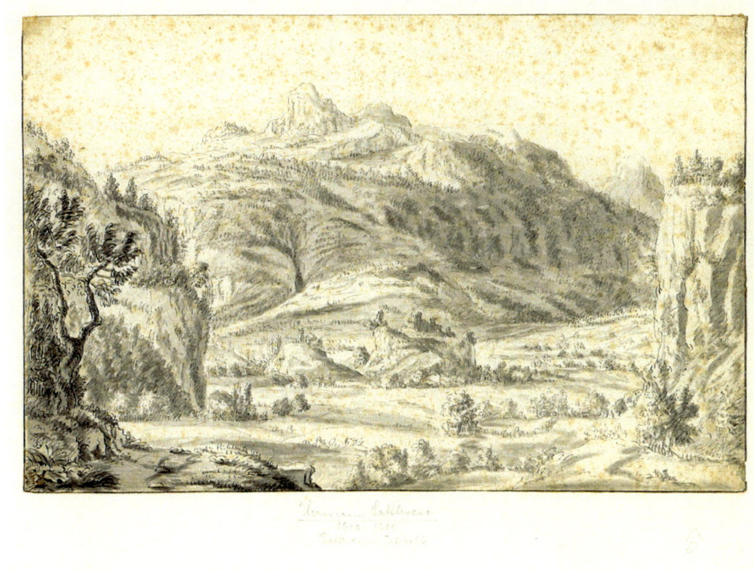

Abb. 9 — Titelseite 31. International Exhibition of Paintings, Carnegie Institute Pittsburgh, 1933

Abb. 10 — Aus der Kunstsammlung von Franz Lenk: Hermann Saftleven (Rotterdam 1609 – 1685 Utrecht) ohne Titel (Berglandschaft), ohne Jahr. Tusche, Feder, laviert, 21,2 × 33,3 cm, Privatbesitz

[...] soll der Beweis erbracht werden, daß es heute in den verschiedenen deutschen Landesteilen eine provinzgebundene, insofern starke heimatliche Malerei gibt, die, obgleich nicht unbeeinflusst von den Romantikern, dennoch durchaus zeitgemässen Charakters ist und von fortschrittlichen, auf rein künstlerische Qualität gerichteten Kräften getragen wird.«[23] Franz Lenk gehört zur ersten Künstlerliste. Aufgrund der Machtübernahme der Nationalsozialisten kommt die Schau nicht zustande.

1933 Auf der Grundlage des am 7. April erlassenen Gesetzes über die Wiederherstellung des Berufsbeamtentums werden Professoren der Berliner Vereinigten Staatsschulen für freie und angewandte Kunst entlassen. Die Leitung der Schulen übernimmt ab 10. April Max Kutschmann.

In einer Denkschrift an den neuen Minister für Wissenschaft, Erziehung und Volksbildung, Bernhard Rust, versichern Erich Heckel, Franz Lenk und Karl Schmidt-Rottluff am 4. Mai im Namen einer größeren Gruppe von Künstlern ihren Willen zur »künstlerischen Mitarbeit am neuen Staat«, kritisieren jedoch gleichzeitig die ersten Äußerungen der NS-Kulturpolitik.

Am 15. Juni kommt Lenks Sohn Thomas zur Welt.

Von Juli bis September nimmt Lenk an der vom NS-Studentenbund organisierten Ausstellung *30 Deutsche Künstler* in der Galerie Ferdinand Möller in Berlin teil. Diese wird nach drei Tagen von Reichsinnenminister Frick geschlossen, kurz darauf aber wiedereröffnet, wobei der NS-Studentenbund nicht mehr als Veranstalter auftritt.

Zum 1. August erhält Lenk eine außerordentliche Professur für Landschaftsmalerei an den Vereinigten Staatsschulen Berlin. In der Folge wird Lenk mit Ausstellungsangeboten überhäuft.

In *Westermanns Monatsheften* erscheint der Beitrag »Franz Lenk« von Franz Linde. Der Blick der Kunstkritik hat sich bereits geändert: nicht mehr die Frage nach Romantik oder Sachlichkeit wird diskutiert, sondern die Betonung liegt auf der Heimatverbundenheit Lenks, der Traditionsverbundenheit und Solidität seiner Maltechnik sowie auf der Unabhängigkeit seiner Kunst von den »Moden« der Avantgarde.[24]

Am 15. November wird Franz Lenk als Repräsentant für die Malerei in den Präsidialrat der Reichskammer für bildende Künste der neugegründeten Reichskul-

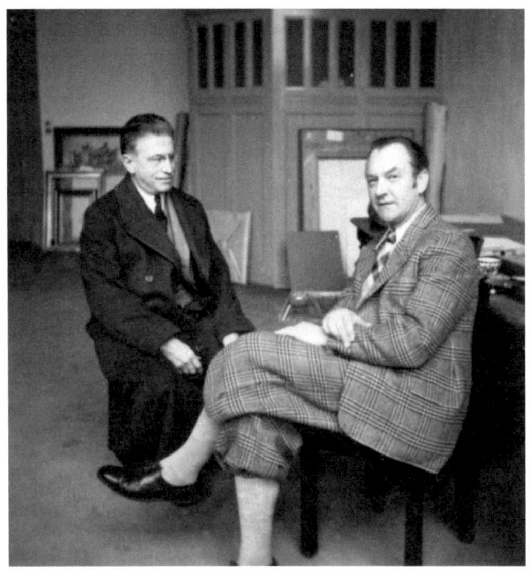

Abb. 11 — Unbekannter Fotograf, Franz Lenk mit Homer Saint-Gaudens vom Carnegie-Institut aus Pittsburgh in Berlin, 1935

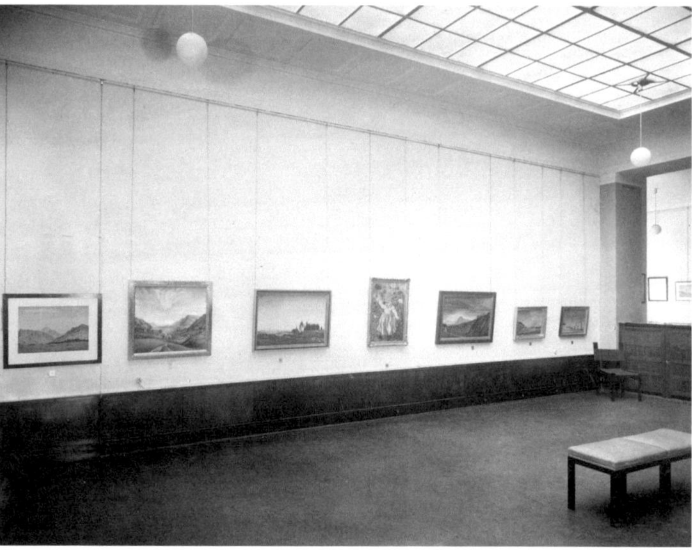

Abb. 12 — Unbekannter Fotograf, Ausstellung Zwei deutsche Maler. Otto Dix und Franz Lenk in der Galerie Nierendorf in Berlin, 1935 (3. Bild v. lks.: Franz Lenk, Kapelle im Hegau, rechts daneben: Otto Dix, Nelly in Blumen, 1924

turkammer berufen. Er erhält zahlreiche Gratulationen, u. a. von Baron von der Heydt und Otto Dix. Bald schon wird er von vielen Künstlerkollegen mit Bittschriften bestürmt.

Er freundet sich mit Georg Schrimpf an, der fast zur gleichen Zeit wie er nach Berlin kam, wo er als Professor an die Staatliche Hochschule für Kunsterziehung nach Berlin-Schöneberg berufen worden war.

Lenk lädt Otto Dix zur Beteiligung an einer Ausstellung im Vereinshaus Berliner Künstler ein, die er für Januar 1934 kuratiert, und versichert ihm seine Unterstützung – »daß wir nun die Dinge bald in Ordnung bringen werden«.[25]

Mit einem Landschaftsbild nimmt Lenk erstmals an der jährlichen *International Exhibition of Paintings* am Carnegie Institute in Pittsburgh/USA teil (Abb. 9). Vermittlerin dessen war Charlotte Weidler, die bis 1933 als Kunstkritikerin für das *Kunstblatt* und das *Berliner Tageblatt* tätig war und seit Mitte der 1920er Jahre als Repräsentantin des Carnegie Institutes in Deutschland arbeitete. Auch in den Folgejahren bis 1938 ist Lenk dort regelmäßig vertreten.

1934 Lenk zieht mit der Familie nach Berlin-Wilmersdorf, Mannheimerstaße 7. Er wird Mitglied im Deutschen Künstlerbund. Die Reichsfachschafts-Leitung für Maler, die er mit der Berufung in die Reichskultur-

kammer übernommen hatte, gibt er wieder ab. Gegenüber Dix äußert er sich erleichtert über den so gewonnenen Zeitgewinn für die Malerei.[26] Bereits im Mai wird er jedoch vom Propagandaministerium als Beisitzer in die Filmoberprüfstelle berufen.[27] Das Amt bekleidet er bis 1937.

Die Künstlervereinigung Dresden lädt ihn zur Mitgliedschaft ein. Lenk sagt im Juli ab.

In der Zeitschrift *Die Kunst für alle* erscheint der Beitrag »Zum Schaffen Franz Lenks« von Friedrich Hartmann-Zeller. Der Autor stellt Bescheidenheit und Beharrungsvermögen Lenks heraus und betont das Authentische seiner Bilder: »aus der Natur heraus gelebte und erlebte, geschaute und gestaltete Herausholungen des Wesens der Natur nach der Ganzheit aller ihrer nicht nur sichtbaren, sondern überhaupt sinnlich wahrnehmbaren Eindrücke«.[28]

Die Galerie Commeter in Hamburg richtet Lenk eine Einzelausstellung aus, die anschließend in der Kunsthalle Allenstein sowie in Königsberg und Danzig gezeigt wird.

Lenk sammelt in bescheidenem Maße Werke Alter Meister und des 19. Jahrhunderts (Abb. 10). Dabei ist ihm die Kölner Galerie Abels behilflich, mit der er gelegentlich eigene Werke gegen alte Kunst tauscht.

Im Juni und Juli hält sich die Familie Lenk zusammen

mit dem Ehepaar Schrimpf und dem Maler Ernst Alfred Mühler zum Malen am Bodensee auf. Lenk trifft sich mit Otto Dix und die beiden arbeiten gemeinsam vor der Natur.

Lenk ist einer der 37 Unterzeichner von Joseph Goebbels' »Aufruf der Kulturschaffenden« vom 17. August 1934, der Hitler in der Volksabstimmung über das Staatsoberhaupt des Deutschen Reiches unterstützt. Neben Lenk unterschreiben u. a. Ernst Barlach, Erich Heckel, Georg Kolbe, Mies van der Rohe, Emil Nolde, Wilhelm Furtwängler und Richard Strauss.[29]

Trotz der Lehre und seiner Ämter nimmt Lenk an zahlreichen Ausstellungen teil. Er ist u. a. an der deutschen Ausstellung bei der Biennale in Venedig beteiligt sowie mit den Gemälden »Scheinwerfer« (1927, Kat. 18), »Regenlandschaft« (1932) und »Bodensee« (1932, Kat. 36), Leihgaben aus der Sammlung Eduard von der Heydt, an der Ausstellung *Neue deutsche Malerei* im Kunsthaus Zürich (21.6.–15.7.).

Aus der *Großen Berliner Kunstausstellung* 1934 erwirbt das Propagandaministerium Lenks »Märkische Landschaft«.[30] Für sein Gemälde »Bayerische Landschaft« erhält er eine Auszeichnung des Carnegie Institute.[31]

Sein Gemälde »Aus Niedersachsen« dient als Illustration in dem von Carl Lange und Ernst Adolf Dreyer herausgegeben Sammelband *Deutscher Geist. Kulturdokumente der Gegenwart* des Leipziger Voigtländer Verlags.

1935 Am 30. Januar eröffnet die Galerie Nierendorf die Ausstellung *Zwei deutsche Maler. Otto Dix und Franz*

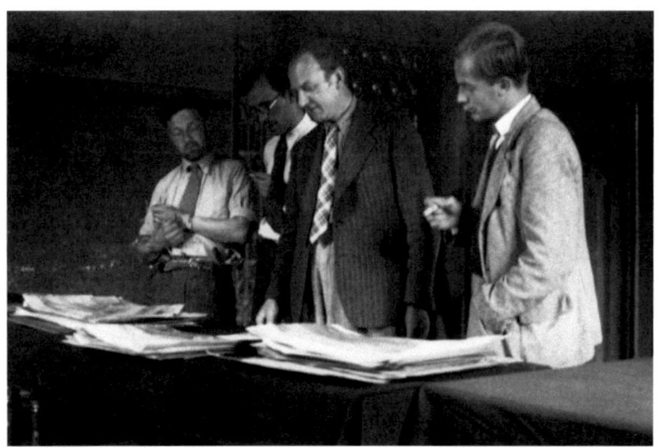

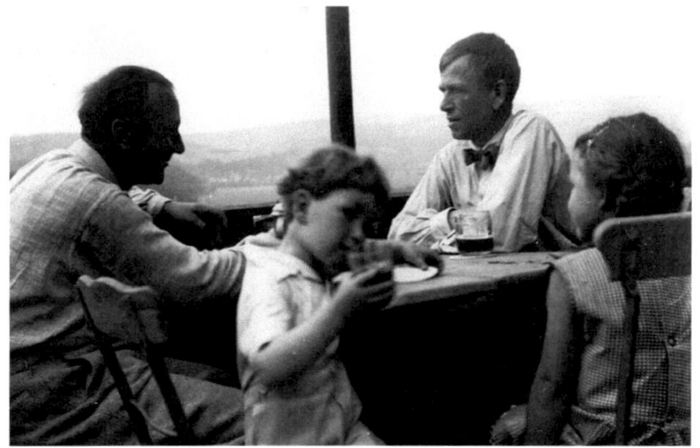

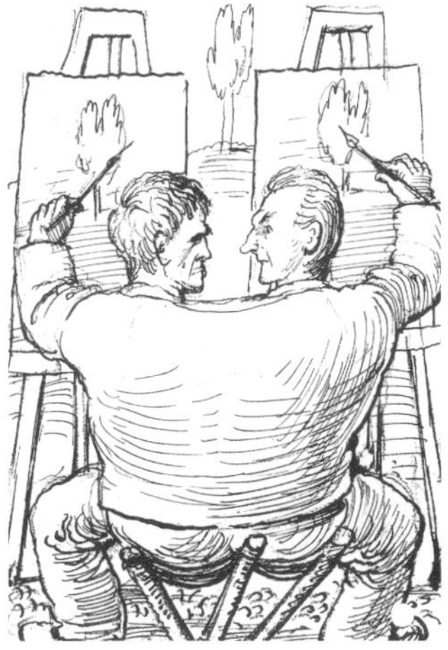

Abb. 13 — Unbekannter Fotograf, Franz Lenk mit Studenten beim Sommerkurs in Orlamünde, 1936

Abb. 14 — Unbekannter Fotograf, Franz Lenk und Otto Dix in Orlamünde (im Vordergrund Thomas Lenk und Nelly Dix), 1936

Abb. 15 — Otto Dix, Neujahrskarte an Franz Lenk, 1935: »Unsere gemeinsame Landschaftsmalerei im Lichte der Kritik«, Privatbesitz

Lenk (Abb. 12 u. 15). Die Ausstellung ist erfolgreich, wird verlängert und durch Gemälde von Theo Champion erweitert. Im April wird sie in der Galerie Commeter in Hamburg gezeigt. Eine dritte offizielle Station in der Städtischen Kunstsammlung Danzig wird von deren Direktor Walter Mannowsky abgesagt. Die Werke werden nur einem geladenen Kreis gezeigt.

»Für welchen von beiden war die Gesellschaft des anderen gefährlicher? fragt die Deutsche Allgemeine Zeitung und beantwortet diese Frage mit der Einschätzung zu Lenk: »Daß er wenig problematisch ist, das ist Gewinn und Nachteil in einem.«[32]

Paul Ferdinand Schmidt lobt ein »zur Stimmung hinüberweisendes Verwischen des knochigen Gerüsts« von Lenks Bildern – »Bei diesem Künstler darf es nicht heißen: näher heran an die Natur, sondern ernsthaft sich von ihrer Unerbittlichkeit ein wenig zu entfernen, um die notwendige Lockerung zu erfahren«.[33]

Im März wird Lenk vom Propagandaministerium in die Auswahljury für die Ausstellung *Berliner Kunst* in der

Neuen Pinakothek in München berufen. Das selbstbewusste Auftreten der Jury zugunsten von verfemten Künstlern führt in München zum Eklat. Werke werden aus der Schau entfernt und die Jury reist im Dissens ab. Infolgedessen reicht Lenk im April seinen Rücktritt aus dem Präsidialrat der Reichskammer für bildende Künste ein.

Im Sommer treffen sich Lenk und Dix erneut zum Malen am Bodensee. Die Ergebnisse dieses zweiten Arbeitstreffens werden, ergänzt um Werke aus der gemeinsamen Berliner Ausstellung, im November im Kunsthaus Schaller in Stuttgart gezeigt.

Im Oktober fragt der Kölnische Kunstverein nach Lenks Beteiligung an einer Ausstellung *Neue Sachlichkeit*. Lenk sagt zu, bittet aber um eine andere Betitelung der Schau, da er diesen als für seine Arbeiten nicht zutreffend ansieht.[34]

1936 Lenk wird Stellvertreter des Vorstandsvorsitzenden der Berliner Secession, Adolf Strübe.[35] Er erwirbt ein Haus in der Burgstraße 5b (heute 5a) in Orlamünde.[36] Lenk nutzt dieses Haus u. a. auch für Sommerkurse mit seinen Studenten und baut sich schrittweise ein Atelier darin aus (Abb. 13). Im Sommer besucht ihn Dix dort, sie malen gemeinsam in der Landschaft (Abb. 14).

Der Herausgeber des *Bodenseebuches*, Karl Hoenn, plant einen Vortrag über Künstler am Bodensee und bittet Lenk um die Zusendung von Dias seiner Bodenseelandschaften.

Mit zwei seiner Studenten malt Lenk Wandbilder im »Haus Wittenberg« für das Olympische Dorf in Berlin.[37] Einzelausstellungen zeigen Lenks Werke in der Hamburger Galerie Commeter und bei Nierendorf in Berlin. Von der Kölner Galerie Abels, die seine Werke verkauft, lässt er sich mit Altmeisterzeichnungen bezahlen.[38] Der Kunstverein Düsseldorf zeigt *Neue romantische Kunst*, u. a. mit Werken von Lenk, Carlo Mense und Georg Schrimpf.

1937 Das Angermuseum Erfurt widmet Lenk im März und April eine Einzelausstellung.

Die Beteiligung an der *Großen Deutschen Kunstausstellung* im Haus der Deutschen Kunst in München lehnt

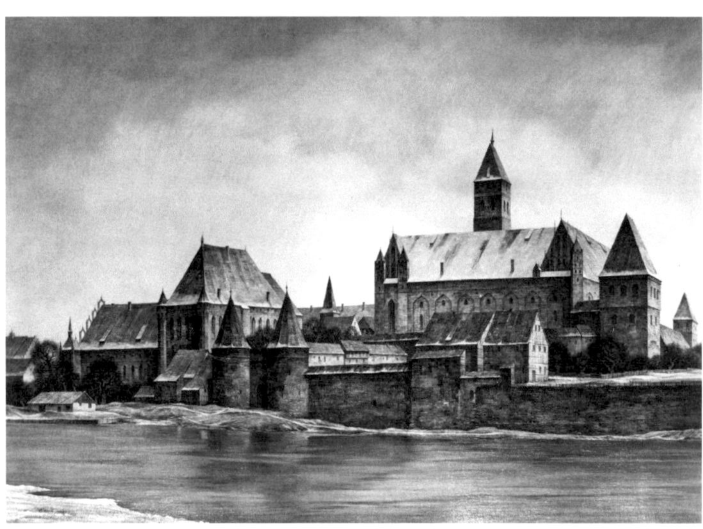

Abb. 16 — Franz Lenk, Die Marienburg, 1939. Öl, Eitempera, Bildträger nicht bekannt, ca. 140 × 210 cm, bez. u. l.: Lenk 1939, ehem. im Besitz des Auswärtigen Amtes, Verbleib unbekannt

Abb. 17 — Unbekannter Fotograf, Franz Lenk und der Schriftsteller Heinz Kükelhaus in Niederkrossen in Thüringen, 1939

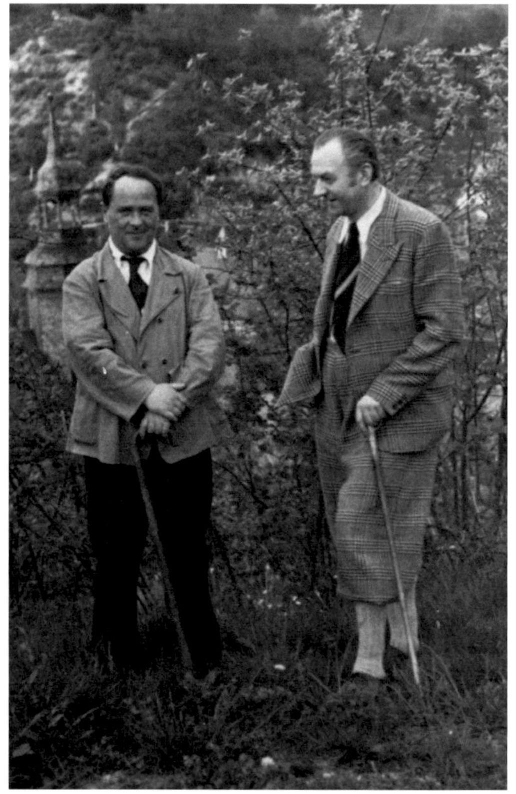

Lenk zugunsten benachteiligter Künstlerkollegen ab.[39] Im September stellt er stattdessen fast zeitgleich gemeinsam mit Georg Schrimpf in der Münchner Galerie Theodor Heller aus. Wilhelm Rüdiger rezensiert im Völkischen Beobachter. Er lobt Lenks »scharfsichtige Zeichnerbegabung«, kritisiert aber andererseits die kühlen Stimmungen als »Ergebnis einer sehr klar wägenden, wählenden und verwerfenden Ökonomie«.[40] Lenk verkauft das Gemälde »Leuchtenburg« an Joachim von Ribbentrop, den damaligen deutschen Botschafter in London.

Er unternimmt Studienreisen nach Thüringen, Amrum, Schlesien, ins Vogtland, an den Bodensee und in den Hegau.

Am 15. Juli wird Lenk vom Reichserziehungsminister Bernhard Rust zeitgleich mit 40 anderen Künstlern zum ordentlichen Mitglied der Preußischen Akademie der Künste ernannt. Nach Einspruch von Goebbels werden die Ernennungen jedoch drei Tage später auf unbestimmte Zeit vertagt.

1938 Im März und April stellen Lenk und Georg Schrimpf im Kunst- und Kunstgewerbeverein Pforzheim aus. Die Kieler Kunsthalle widmet Lenk im Sommer eine Einzelausstellung.

Nach dem plötzlichen Herztod von Georg Schrimpf am 19. April bietet Lenk der Heeresleitung an, dessen begonnenen Wandbildzyklus, der für Rudolf Hess' Berliner Amtssitz vorgesehen ist, fertigzustellen. Nach Vollendung des Auftrags missfallen dem Reichsminister einige Details, die Lenk in den Bildern ändern muss.[41] Lenk zieht sich immer häufiger in sein Haus nach Orlamünde zurück. Er verkauft das Gemälde »Kalkwerk Rüdersdorf« von 1929 aus einer Ausstellung der DAF an Franz Xaver Schwarz, den Reichsschatzmeister der NSDAP, ohne dessen Identität zu kennen.[42]

In der Reihe *Kunstbücher des Volkes* erscheint Bruno Krolls »Die Entwicklung der Deutschen Malerei seit 1900«. Darin wird Lenks Werk mit Carus' Schriften über Caspar David Friedrich eingeleitet: »Natur mit geistigem Auge erschaut in höherer Wahrheit« und vor allem von der maltechnischen Seite bewertet: »Und in der Tat, die Vollendung des Technischen verleihen ihnen einen Glanz, den frühere Werke des ›Naturalismus‹ nicht haben konnten. In dieser Anschauung wird bestärkt, wer je z. B. vor Lenkschen Bildern die wachsende Steigerung des Naturerlebnisses aus dem bewußten Erlebnis der formalen Mittel erfahren hat.«[43]

1939 Lenk legt sein Lehramt an den Vereinigten Staatsschulen zum Ende des Wintersemesters nieder und scheidet im April aus dem Dienst aus. »Ich selbst gab meine Professur für Landschaftsmalerei freiwillig auf. Es war unmöglich, diese weiterzuführen, da ich gegen die herrschende Staatskunst in meiner Meinung stand. Wäre ich nicht selbst gegangen, hätte man mich früher oder später von dort hinausgeworfen. Die völlige Beschränkung jeder, auch der kleinsten künstlerischen Freiheit hatte mir auch alle Lust am Lehramt genommen. Ich gab es von Herzen gerne auf, obwohl ich in den ersten Jahren mit Lust und großem Eifer, wohl auch mit Erfolg, mich den Schülern völlig widmete.« schreibt er in sein Arbeitsbuch.[44]

Gemeinsam mit Wilhelm Dietzel und Hasso von Hugo stellt Lenk im Januar in der Kieler Kunsthalle aus. Anschließend wandert die Schau weiter in den Jenaer Kunstverein. In Kiel sieht man Lenk zwar als den »schöpferisch und phantasiemäßig bedeutendsten« der drei, kritisiert jedoch in der Ölmalerei »eine gewisse Starrheit«.[45] In Jena wird von ihm als »einem der besten deutschen Landschaftsmaler« gesprochen[46] und er wird als Initiator der Bewegung herausgestellt, die sich seit der Schau der »Sieben« um »einen eigenen, volkstümlichen aber auch heutigen Weg der deutschen Malerei« bemüht hat.[47]

Am 10. März meldet die Thüringer Landeszeitung, dass Lenk seinen Wohnsitz nach Orlamünde verlegt hat. Wenig später erhält Lenk den Auftrag für fünf große Landschaftsgemälde zur Ausstattung des Speisesaals in der Amtswohnung von Reichsaußenminister von Ribbentrop[48] (Abb. 16).

In seinem Haus in Orlamünde versteckt Lenk Teile der Auflage des Radierungszyklus »Der Krieg« von Otto Dix sowie 20 Zeichnungen des Freundes. Mit Kriegsbeginn wird Lenk zum Militär einberufen. Er nimmt bis Weihnachten als Kriegsmaler am Polenfeldzug teil. Danach wird er, vermutlich durch Intervention Joachim von Ribbentrops, vom Kriegsdienst freigestellt.

1940 Trotz des Krieges nimmt Lenk noch immer an zahlreichen Ausstellungen teil, so zum Beispiel in Erfurt an einer Schau Thüringer Heimatbilder, in Mannheim an der Übersichtsausstellung *Deutsche Aquarellisten der Gegenwart* oder in Zwickau bei *Aquarelle westsächsischer Künstler*.

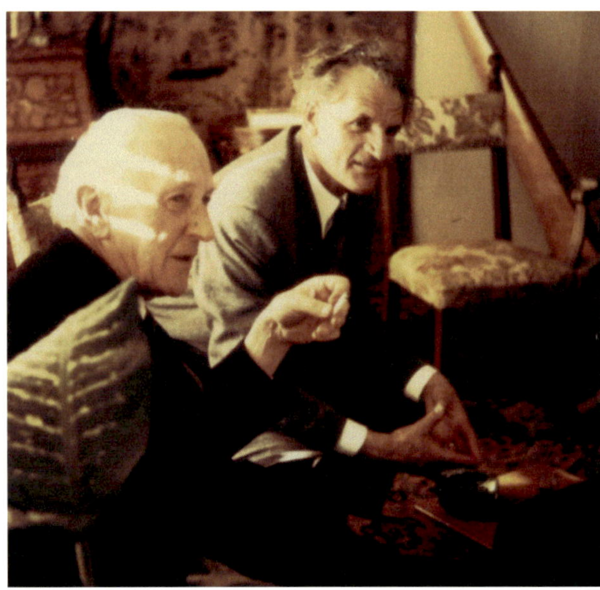

Abb. 18 — Unbekannter Fotograf, Franz Lenk und der Oberbürgermeister von Schwäbisch Hall, Theodor Hartmann, 1965

Lenk übernimmt einen Auftrag über insgesamt elf Gemälde für das Palais Wilhelmstraße des Auswärtigen Amtes, darunter Ansichten von Köln, Potsdam, dem Watzmann, der Leuchtenburg und der Marienburg.[49] Er verpflichtet sich, währenddessen keine anderen Aufträge anzunehmen.

Mitte Mai bis Mitte Oktober reist er an den Chiemsee und ins Gebirge, dazwischen verbringt er im Juli zwei Wochen in Orlamünde, um die Ansicht von Potsdam zu vollenden. Er beginnt eine Korrespondenz mit der Schriftstellerin Ricarda Huch.

1941 Im Februar widmet ihm der Erfurter Kunstverein eine Einzelausstellung mit 45 Landschaftsaquarellen aus Süddeutschland, zumeist aus dem Jahr 1940. Die Presse zieht den Altmeister-Vergleich, benennt dabei Altdorfer und Wolf Huber und bescheinigt dem Künstler eine sachliche und den Dingen verpflichtete Haltung.[50]

In der Frühlingsausstellung im Kunstverein Dresden präsentiert Lenk Ende April/ Anfang Mai eine große Schau im Kuppelsaal mit Aquarellen und Zeichnungen zu süddeutschen Landschaftsmotiven (Chiemsee, Bodensee, Allgäu, Watzmann-Gebiet, Steiermark). In Rezensionen ist von »wissenschaftlich anmutender Eindringlichkeit« der Bergformen und Felsenformationen die Rede.[51]

Da das Atelier in seinem Haus trotz Umbauten zu klein ist, erwirbt Lenk für 26.000 RM das Gebäude eines Rittergutes im nahe gelegenen Ort Niederkrossen, um dort ein größeres Atelier einrichten zu können. Nach erfolgtem Umbau soll dort auch der befreundete Schriftsteller Heinz Kükelhaus (1902–1946) mit einziehen (Abb. 17). Aufgrund von Rechtsstreitigkeiten und kriegsbedingten Schwierigkeiten stagniert der Umbau bis 1944.

Die Kunst- und Verlagsanstalt Franz Hanfstaengl in München verlegt fünf Drucke nach Motiven von Werken Lenks. Im Juni 1941 reist Lenk zu Studien nach Rimsting an den Chiemsee. Von der Stadt Mannheim übernimmt er einen Auftrag über ein Gemälde »Odenwaldlandschaft bei Siedelsbrunn«.

1942 Im Januar beteiligt sich Lenk mit aquarellierten Hochgebirgslandschaften an einer Ausstellung der Dresdner Galerie Kühl. Die Presse zieht Vergleiche zu Caspar David Friedrich und der Romantik.[52]

Im Sommer tauscht er erneut eigene Werke gegen Altmeisterbilder und Werke des 19. Jahrhunderts mit der Galerie Abels und der Galerie Kühl in Dresden.

Im Juli ist Lenk an einer Ausstellung im Museum der Stadt Trier beteiligt. Die Stadt beauftragt bei Lenk ein Gemälde »Mosellandschaft bei Trittenheim«.[53]

Im Sommer wird er Vater einer Tochter, die jedoch nach wenigen Wochen stirbt. Von August bis Mitte September verbringt er einen Arbeitsaufenthalt auf Schloss Fuschl bei Salzburg als Gast von Außenminister von Ribbentrop.

1943 Lenk verfasst Erinnerungen an seine Eltern und seine Herkunft sowie Gedanken und Bekenntnisse zur Kunst, seinen Vorbildern und seiner Malerei. Ob er dabei an eine Publikation denkt, ist nicht gesichert. Das Manuskript mit dem Titel »Der Regenbogen« wird später von Anneliese Lenk maschinenschriftlich übertragen.

Wegen Kriegszerstörungen in Köln, bei denen auch Werke Lenks verlorengehen, zieht die Galerie Abels im Herbst nach Dresden um und nimmt dort ihr Geschäft wieder auf.

Im Dezember nimmt Lenk an einer Ausstellung *Werke heimischer Künstler* in Werdau teil.[54] Diese wird jedoch Anfang 1944 kriegsbedingt vorzeitig geschlossen.

1944 Im Frühjahr beginnt am Walpersberg nahe Orlamünde der Bau einer unterirdischen Flugzeugfabrik der REIMAHG GmbH. Aufgrund der dadurch erwarteten Bombenbedrohung und wegen der in unmittelbarer Nachbarschaft, im Rathaussaal, einquartierten Fremdarbeiter beschließt Lenk den Umzug nach Süddeutschland. Möglicherweise spielte bei dem Entschluss auch eine Verwicklung des Freundes Heinz Kükelhaus in das Attentat vom 20. Juli 1944 und dessen daraufhin erfolgte Flucht eine Rolle. Lenk kann seinen Umzug mit der Unterstützung des Reichsministers für Rüstung und Kriegsproduktion, Albert Speer, als Dienstreise deklarieren und bekommt Frachtraum für einen Bahntransport zugewiesen. In Wilhelmsdorf, in der Nähe von Ravensburg, kommen Lenks bei Familie Fausel unter, die eine Kleiderfabrik betreibt. Die Galerie Abels muss in Dresden zum 15. September schließen und vermittelt Lenk den Transport von Kunstwerken nach Süddeutschland.[55]

1945 Lenk wird im Januar zum Volkssturm eingezogen und verbringt einige Wochen in Langenargen am Bodensee. Währenddessen schreibt am 12. Februar das Auswärtige Amt und erteilt einen letzten Auftrag: Lenk soll in Hessen ein Bild als Geschenk für einen ausscheidenden Beamten (Dr. Stahl aus Kassel) malen.

1946 Die Dresdner Galerie Kunstausstellung Kühl nimmt Kontakt mit Lenk auf, informiert ihn über den Verlust der von ihm bis 1945 in Kommission gegebenen Werke und versucht, neue Kunst von ihm zu akquirieren.[56] Auch Hermann Abels meldet sich, nun wieder aus Köln, wo er seine Galerie wiedereröffnen und Werke von Lenk ins Programm nehmen will.

1947 Pläne eines Umzugs nach Lindau scheitern. Lenks ziehen im Juli nach Großheppach im Remstal.
Otto Dix lädt Lenk als Gast zur Teilnahme an der ersten Ausstellung der Sezession Oberschwaben-Bodensee in Ulm ein, der dieser jedoch nicht folgt.

1948 Die Familie Lenk zieht nach Fellbach, Kleinfeldstraße 38.

1949 Eine geplante Italienreise muss aus unbekannten Gründen abgesagt werden.[57] Lenk beginnt unabhängig davon mit dem Komponieren italienischer Architekturmotive.
Im März bekommt er einen Fragebogen von Fritz Löffler aus Dresden zugesandt, der sich einen Überblick über die Situation wichtiger Dresdner Künstler verschaffen will.
Im Juli findet im Kölnischen Kunstverein eine Einzelaus-

stellung mit Werken von Franz Lenk statt, im Oktober eine weitere im Cabinet Gute Kunst in Hannover.

1950 Lenk wird Mitglied im wiedergegründeten Deutschen Künstlerbund. Das Angermuseum Erfurt zeigt eine Ausstellung seiner Werke.

1958 Das Angermuseum Erfurt ehrt Lenk zu seinem 60. Geburtstag mit einer weiteren Ausstellung.

1959 Theodor Hartmann, Oberbürgermeister der Stadt Schwäbisch Hall und Bruder von Lenks Freund Friedrich Hartmann-Zeller, rät Lenk zum Umzug in die Stadt. Lenk folgt der Einladung, und wird in Schwäbisch Hall als städtischer Kulturbeauftragter tätig (Abb. 18). Bis zu seinem Tod wohnt er auf der Burg Tierberg.

1967 Das Museum von der Heydt in Wuppertal widmet Lenk eine Einzelausstellung.

1968 Franz Lenk stirbt am 13. Dezember in Schwäbisch Hall.

[1] Lenk 1943, S. 25. [2] Franz Lenk, Arbeitsbuch 1, DKA Nürnberg, Nachlass Lenk (im folgenden abgekürzt »DKA«). [3] Dresdner Anzeiger (DA), 1.2.1926. [4] Hans Weigert, in: Dresdner Neueste Nachrichten (DNN), 1.2.1926. [5] Vossische Zeitung, 11.4.1928. [6] Die Kunst für alle, 43. Jg., 1927/28, S. 236. [7] Vgl. Brief Lenk an Nierendorf, 16.12.1931, DKA. [8] Vorwärts, 15.11.1929, Abendausgabe. [9] Frankfurter Nachrichten, 23.2.1930. [10] Die Kunst für alle, 45. Jg., Feb. 1930, S. 137. [11] Hans Rosenhagen, in: Velhagen & Klasings Monatshefte, 45. Jg., Nov. 1930, S. 257–264. [12] Zwickauer Zeitung Nr. 263, zw. 10. u 15.11.1930 u. Greizer Zeitung 7.10.1930. [13] DNN 28.2.1931. [14] Die Kunst für alle, 46. Jg., 1931, H. 12, vgl. S. 374. [15] WV Abercron 1976 D31-19 und -20. [16] Brief KV Barmen an die Maler der »Sieben«, 24.12.1931 DKA. [17] Mit den Ölgemälden »Landschaft im Erzgebirge« (1931) und »Landschaft in Schwaben« (1931), Kat.-Nr. 101 u. 102. [18] Vgl. Hüneke 1991, S. 391. [19] Rheinisch Westfälische Zeitung 23.4.1932, zit. nach Denizel 2010, S. 25. [20] Die Kunst für alle, Jg. 47, H. 7, April 1932, S. 189–198. [21] Brief Funk-Stunde AG an Lenk, 19.10.1932, DKA. [22] Berliner Börsen-Courier, 3.12.1932. [23] Faltblatt Mannheim-Dessauer Wanderausstellung, DKA. [24] Westermanns Monatshefte, 78. Jg., H. 926, Okt. 1933. [25] Brief Lenk an Dix, 8.12.1933, DKA. [26] Brief Lenk an Dix 23.2.1934, DKA. [27] Urkunde vom 11.5.1934, DKA. [28] Die Kunst für alle, 49. Jg., H. 8, Mai 1934. [29] Völkischer Beobachter 18.8.1934. [30] DKA, Nachlass Lenk A-B, 9.11.1934. [31] DKA, Nachlass Lenk, 16.10.1934. [32] W. G., in: Deutsche Allgemeine Zeitung, 30.1.1935. [33] Kunst der Nation, 3. Jg., Nr. 2. [34] Haug 1998, S. 83. [35] Berliner Lokal-Anzeiger, 26.1.1936. [36] F. Lenk, Arbeitsbuch 2, S. 129, DKA. [37] Dankschreiben OB v. Wittenberg an Lenk, 11.5.1936, DKA. [38] Brief Lenk an Abels, 16.12.1936, DKA. [39] Brief vom 9.2.1937, zitiert nach Abercron 1976, S. 6. [40] Völkischer Beobachter 23.9.1937. [41] vgl. Gerster 2000, S. 554ff. [42] F. Lenk, Arbeitsbuch 2, S. 5, DKA. [43] Kroll 1937. [44] Arbeitsbuch F. Lenk 1939, S. 128, DKA. [45] Reinhold Stolze, Drei Maler aus Berlin, in: Kieler Neueste Nachrichten, 29.1.1939. [46] Jenaer Nachrichten, 13.3.1939. [47] Jenaische Zeitung 13.3.1939. [48] Brief Auswärt. Amt an Lenk 17.3.1939, DKA. [49] Brief Lenk an Auswärt. Amt, 2.8.1940, DKA. [50] Thüringer Allgemeine Zeitung 14.2.1941. [51] DN 12.5.1941, DA 14.5.1941. [52] DNN 4.1.1942. [53] WV Abercron 1976, D43-13. [54] Werdauer Zeitung 6.12.1943. [55] Brief Abels an Lenk vom 6.9.1944, DKA. [56] Brief Abels an Lenk 9.7.1946, DKA. [57] Brief Lenk an Böckli 14.9.1949, DKA.

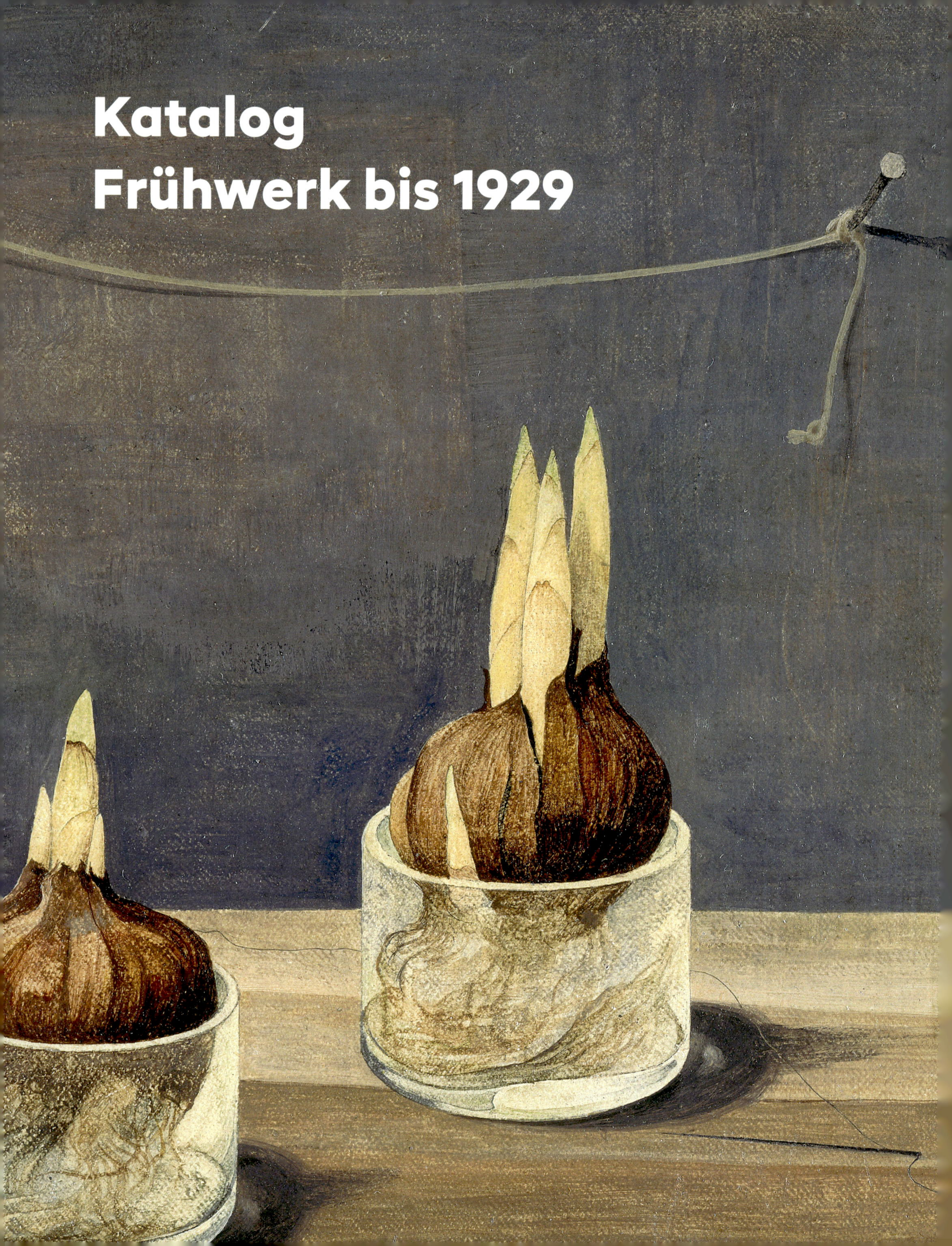
Katalog
Frühwerk bis 1929

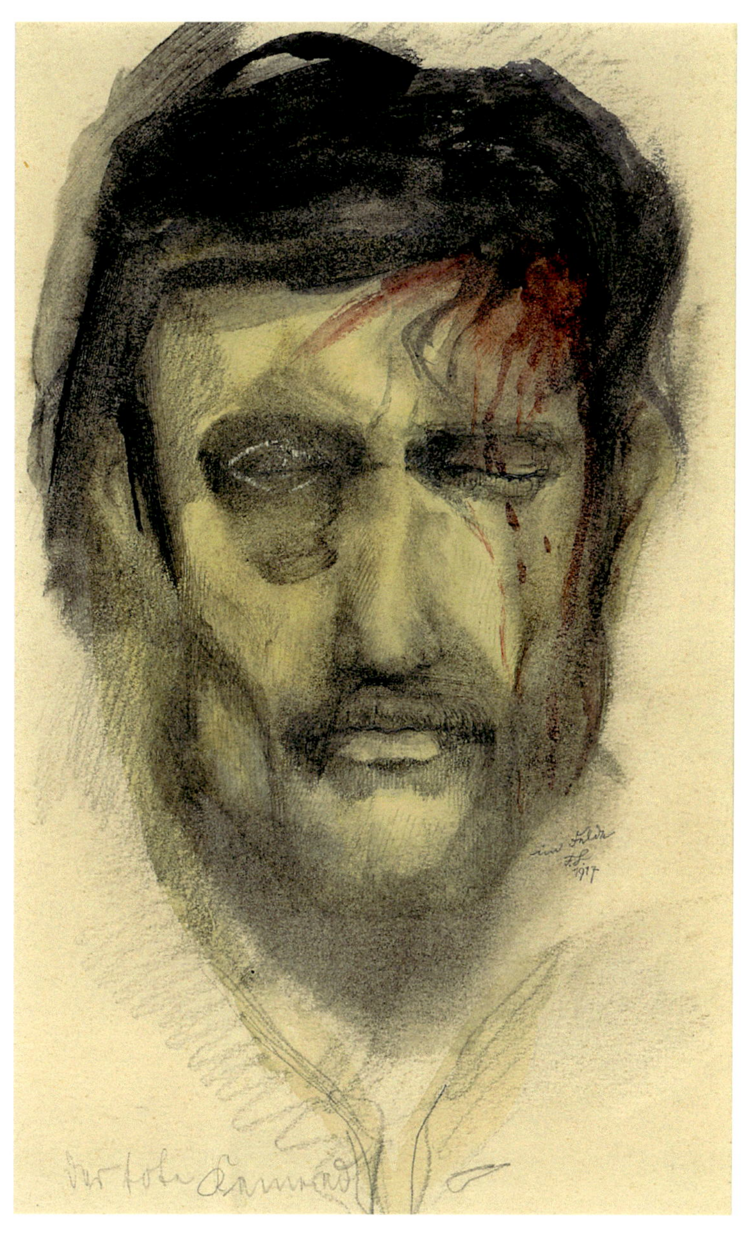

1 — **Der tote Kamerad** / 1917 / Bleistift, Aquarell

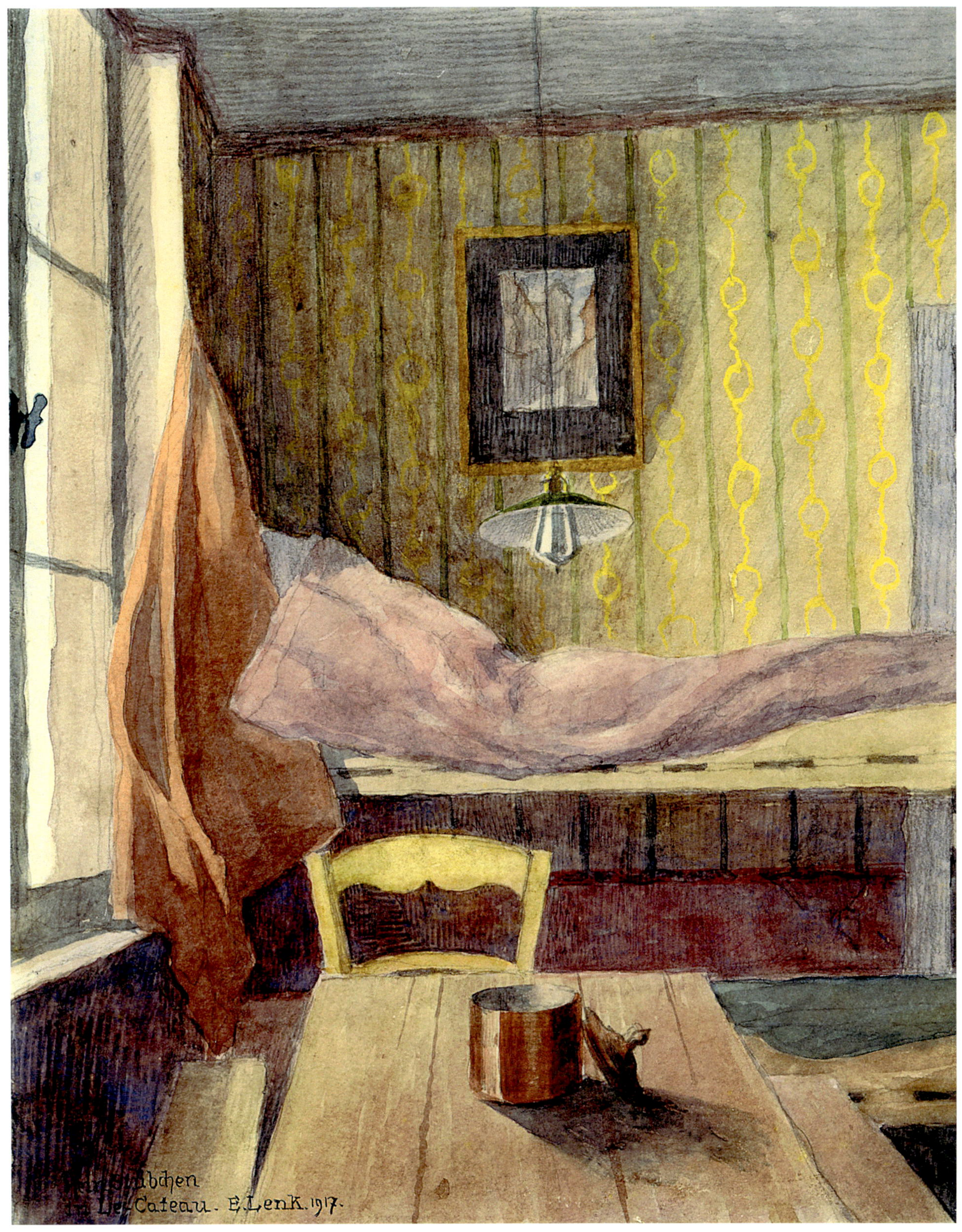

2 — **Mein Stübchen in Le Cateau** / 1917 / Bleistift, Aquarell

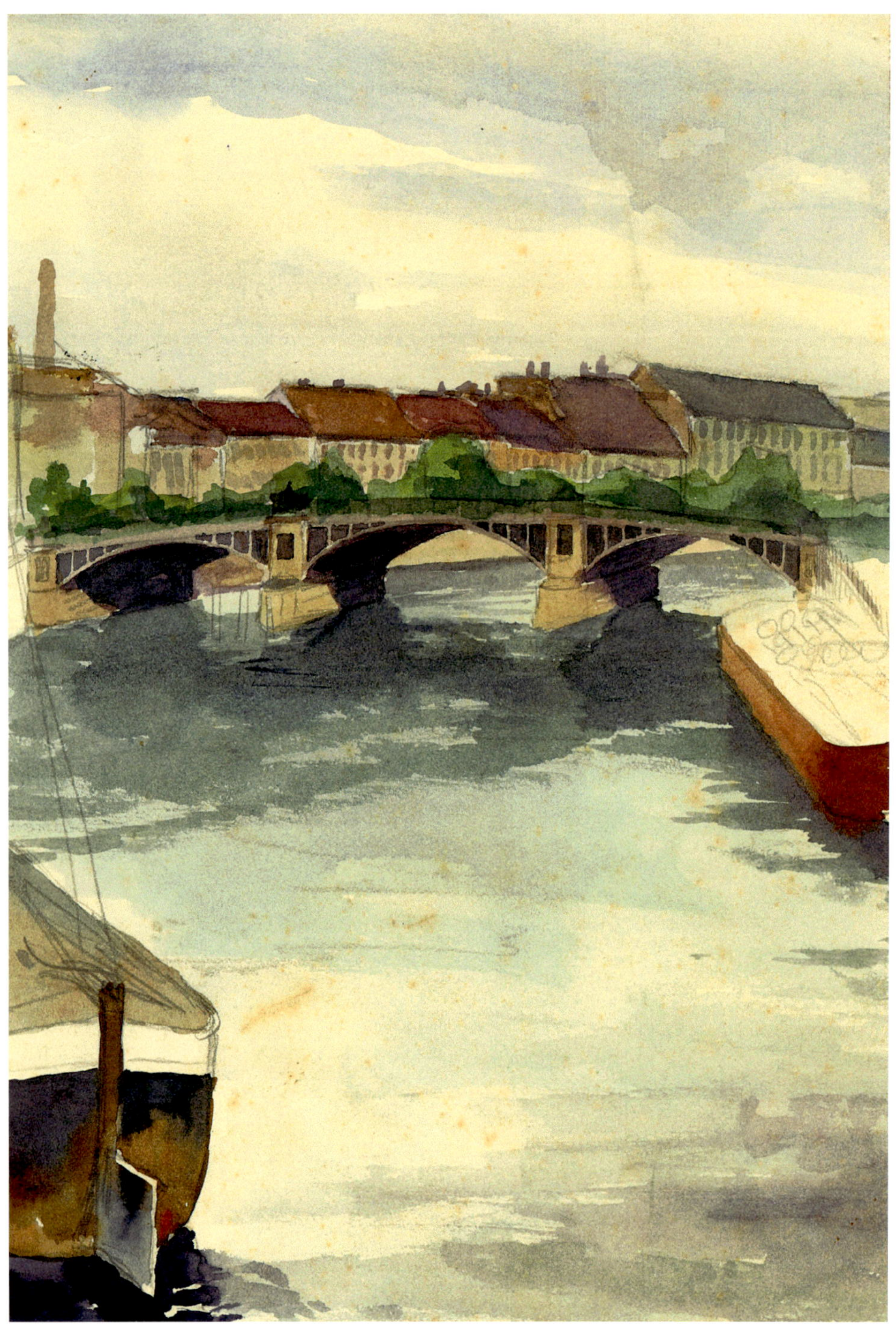

3 — **Brücke und Häuser an der Elbe** / ohne Jahr (um 1920–1922) / Bleistift, Aquarell

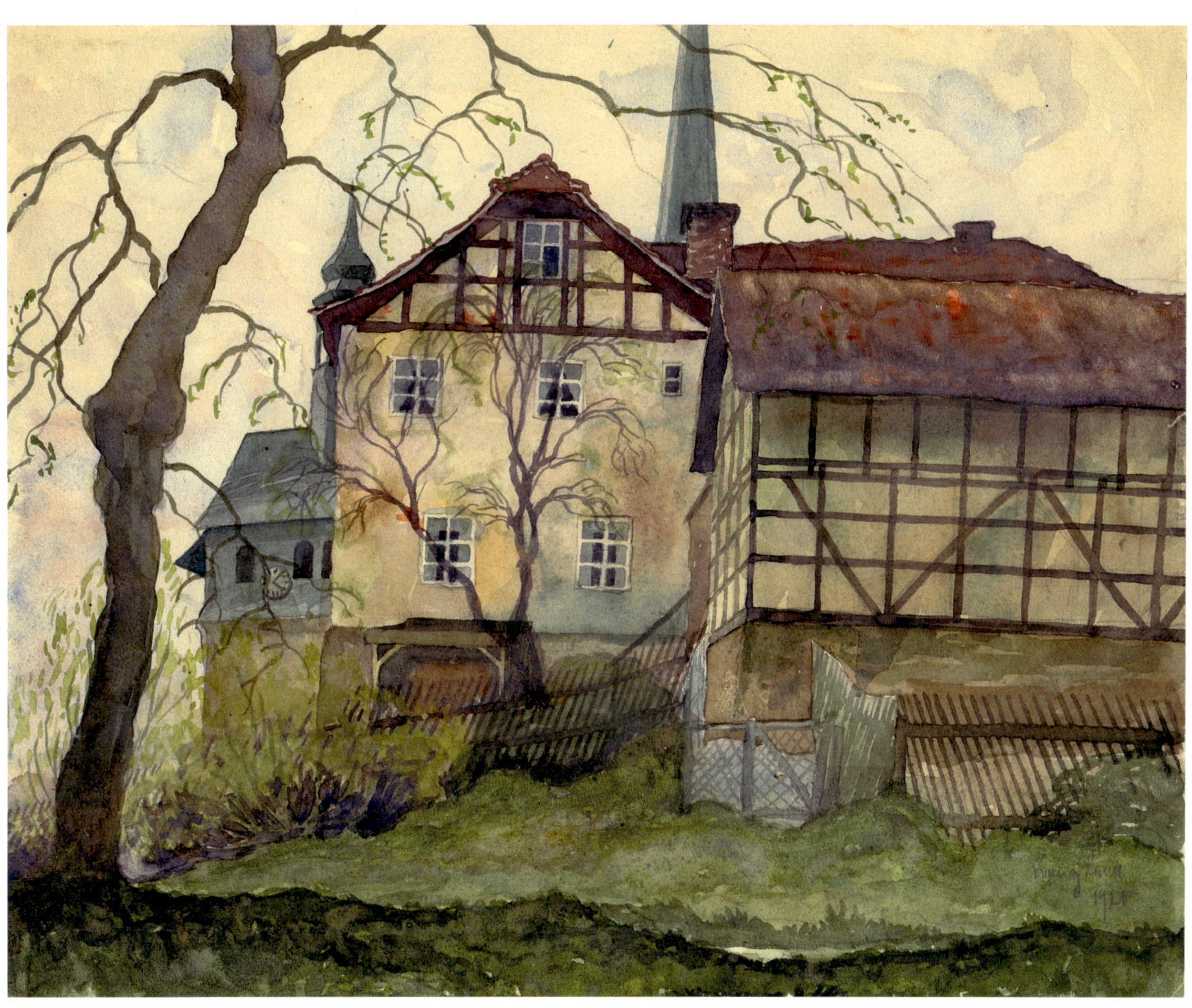

4 — **Pfarrhaus mit Kirche in Langenbernsdorf** / 1920 / Bleistift, Aquarell

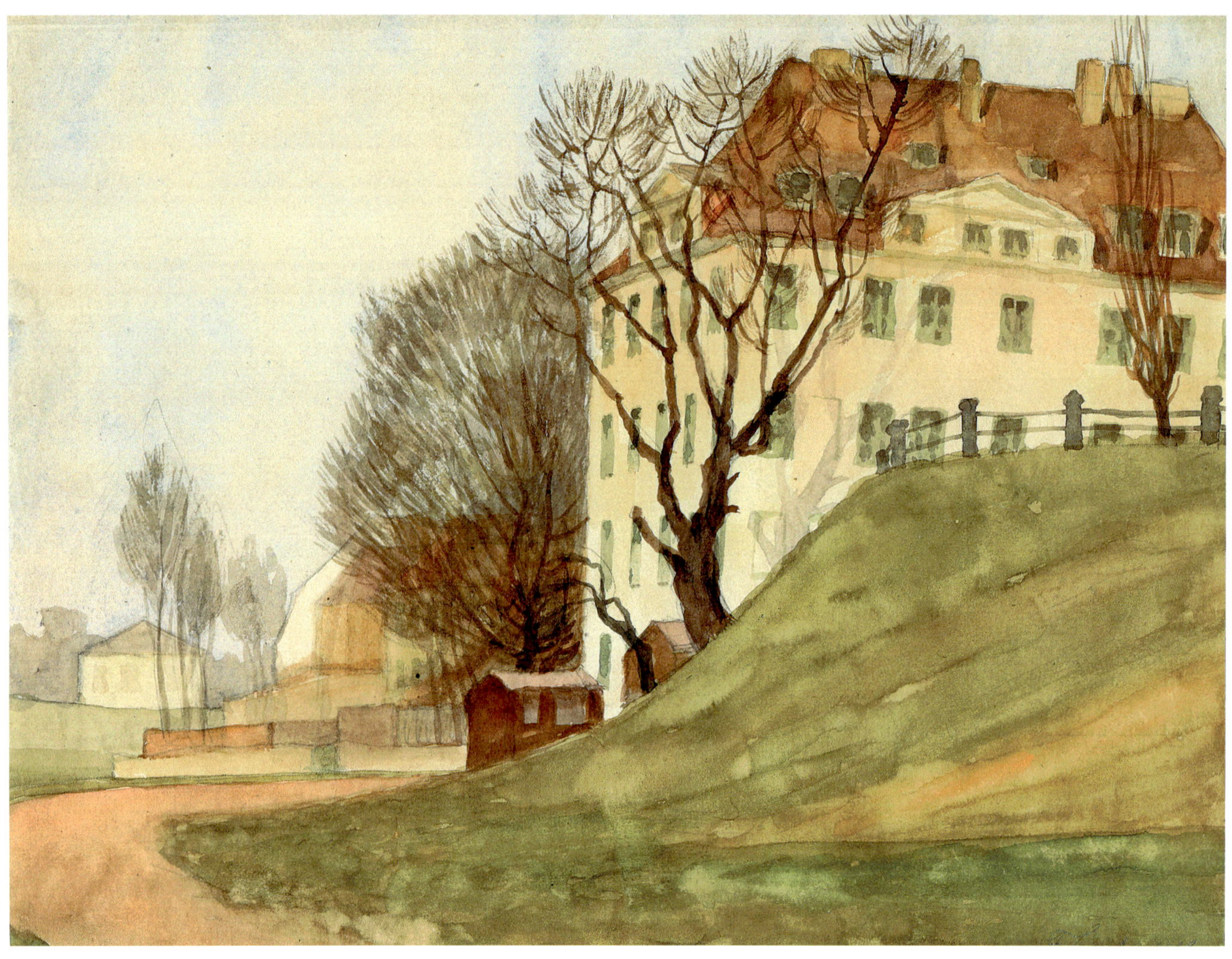

5 — **Dresden Marsdorferstraße** / 1923 / Aquarell

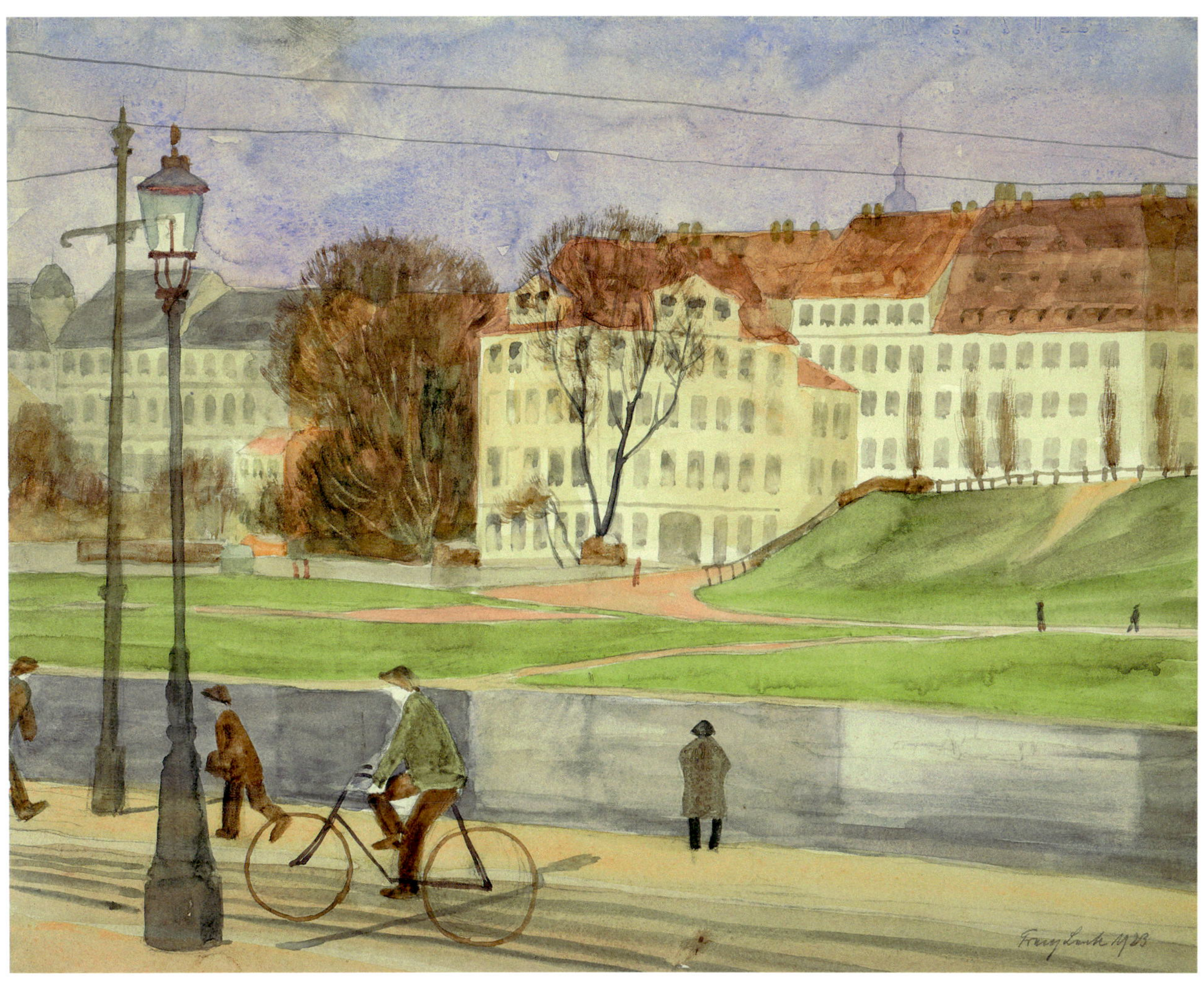

6 — **Stadtansicht von Dresden mit Radfahrer und Laterne** (Blick zum Neustädter Ufer von unterhalb der Augustusbrücke) / 1923 / Bleistift, Aquarell

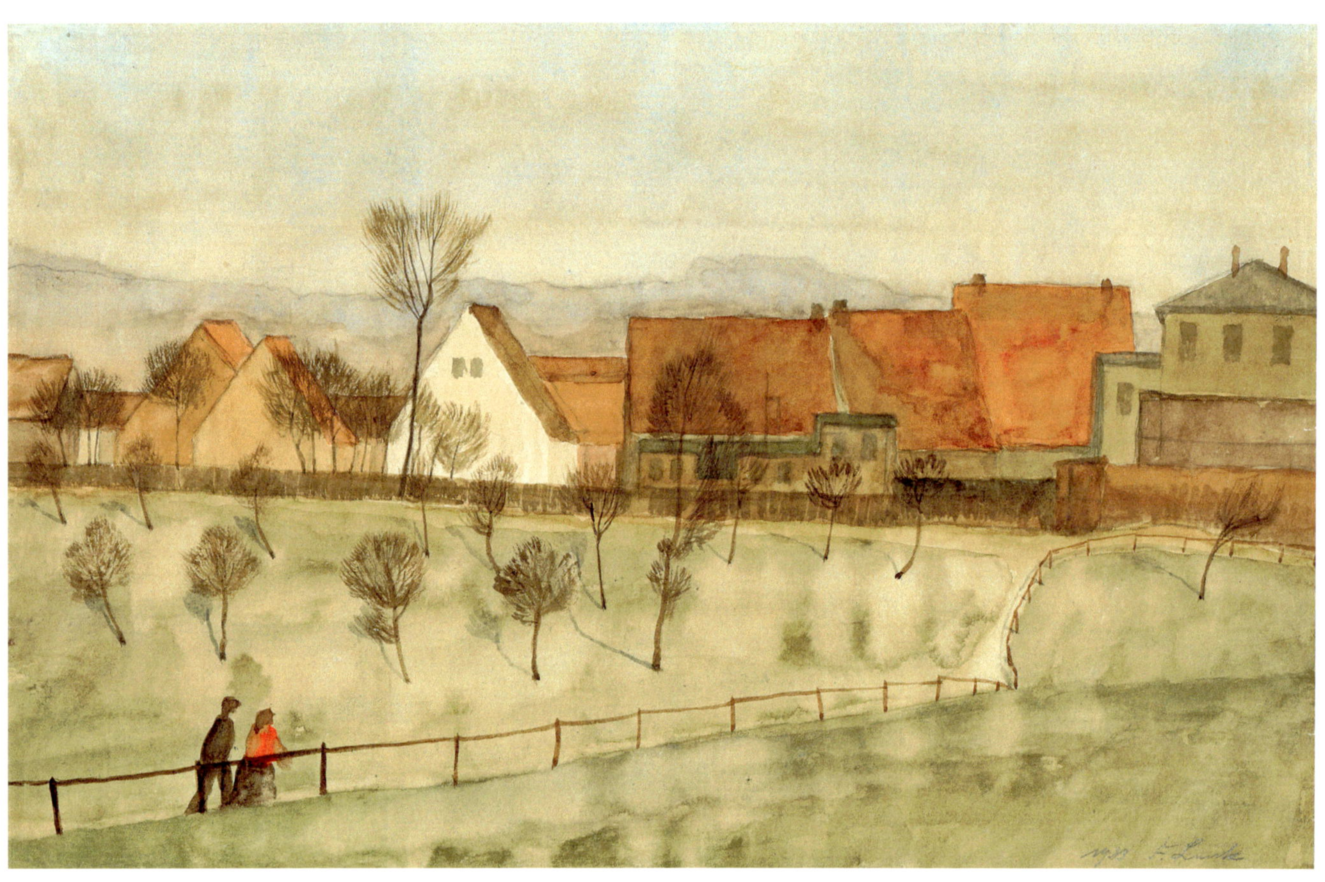

7 — **Vorort von Dresden mit Spaziergängern** / 1923 / Aquarell

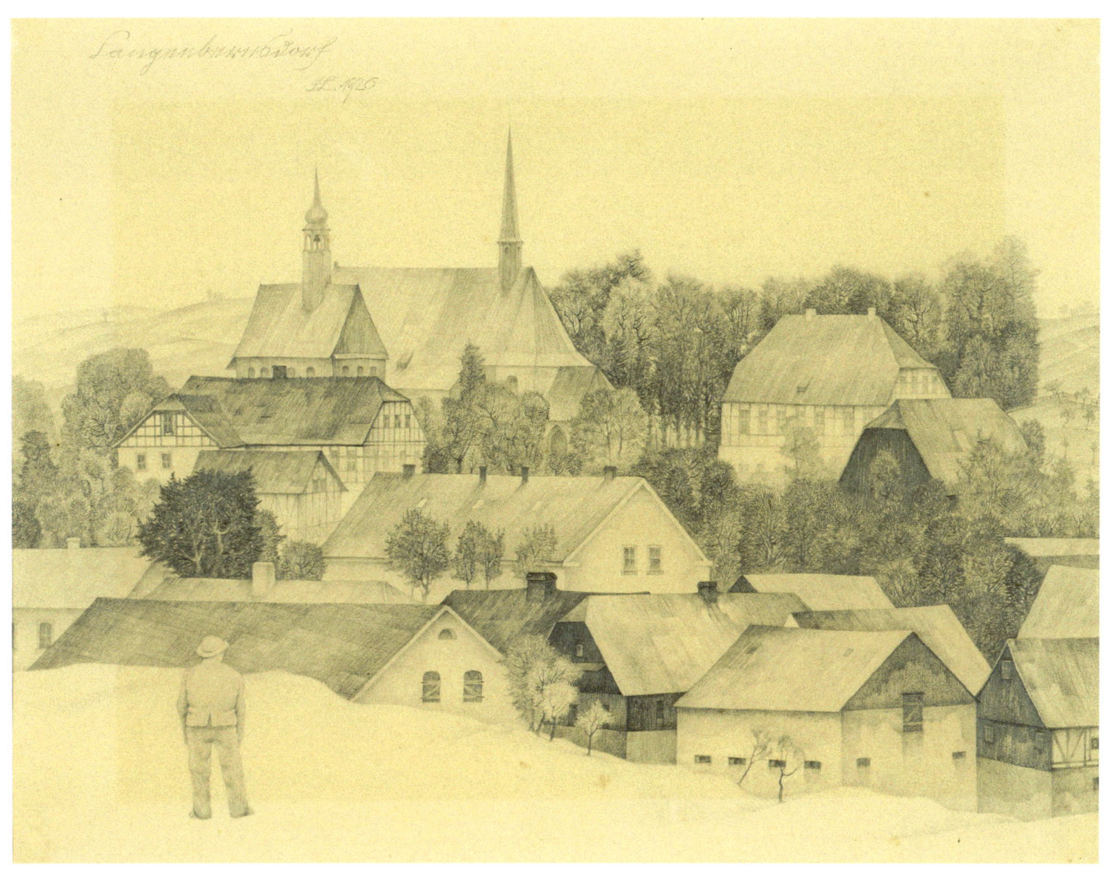

8 — **Langenbernsdorf** / 1926 / Bleistift

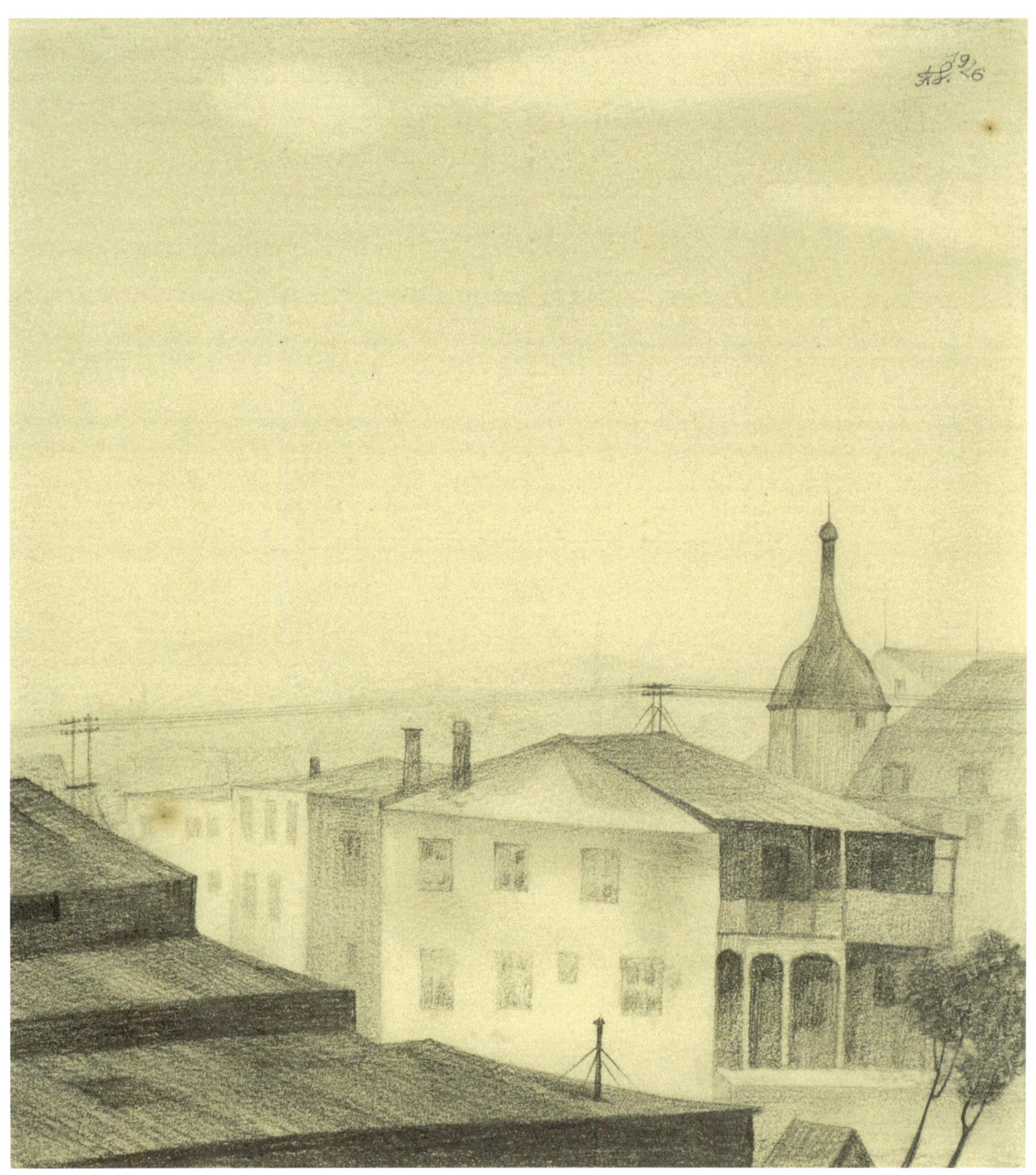

9 — **Häuser bei Lausa** / 1924 / Bleistift

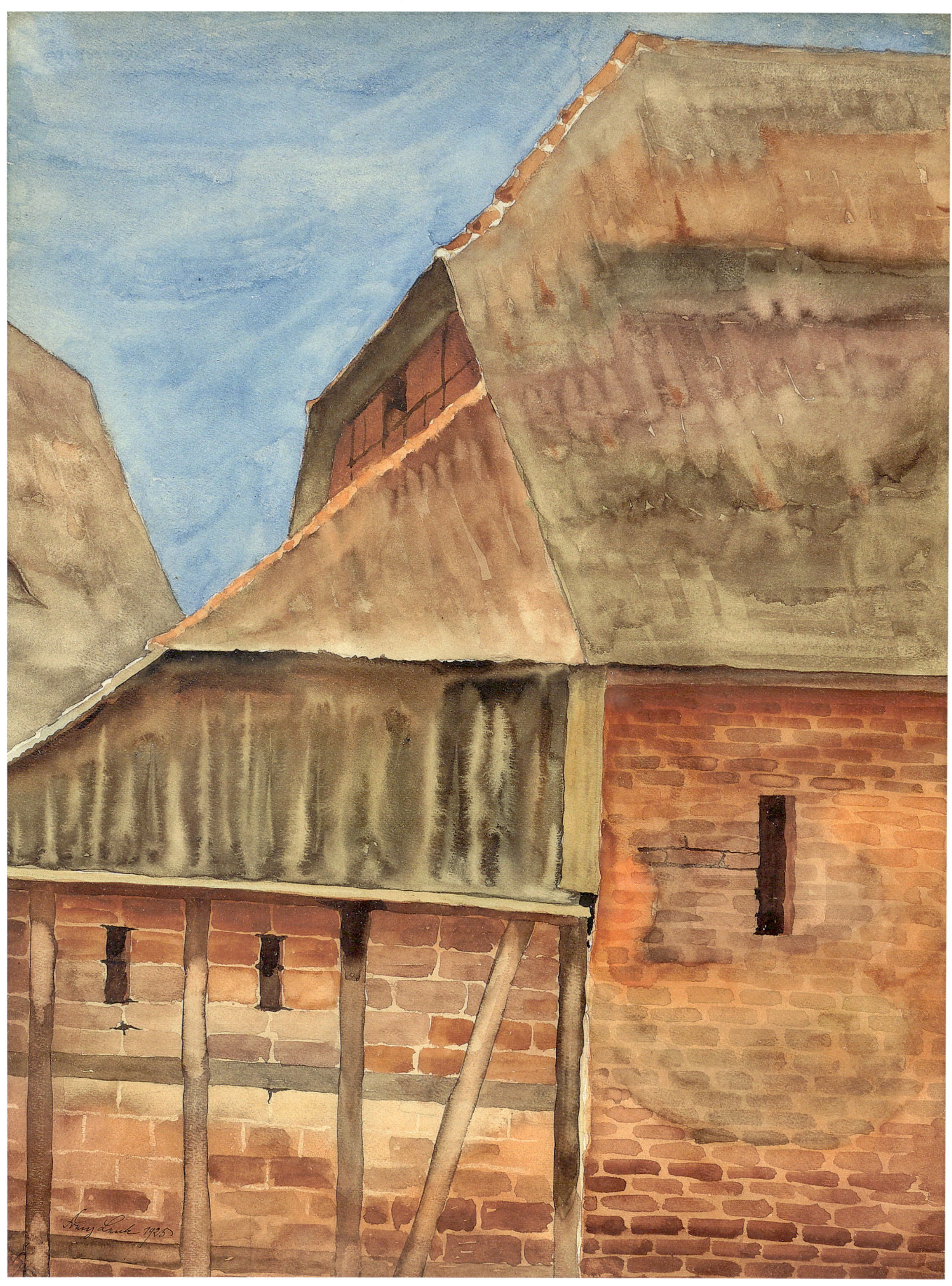

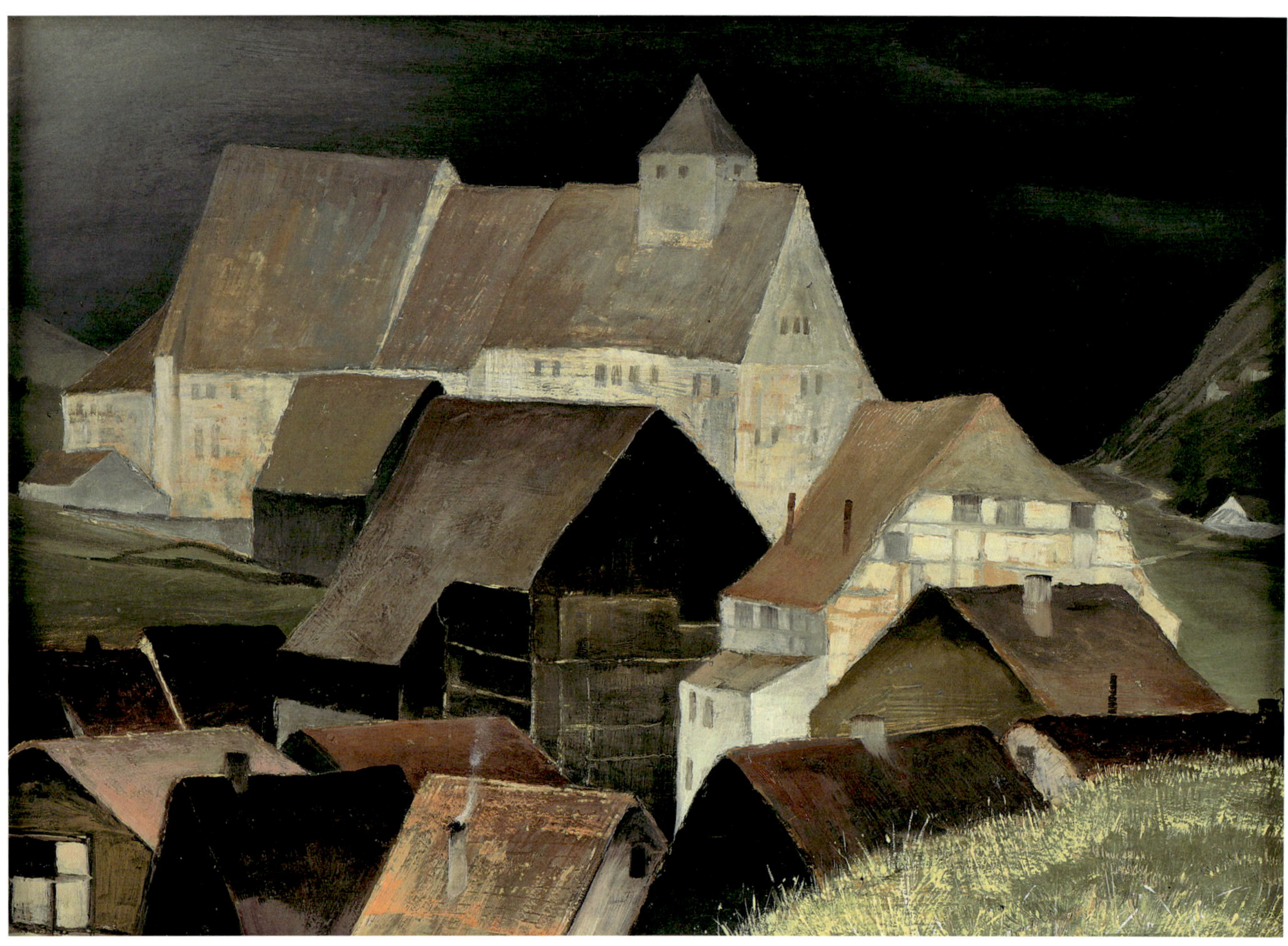

11 — **Dorflandschaft** / 1924 / Öl auf Hartfaserplatte

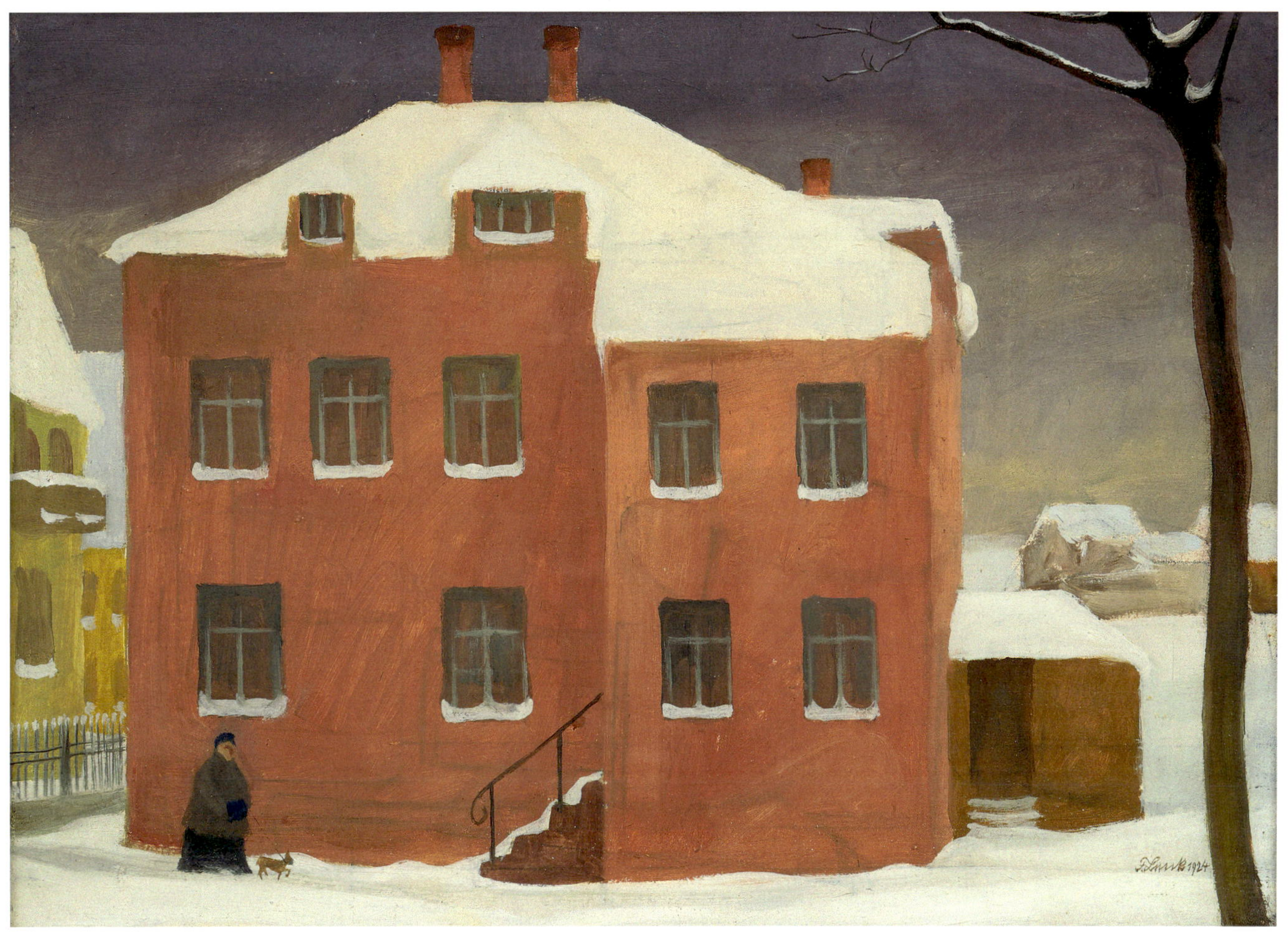

12 — **Wohnhaus im Winter** / 1924 / Öl auf Leinwand

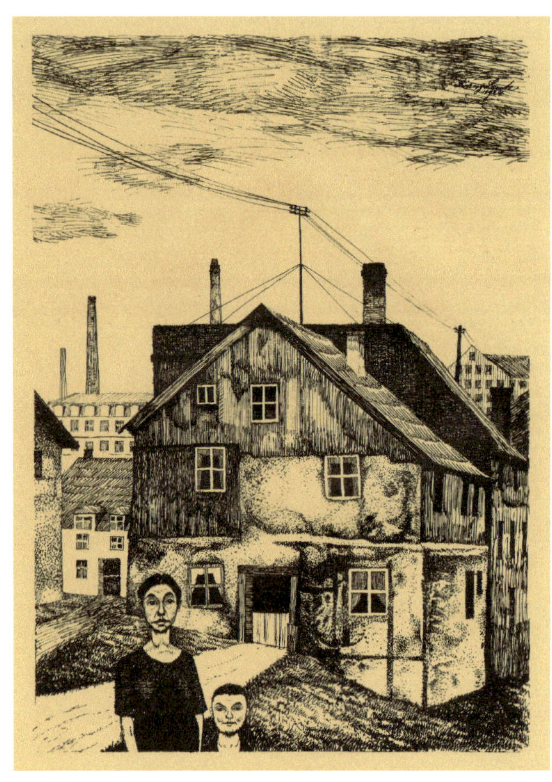

13 — **Bergarbeiterstadt** / 1924 / Lithografie

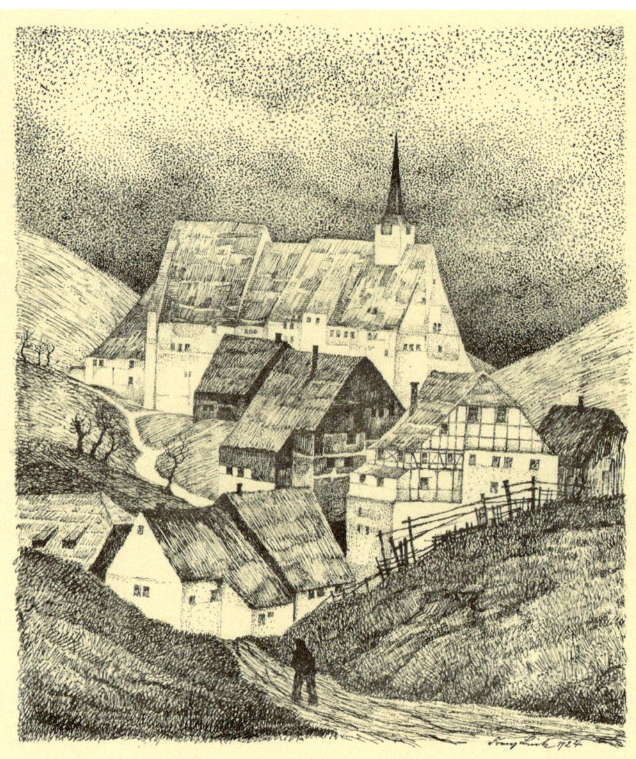

14 — **Blick auf Dorf im Tal** / 1924 / Lithografie

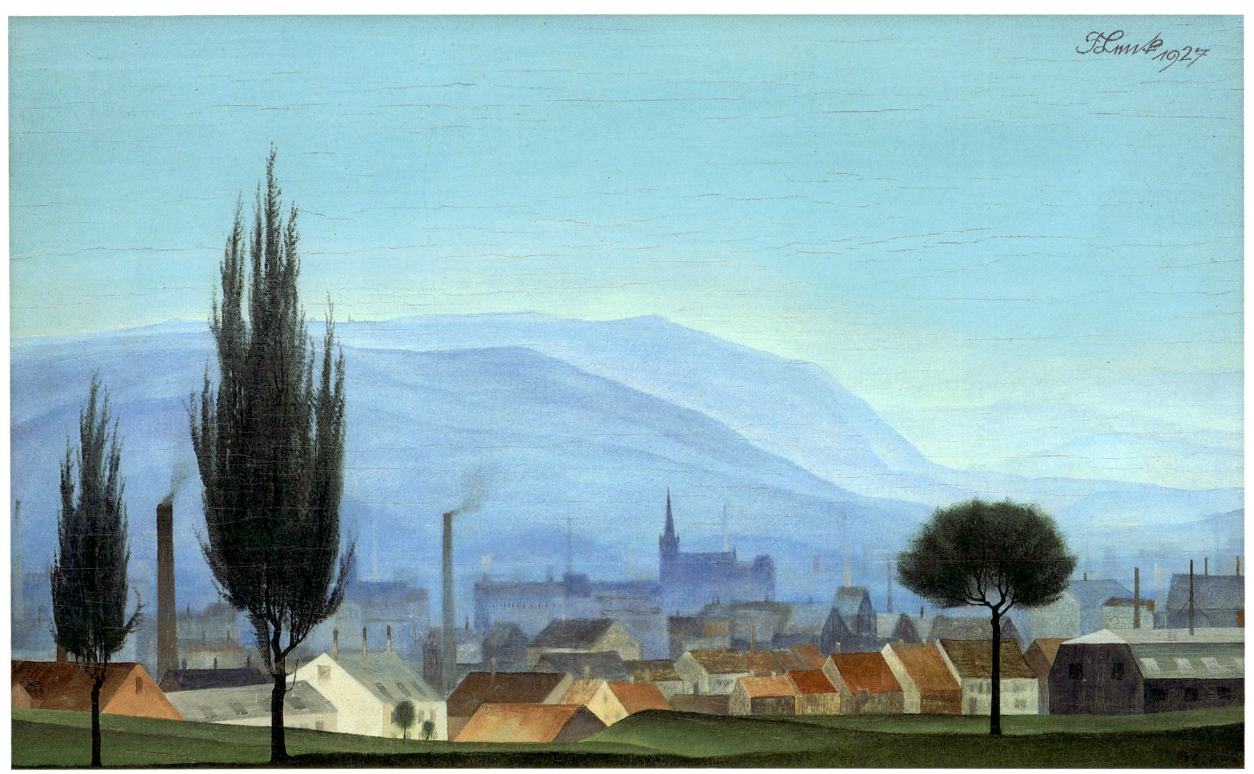

15 — **Vorstadthäuser** (Heidenau) / 1927 / Öl auf Holz

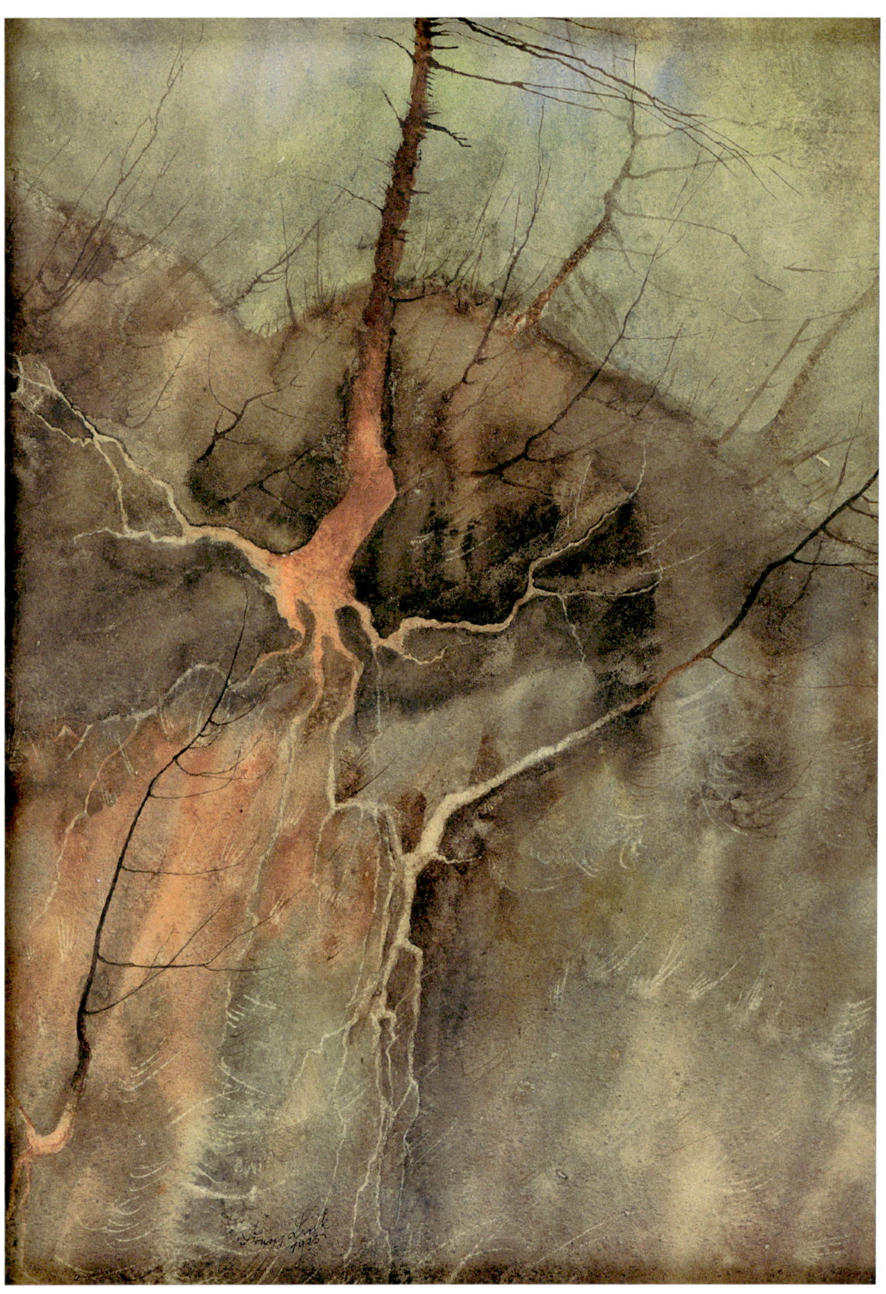

16 — **Bäumchen mit Erdabhang** / 1925 / Aquarell

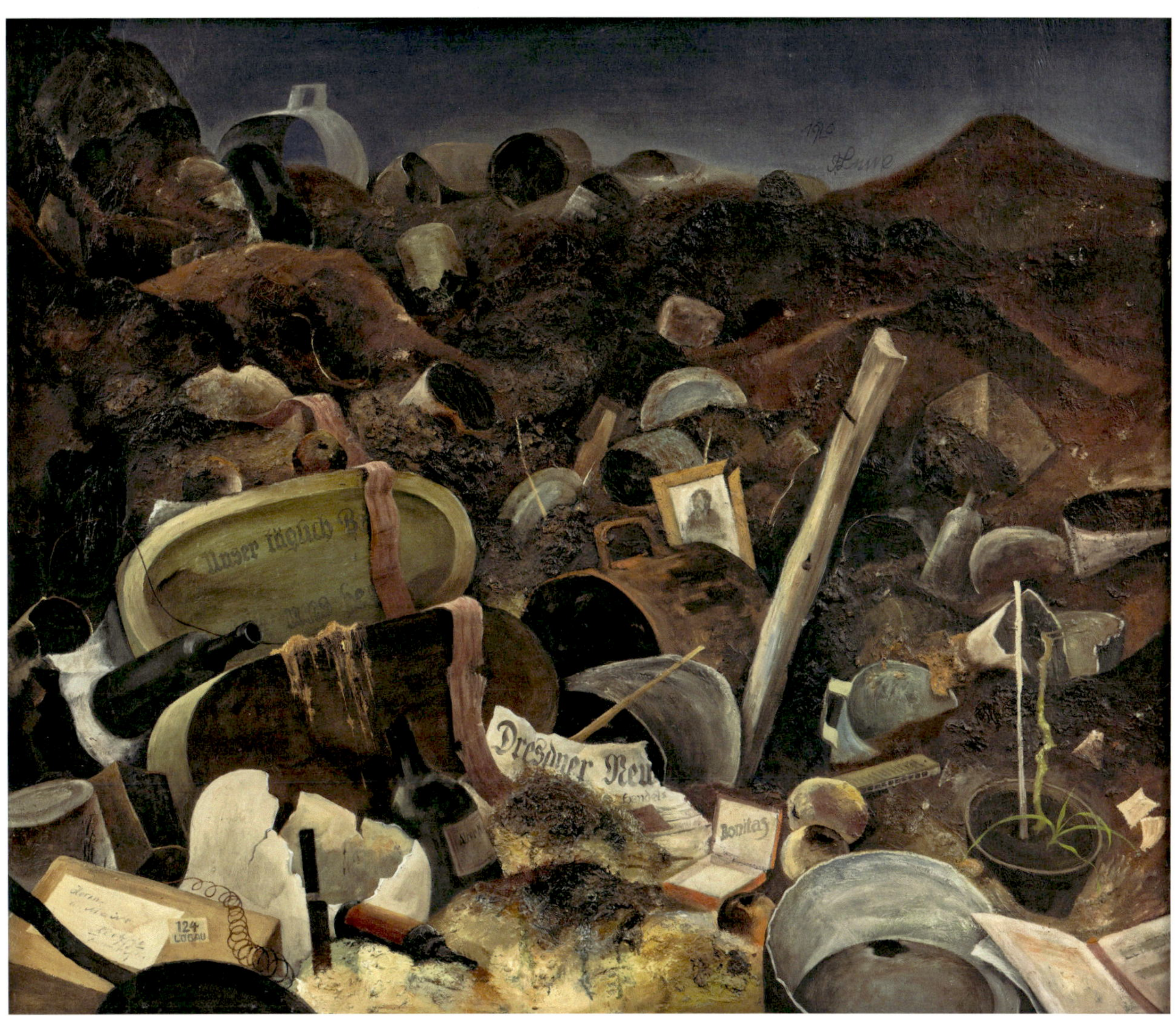

17 — **Müllhaufen** / 1926 / Öl auf Holz

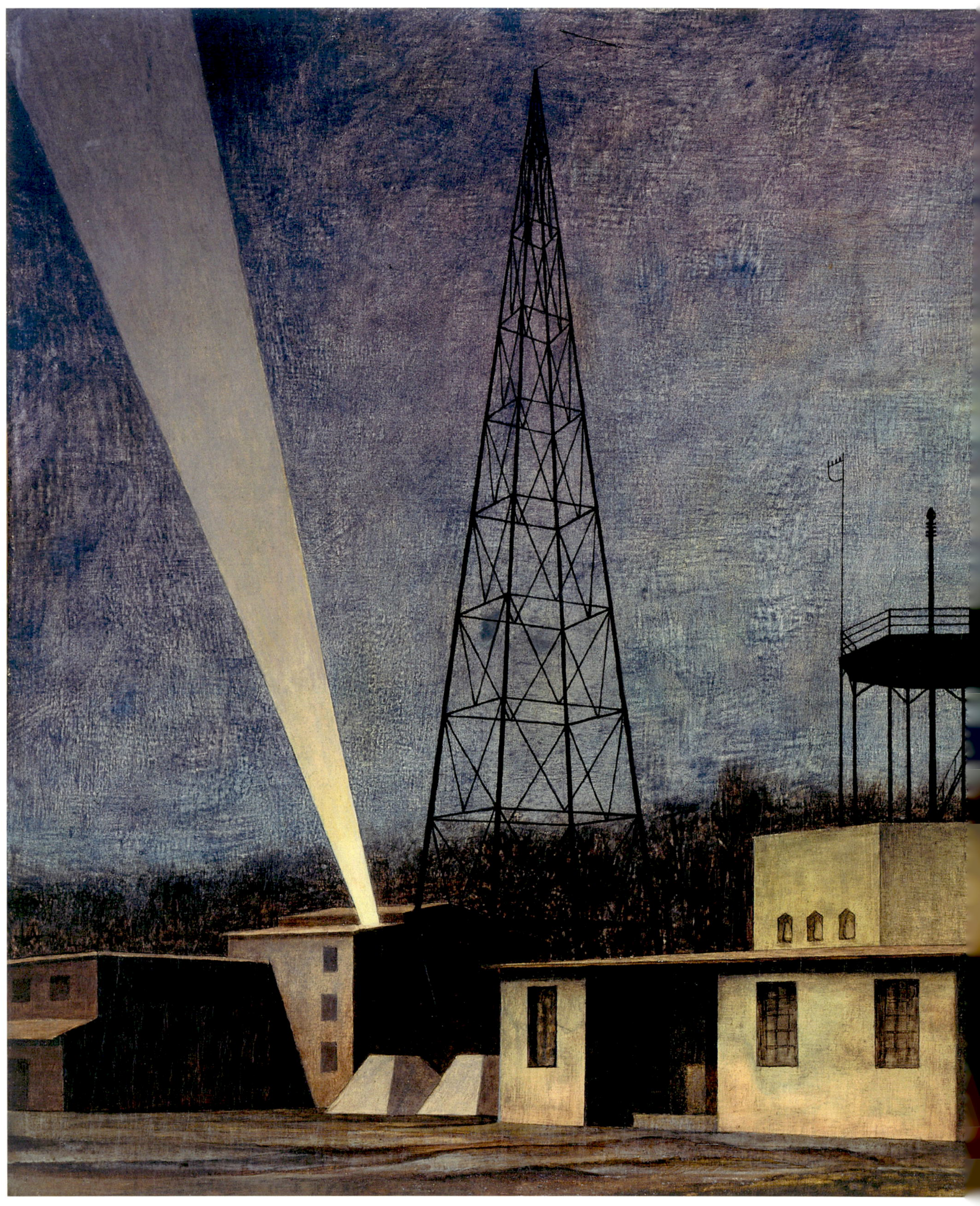

18 — **Flugplatz** (Scheinwerfer) / 1927 / Öl auf Holz

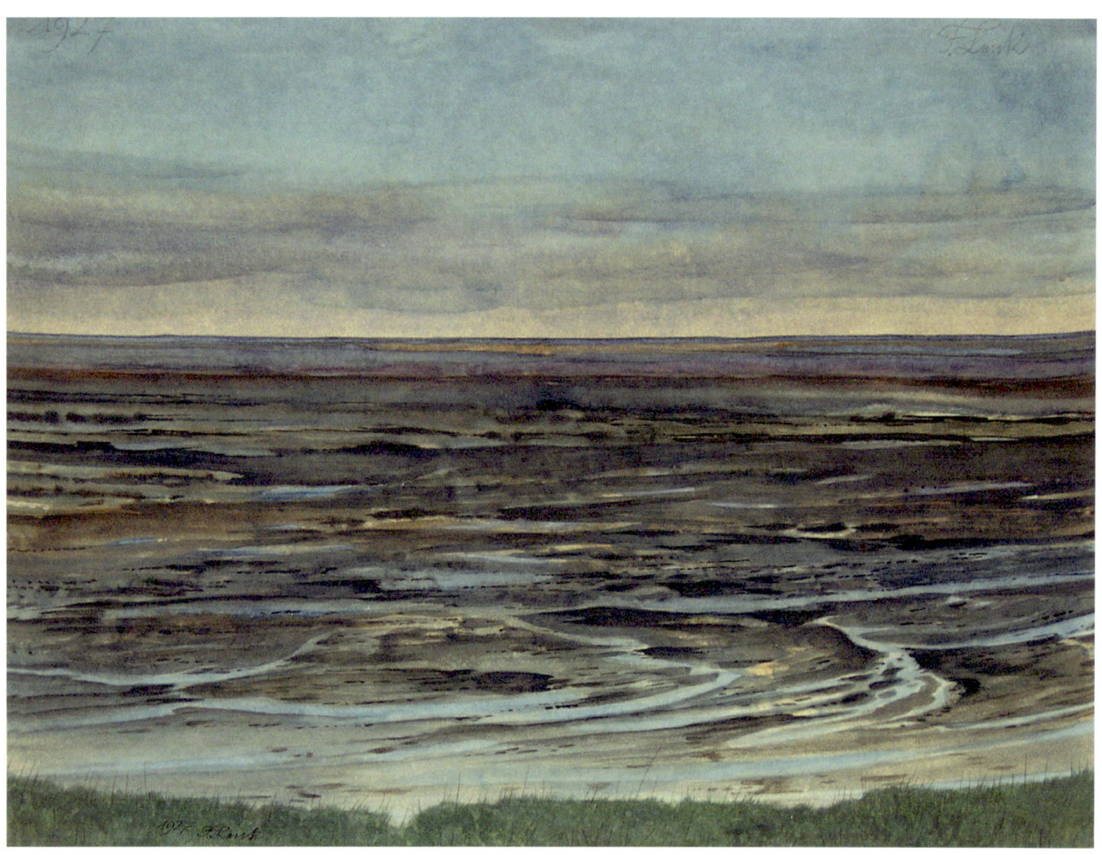

19 — **Wattenmeer bei beginnender Ebbe** / 1927 / Aquarell

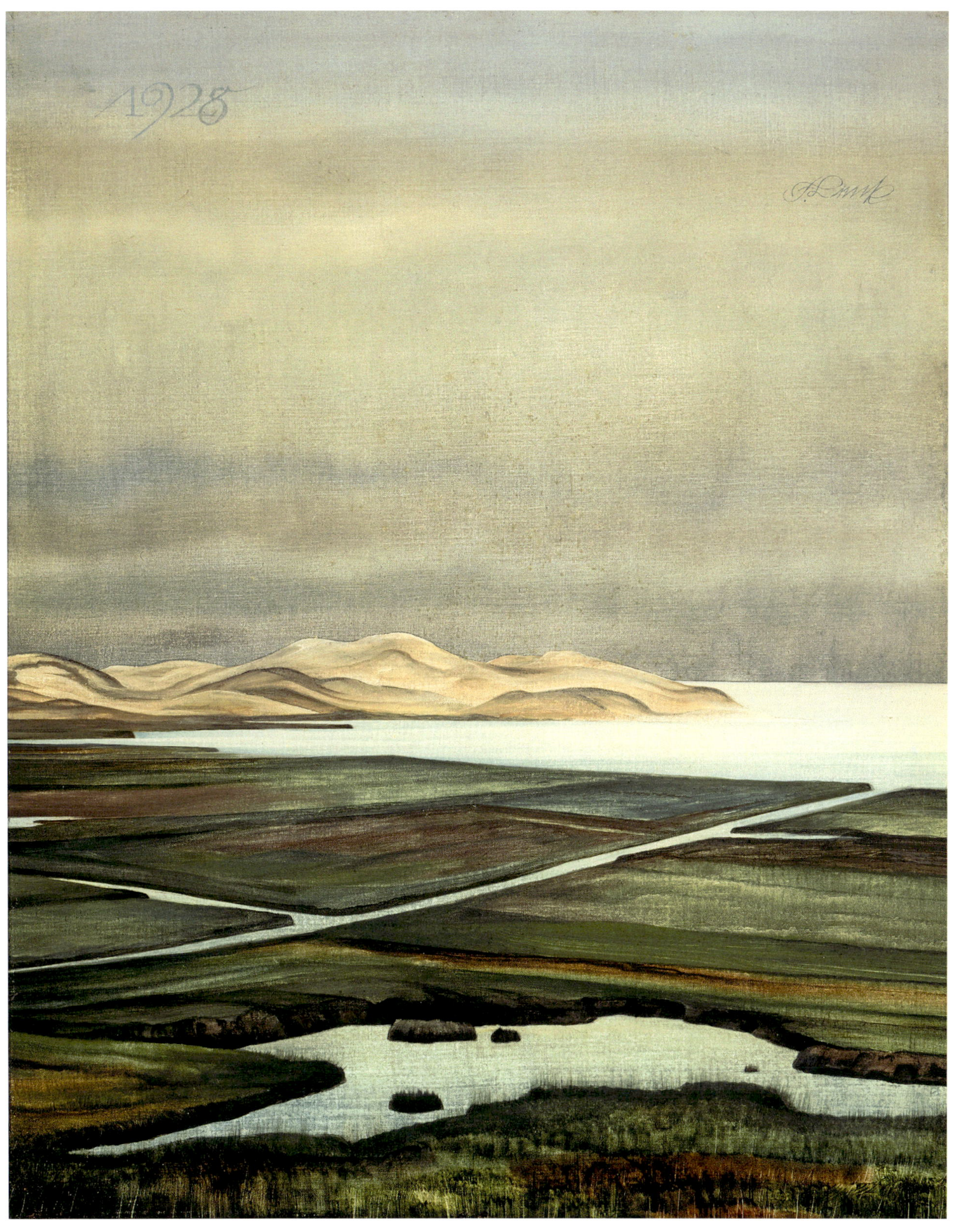

20 — **Amrum** (Odde) / 1928 / Öl auf Leinwand

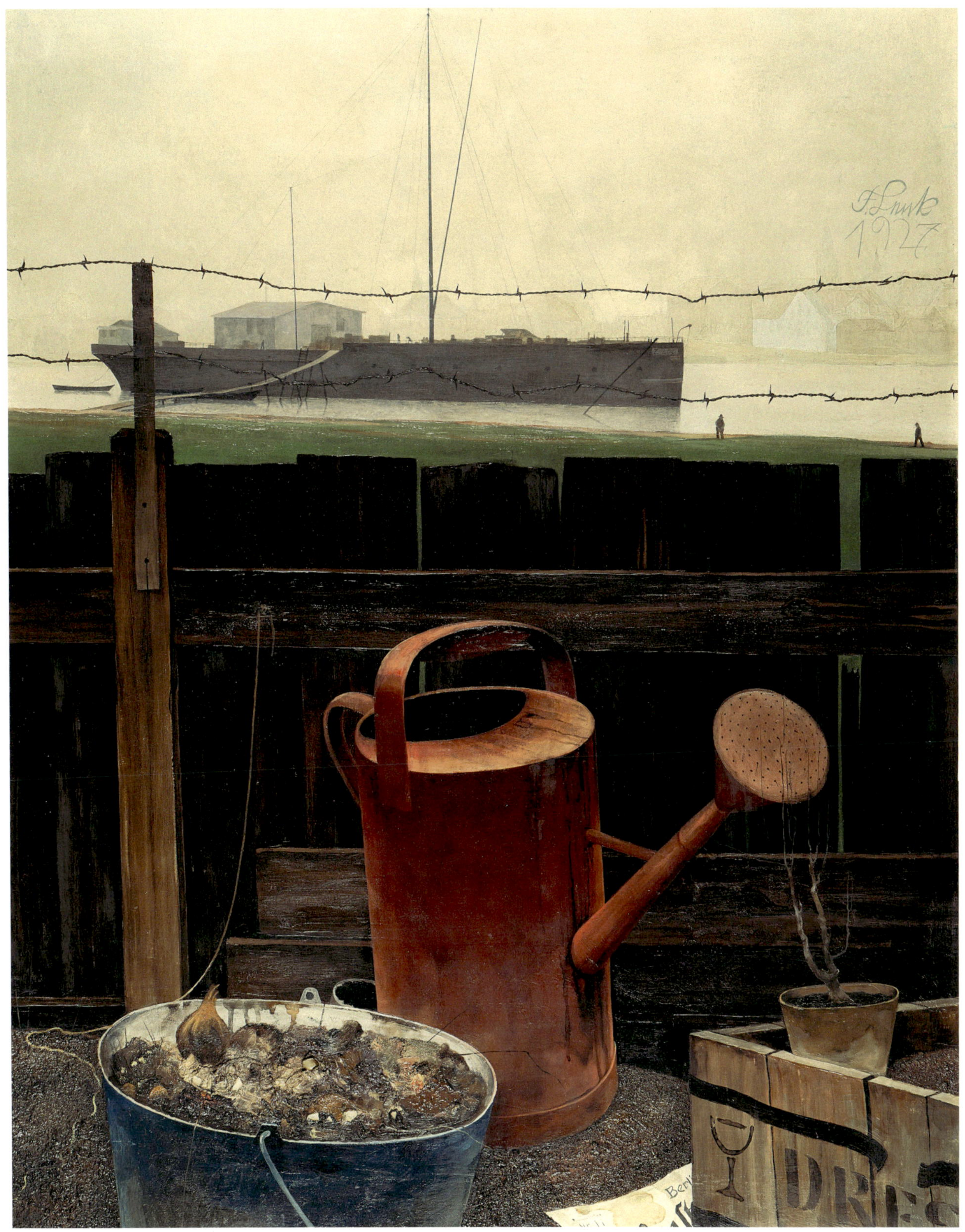

21 — **Stilleben mit Gießkanne, Eimer und Bretterkiste** / 1927 / Öl auf Sperrholz

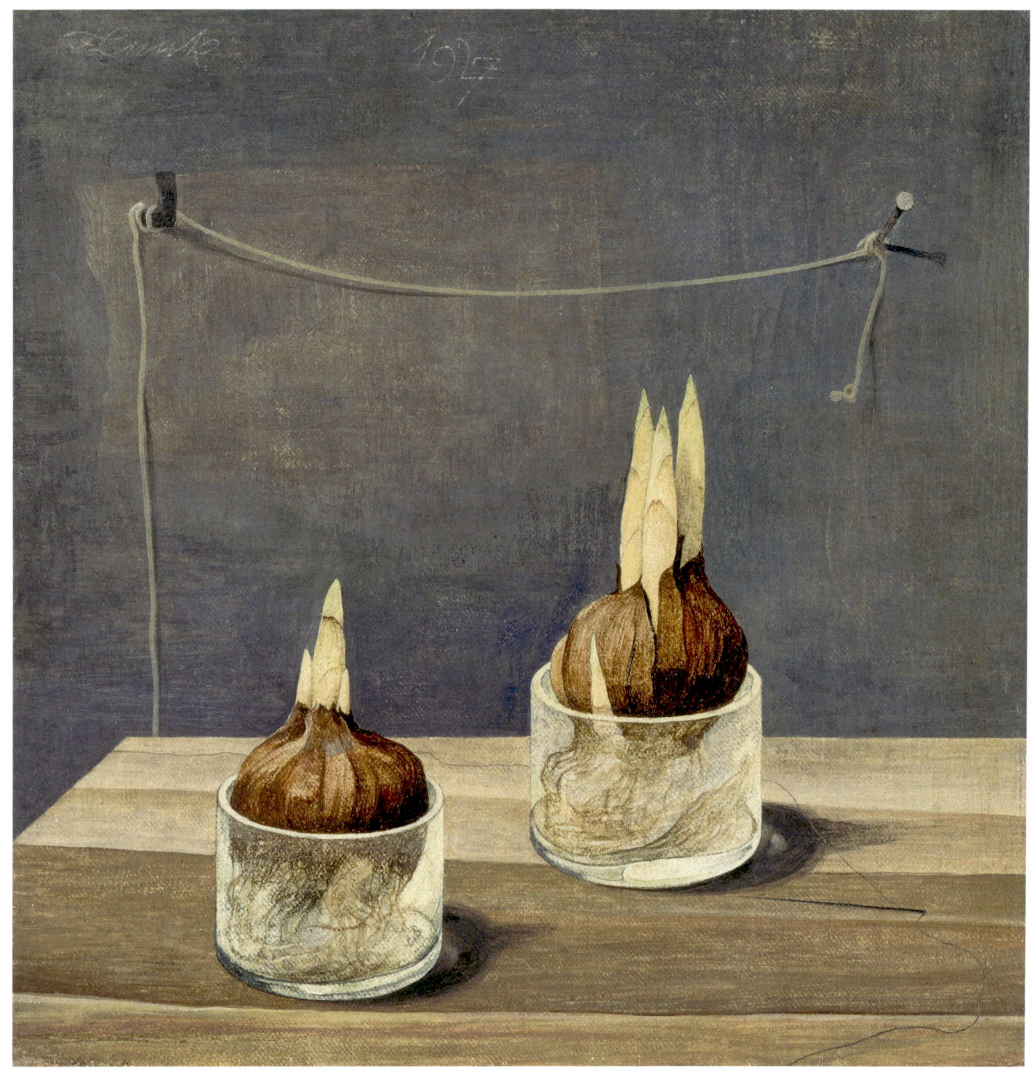

22 — **Stilleben mit zwei Krokussen im Glas** / 1927 / Öl auf Leinwand auf Holz

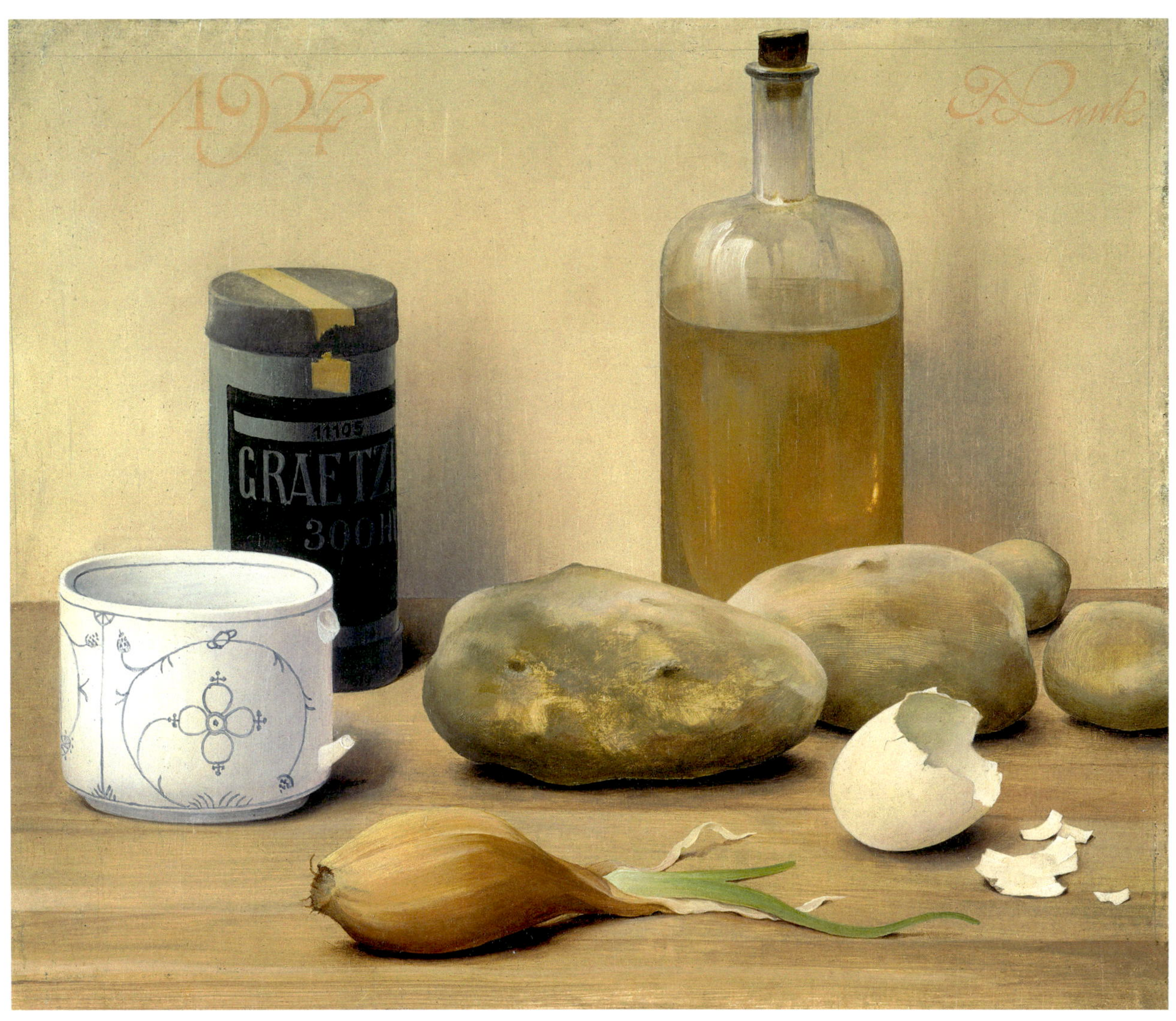

23 — **Stilleben mit Kartoffeln, Tasse und Zwiebel** / 1927 / Öl auf Sperrholz

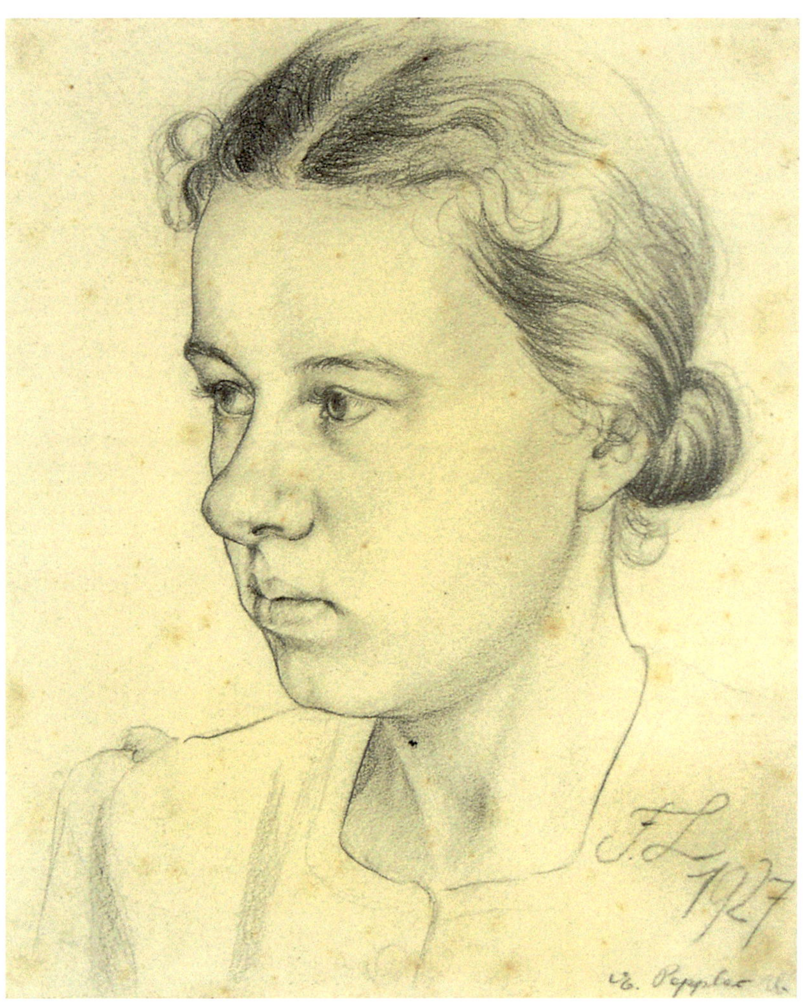

24 — **Bildnis G. Peppler** / 1927 / Bleistift

25 — **Portrait Lotte Durst** / 1928 / Öl auf Leinwand

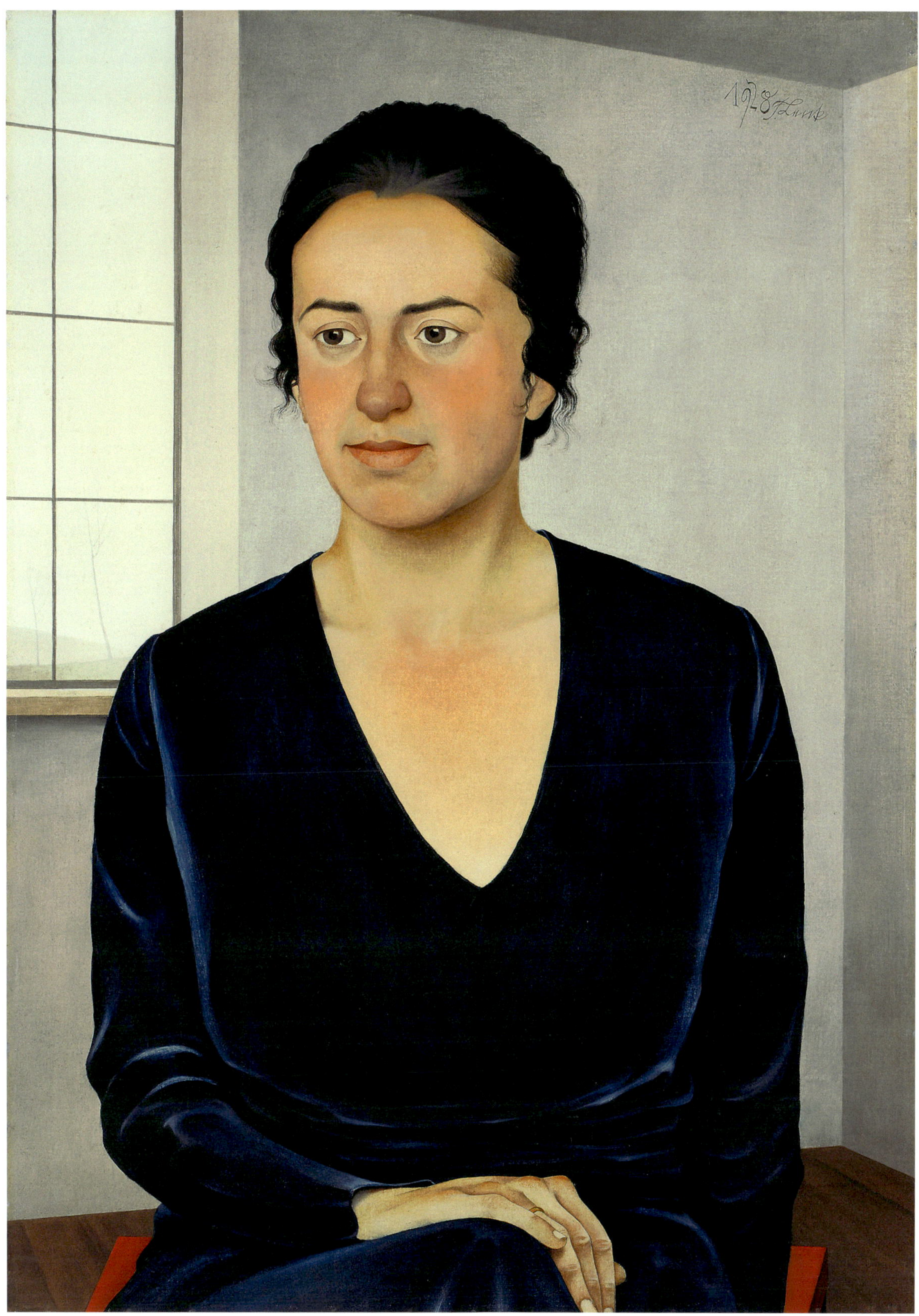

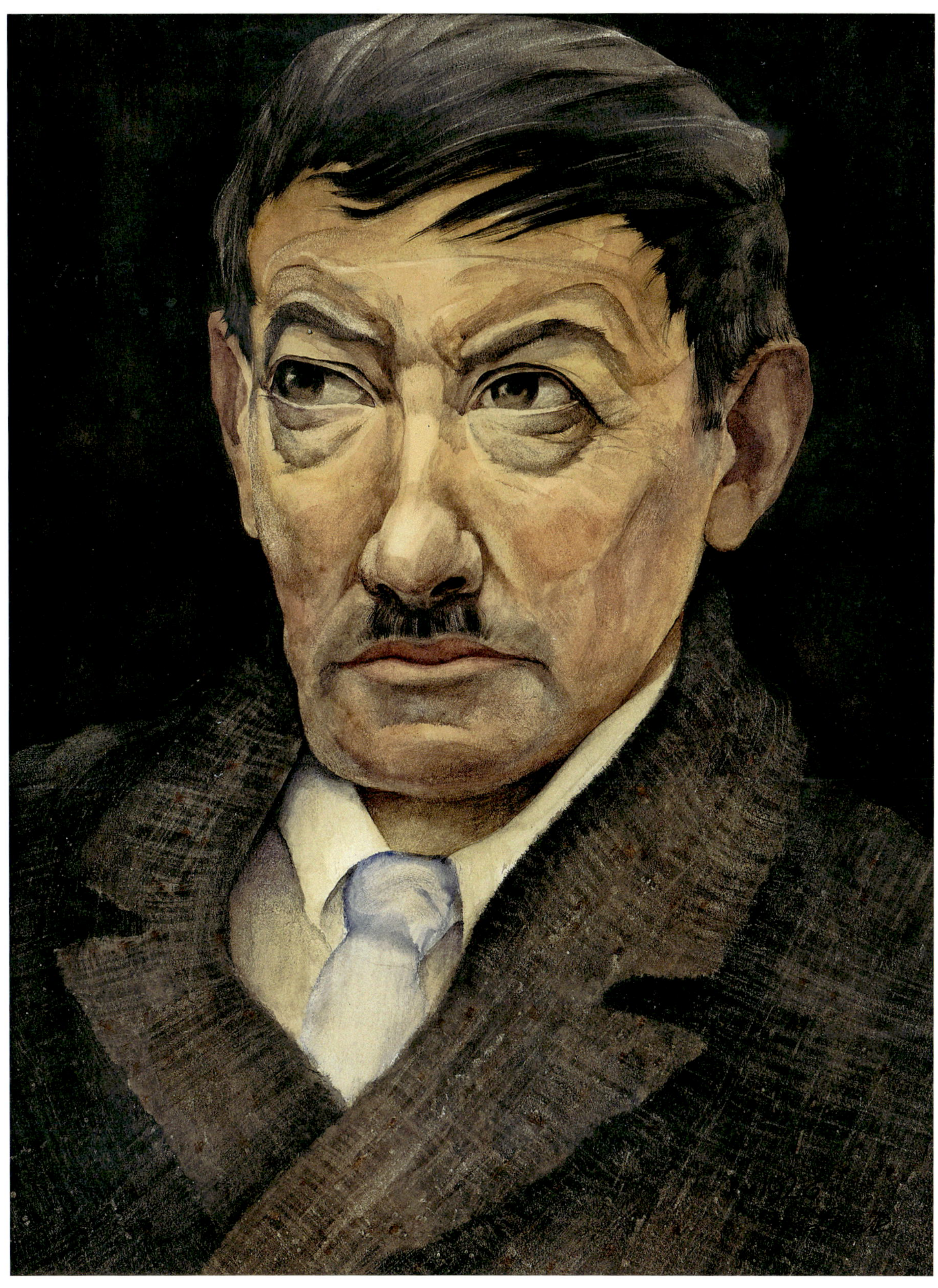

26 — **Bildnis des Malers Wilhelm Eller** / 1927 / Gouache, Aquarell

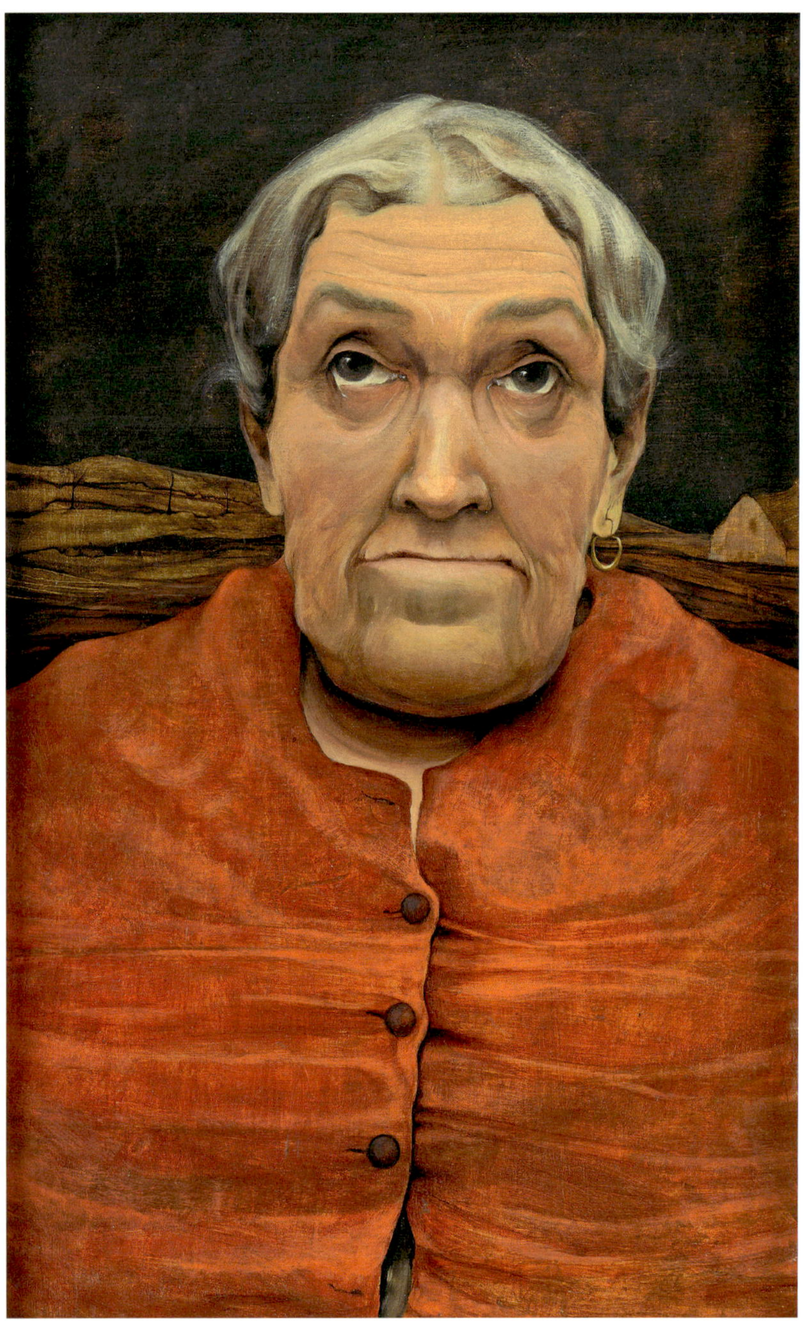

27 — **Bildnis der Großmutter** / 1926 / Öl auf Sperrholz

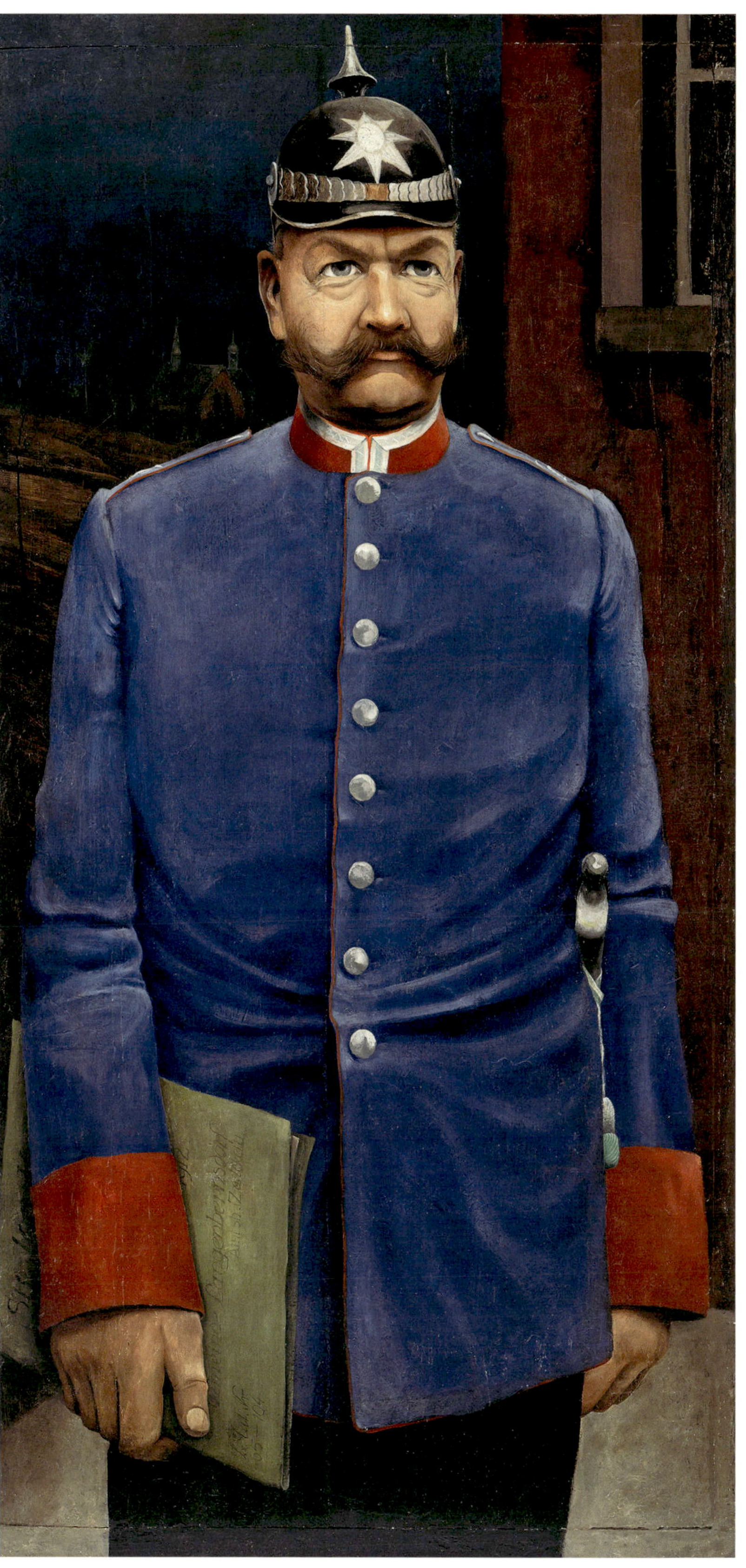

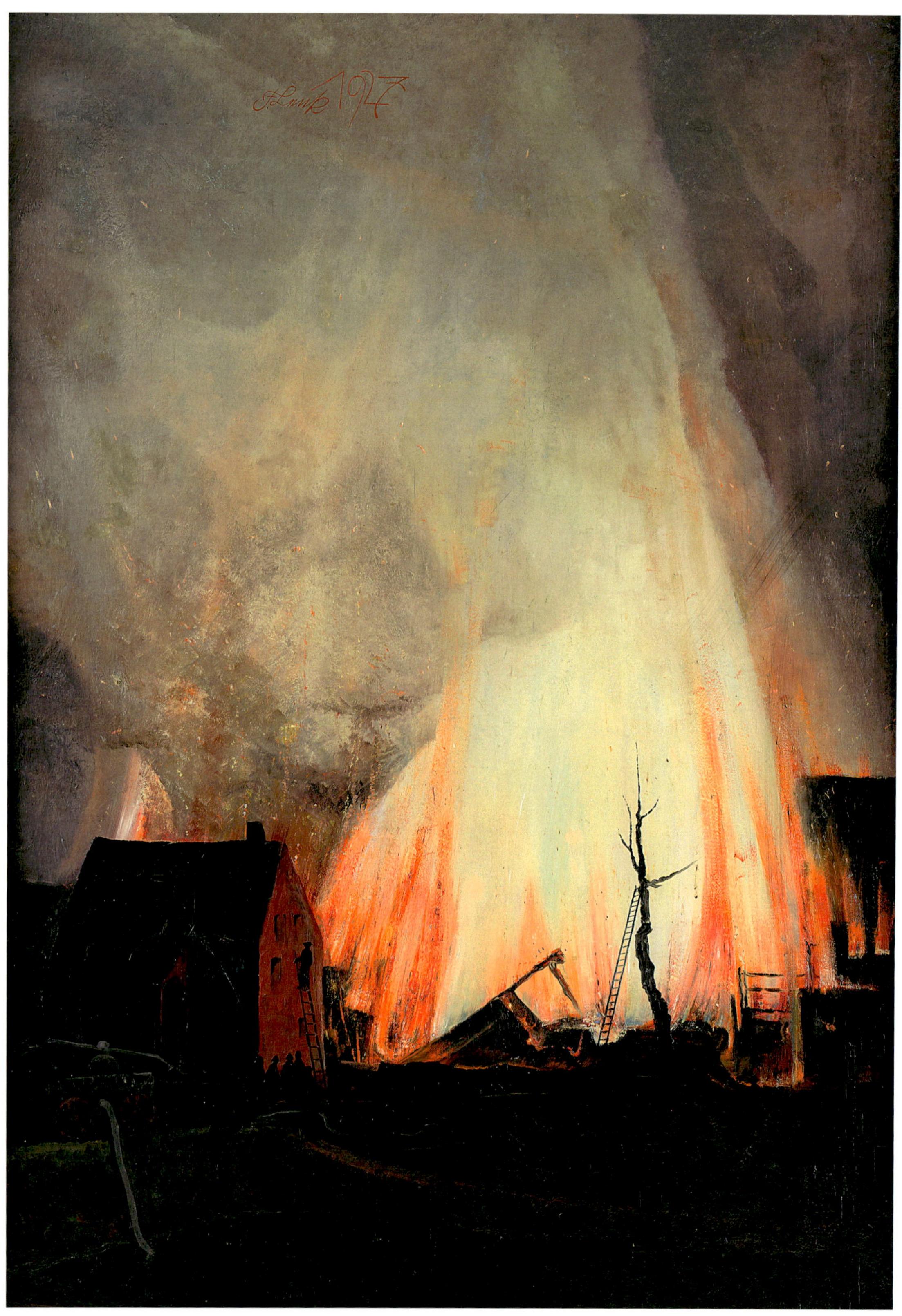

29 — **Brand** / 1927 / Öl auf Sperrholz

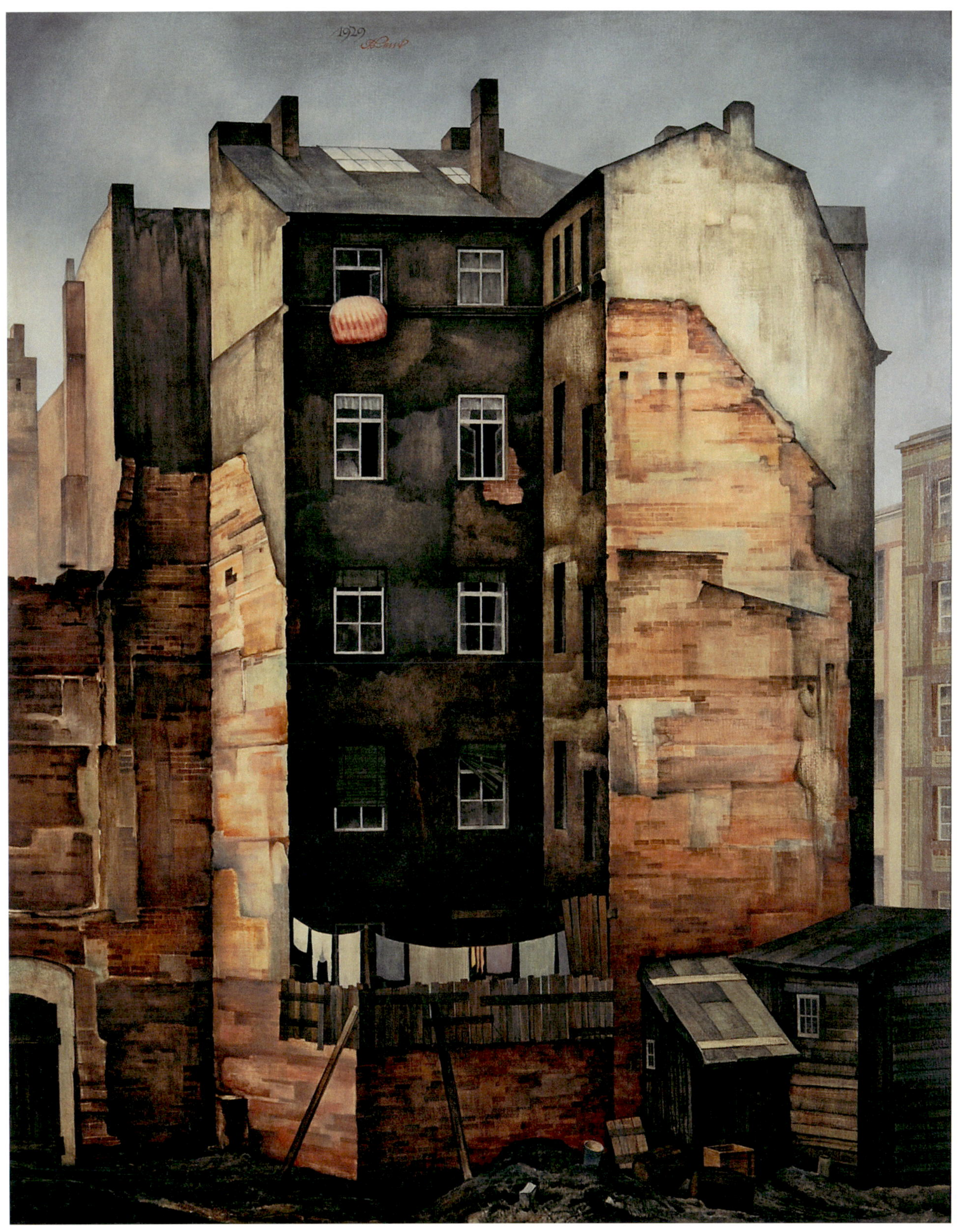

30 — **Berliner Hinterhäuser** (auch: Hinterhäuser Berlin-O) / 1929 / Öl auf Leinwand auf Sperrholz

Die Himmel so leer.
Das Bild der Landschaft im
Werk von Franz Lenk

Barbara Stark

*Der Landschaftsmaler, der den Himmel nicht zu einem Bestandteil seiner
Komposition macht, entledigt sich seiner wichtigsten Hilfsmittel.* John Constable[1]

Im Zentrum von Franz Lenks künstlerischem Schaffen steht die Landschaft, die er vom Beginn
seiner Tätigkeit bis zum Schluss in Hunderten von Bildern zeichnend und malend umkreiste
in dem sich stets wiederholenden Bestreben, im Einmaligen das Dauernde aufscheinen zu
lassen. Oder, wie Lenk es selbst ausdrückte: »Es ist das Schwere und gleichzeitig besonders
Schöne im künstlerischen Beruf, daß alles in jeder neuen Arbeit neu erkämpft werden muß.
Es gibt kein Schema für künstlerische Arbeit, weil es auf der Welt keine zwei gleichen Menschen, Bäume, Landschaften oder Wolken gibt. [...] Ich meine, daß ein Landschaftsbild nicht
nur ein Abbild der Natur sein soll. Der Geist einer Landschaft, das Überwirkliche und Besondere sollen drin stehen [...].«[2]
Landschaft – das ist ein vieldeutiger Begriff, der sich zum einen auf ein geografisch be-
grenztes Gebiet bezieht und damit als Ausschnitt der Welt begriffen wird. Zum anderen
steht Landschaft als pars pro toto für die Natur als solche mit ihren vielfältigen Erschei-
nungsformen und deren subjektiv wahrgenommener ästhetischer Wirkung. Die Landschaftsbilder von Franz Lenk scheinen in ihrer Distanz zum Dargestellten auf den ersten
Blick nüchterne Bestandsaufnahmen des Gegebenen zu sein, doch bei näherer Beschäftigung mit diesem Aspekt seines Schaffens – der Entwicklung und Auffächerung des The-
mas, auch im Kontakt zu Kollegen wie Otto Dix, Alexander Kanoldt oder Georg Schrimpf –
zeigt sich die Doppelbödigkeit von Lenks Realismus, dem letztlich ein »entwirklichter Blick«
zugrunde liegt.

Landschaft im Frühwerk

Landschaft ist bei Franz Lenk ein komplexes Gefüge aus Bäumen, Feldern, Wiesen, Ge-
bäuden, Gewässern, Felsen, Bergen und vor allem Himmel. Der Künstler lotet die Gattung
Landschaft nach vielen Seiten aus. Da gibt es die Wald-, Wiesen- und Ackerlandschaft, die
Meeres- und die Gebirgslandschaft, die Dorf- und die Stadtlandschaft, aber auch Teile der
Landschaft wie Felsen, Bäume oder Blumen werden in den Blick genommen.
Lenks ländliche Herkunft und seine Verwurzelung im Regionalen waren prägend für seine,
wie er betonte, synästhetische Erfahrung von Natur und damit von Landschaft. »Immer
treibt es mich das zu gestalten, was mich seit frühester Kindheit [...] bewegt. Schon damals
habe ich nie nur gesehen, sondern Natureindrücke mit allen Sinnen in mich aufgenommen.
Im Walde sehe ich Bäume, Moos, Felsen, Vögel, Farben, den Bach und den feuchten Boden
darum. Aber die Nase riecht das Harz, den Modergeruch des Bodens, Thymian und Weiher-

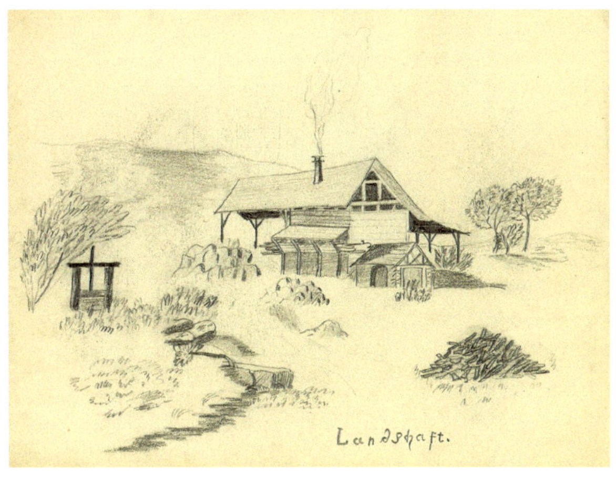

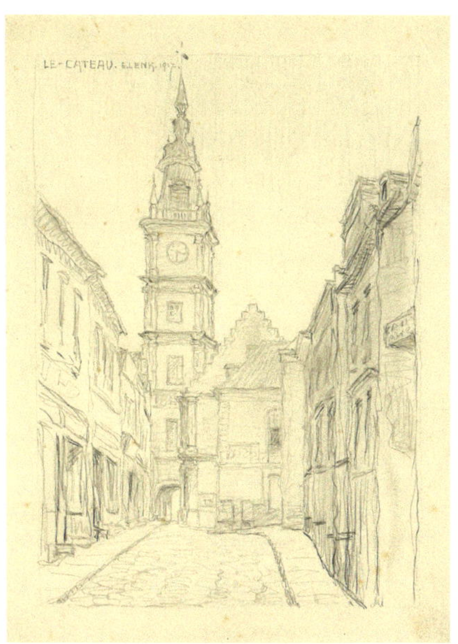

Abb. 1 — Franz Lenk, Landschaft, um 1909. Bleistift, 22,5 × 28,5 cm, Nachlass Franz Lenk

Abb. 2 — Franz Lenk, Le Cateau, 1917. Bleistift, 33 × 34,7 cm, bez. o. l.: LE-CATEAU, E. LENK 1917, Nachlass Franz Lenk

flieder. Der Wind geht durch die Bäume und liegt im Ohr. Fern hacken schallend die Holz-fäller. Das Wasser des Baches ist kalt. Das will ich malen!«[3]

Bereits die Arbeiten des Schülers zeugen von Lenks Affinität zur Natur (Abb. 1). Die während des Ersten Weltkriegs in Frankreich entstandenen Zeichnungen und Aquarelle des Ortes Le Cateau in der Region Hauts-de-France, wo der Künstler zeitweilig stationiert war, halten vedutenhaft das Stadtbild fest, belegen aber auch sein früh erwachendes Interesse an der Betonung des Strukturellen gegenüber dem Atmosphärischen (Abb. 2).

Nach dem Abgang von der Akademie zog sich Lenk für einige Monate nach Lausa bei Dres-den zurück, wo ausdrucksstarke Gemälde und Aquarelle entstanden, die in übersteigertem braunrotem Kolorit bevorzugt Landschaften, genauer Landschaftsausschnitte, festhalten. Dort malte er nah gesehene Sandgruben, Steilhänge oder Einschnitte im Erdreich, dessen schichtweisen Ablagerungen offen zutage treten. In seinen unveröffentlichten Erinnerungen und Reflexionen schildert er, wie er als Kind mit anderen Knaben »umfangreiche Erdarbeiten mit Hacke und Spaten« betrieb.[4] Die schon damals spürbare Neugier an dem die Welt sub-kutan bestimmenden Aufbau offenbart sich auch in Lenks Werken, die Naturausschnitte wie Unterholz oder Waldränder zeigen. Stämme, Äste, Wurzeln und Gräser werden heran-gezoomt und verbinden sich zu einem linearen, rhythmisch durchpulsten Flechtwerk, das von organischem Eigenleben zu sein scheint (vgl. Kat. 16). Aber auch hart an abbrechende Hänge gesetzte windschiefe, verwitterte Häuser sind wiederkehrende Motive. Dabei ist das abfallende Gelände stets im Vordergrund platziert und bildet, wie Zäune, Mauern oder Stacheldrahtverhau, eine Barriere zwischen den sich in die Landschaft duckenden, wesen-haft anmutenden Gebäuden und dem Betrachter.

Im Gegensatz zu diesen verschlossen wirkenden Kompositionen schuf Lenk zwischen 1923 und 1926 eine Reihe von Bildern, in denen das Auge durch im Vordergrund oder an den seit-lichen Bildrändern beginnende Straßen in die Tiefen des Bildraums gezogen wird. Einzelne Figuren beschreiten Wege, die sich in leeren Weiten verlieren und von einem dunkel dräu-enden Himmel überspannt sind. Zugleich schuf er alltägliche Bestandsaufnahmen der ihm vertrauten Welt – da fährt ein Radler am Elbeufer entlang, oder ein Paar spaziert durch Vorstadtwiesen (vgl. Kat. 7). Auch wenn in diesen Blättern das lineare, zeichnerische Moment vorherrscht, ist das Kolorit davon nicht zu trennen.

Lenks narrative Darstellungen, in denen sich Farbe und Kontur in einem ausbalancierten Verhältnis befinden, wichen nach dem Umzug des Künstlers nach Berlin sachlicheren Kompositionen. Strenge der Form und Sparsamkeit der Mittel treten akzentuiert hervor, während sich der expressive Farbauftrag glättet und die Linie zum dominanten Ausdrucksträger avanciert. Die Zeichnung »Langenbernsdorf« markierte den Beginn dieser Entwicklung (vgl. Kat. 8). Mit spitzem Bleistift hielt der Künstler den Blick auf sein Heimatdorf fest, jenen Ort, der für ihn der Inbegriff von Heimat war. Von erhöhtem Standpunkt – eine Perspektive, die Lenk in vielen seiner Landschaftsbilder wählte – blickt man mit der im Vordergrund platzierten Rückenfigur über das sich staffelnde Dächermeer. Bäume sind bewusst klein gehalten, damit diese rhythmische Anordnung, die allein von den beiden wie Nadeln in den Himmel stechenden Kirchtürmen unterbrochen wird, deutlich hervortreten kann.

Stadtlandschaften

In Berlin begann sich Lenk mit dem für ihn neuen Thema der Stadtlandschaft zu beschäftigen; zweifellos kannte er vergleichbare neusachliche Werke aus Zeitschriften und Ausstellungen. Es entstanden Gemälde, denen innerhalb seines Œuvres eine Sonderstellung zukommt, da sie, Vororte und Randbezirke darstellend, dezidiert Industrie und Technik einbeziehen und auffallende »Einstellungen« wie Unter-, Auf- und Panorama-Ansicht verwenden, die Maler, Fotografen und Filmer zu jener Zeit besonders faszinierten. »Fabrik

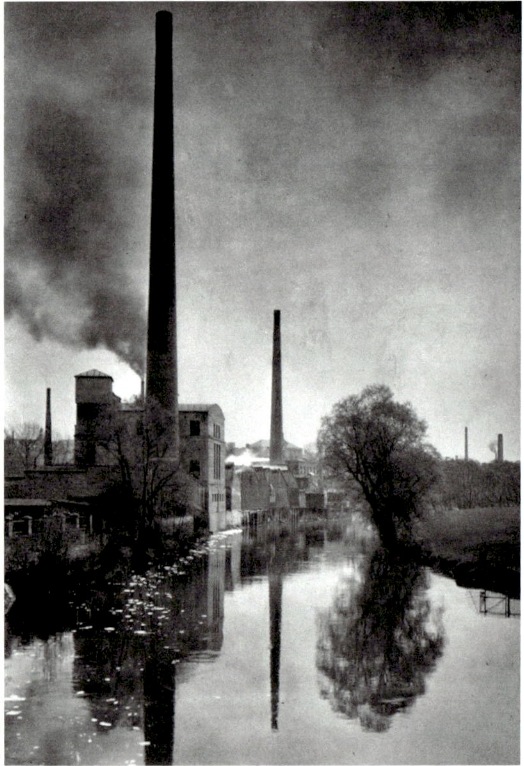

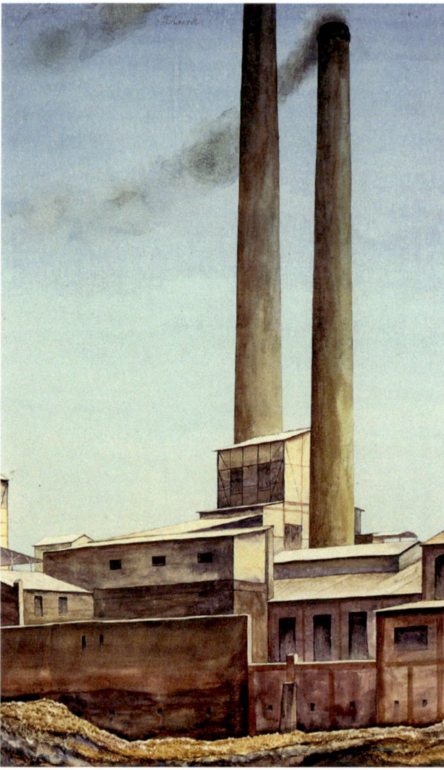

Abb. 3 — Unbekannter Fotograf, Blick auf eine Industrieanlage, Fotografie, Nachlass Franz Lenk

Abb. 4 — Franz Lenk, Kalkwerk Rüdersdorf, 1929. Aquarell, 47,4 × 31 cm, bez. o. l.: 1929 F. Lenk, Privatbesitz

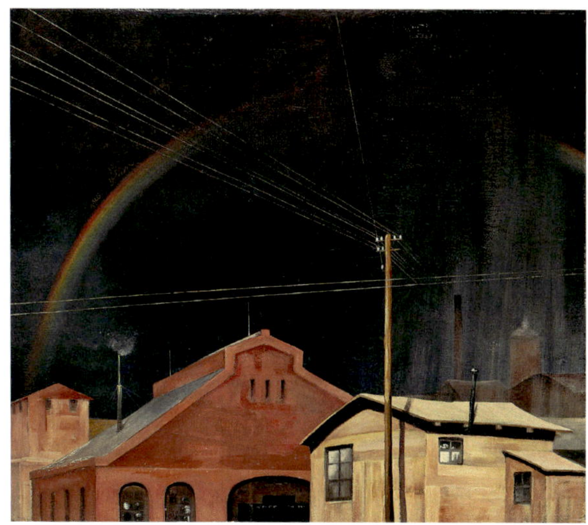

unterm Regenbogen« (1926), »Flugplatz« (1927, Kat. 18), »Kalkwerk Rüdersdorf« (1930) oder
»Hinterhäuser Berlin-O« (1929, Kat. 30) dürfen in ihrer neusachlichen Nüchternheit gleich-
berechtigt neben Stadtbildern von Carl Grossberg, Anton Räderscheidt oder Gustav Wun-
derwald, um nur einige Beispiele zu nennen, eingeordnet werden.

Letztlich konnte sich Lenk mit den Themen Großstadt und modernes Leben jedoch nicht an-
freunden, Mechanisierung und Industrialisierung und die durch sie angerichtete Zerstörung
der Natur empfand er als Bedrohung. »Riesenhafte Werke [...] stehen in Städten, an Flüssen,
in den Braunkohlebecken, ja mitten in den rauschenden Wäldern. Dort starren sie uns an mit
ihrem unergründlichen Gewirr von Röhren, Schornsteinen und Drähten, unter Schwefeldämp-
fen und Rauchfahnen pustend und zischend, Tempel der Technik aus Blech und Beton.«[5]

Im Nachlass des Künstlers haben sich Postkarten, Bilder aus Zeitschriften und Schnapp-
schüsse erhalten, die belegen, dass sich der Maler immer wieder fotografischer Vorlagen
als Hilfsmittel für seine Kompositionen bediente. Im Fall des Kalkwerks Rüdersdorf scheinen ihn Aufnahmen der Fabrik zu seinem Gemälde inspiriert zu haben (Abb. 3). Er verband
die kubischen Formen des Fabrikgebäudes mit der strengen Parallelität der zwei in den
Himmel ragenden Schornsteine und legte seine Darstellung in leichter Untersicht an. Den
aus den Schornsteinen in natura entweichenden Qualm minimierte er zu dünnen Rauchfahnen, die der Wind verweht – das einzige Moment der Bewegung in diesem unterkühlt
und doch monumental-überhöht wirkenden Bild (Abb. 4).

Vergleichsweise streng in der Anmutung, aber lebhafter in der Farbgebung ist das nahezu
quadratische Gemälde »Flugplatz«, das kurz nach seiner Entstehung von dem Bankier und
Sammler Eduard von der Heydt erworben wurde und neben zwei weiteren Lenk-Gemälden
jahrelang dessen Hotel auf dem Monte Verità in Ascona schmückte (vgl. Kat. 18). Die flachen
Gebäude im Vordergrund bilden ein horizontales Gegengewicht zu den sich dahinter sche-
renschnittartig vom dämmrigen Himmel abhebenden Funkmasten und Tower sowie dem
markanten Strahl eines am Boden platzierten Scheinwerfers, dessen Strahl den Himmel
abtastet. Auch der Regenbogen in dem Gemälde »Fabrik unterm Regenbogen« bildet eine
Brücke zwischen Himmel und Erde und ist wie ein Schutzschild über dem breiten Dach des
Gebäudes aufgespannt (Abb. 5). Beide Bilder thematisieren den technischen Fortschritt

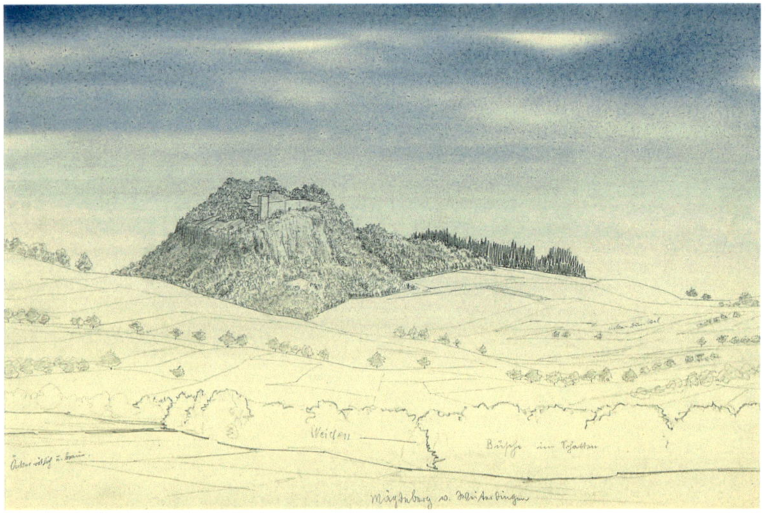

Abb. 6 — Franz Lenk, Der Mägdeberg bei Weiterdingen, ohne Jahr. Bleistift, Aquarell, 32,2 × 49,5 cm, Nachlass Franz Lenk

und das Leben im Industriezeitalter, doch der Einbezug von magisch strahlendem Scheinwerferlicht und dem symbolischen Zeichen des Regenbogens verleihen ihnen eine sinnbildliche Anmutung.

Geheimnisvoll wirken auch Lenks frontal gesehene »Hinterhäuser Berlin-O« (Kat. 30). Die eng zusammengeschobenen mehrstöckigen Gebäude, von denen ein Teil bereits abgerissen wurde, scheinen sich in ihrer Fragilität gegenseitig Schutz und Halt zu geben. Ihre fleckigen, rissigen Brandmauern erinnern an klaffende Wunden und haben etwas Abweisendes, allein die acht Fenster im zentral platzierten Haus zeugen von Leben: Ein Plumeau wird gelüftet, im umzäunten Hof trocknet Wäsche, ein Rollo wurde schief hochgezogen. Schuppen, Holzkisten und ein Erdhügel schließen das trostlose Ensemble zum Vordergrund ab. Menschen sind nicht zu sehen, es gibt keine Bewegung im Bild, die Luft scheint wie zu Glas gefroren. Trotz dieser offensichtlichen Starre haftet den Häusern etwas Wesenhaftes an, als rege sich unter ihrer morbiden Oberfläche verborgenes Leben.

Spuren der Vergänglichkeit und des Zerfalls sind fester Bestandteil in Franz Lenks frühen Landschaftsbildern. Es ist weniger die Natur als solche, die zersetzenden Prozessen unterworfen ist als das von Menschenhand Geschaffene wie Zäune, Schuppen, Bauernkaten und Gebäude. Diesen Niedergang hielt er auch in Ruinenbildern fest, die 1939 während des Polenfeldzuges entstanden. In zwei Branddarstellungen, die er als dramatischen, effektvoll inszenierten Vorgang festhält, steigert sich der Verfall zur brutalen Zerstörung (vgl. Kat. 29 u. 63). Der Mensch selbst taucht in diesen Gemälden meist nicht auf und wenn doch, verkommt er zur schattenhaften Staffagefigur.

Die geordnete Welt

Susanne Thesing hat die Parallelen zwischen Franz Lenks frühen Arbeiten und denen seiner neusachlichen Kollegen herausgearbeitet. »Ärmliches Milieu, belanglose Gegenstände, kontrastierender Wechsel von Nähe und Ferne, Standardmotive […], exaktes Zeichnen, gleichmäßiges Kolorieren sind stets wiederkehrende Eigenheiten.«[6] Lenk orientierte sich jedoch in einer »gemäßigten Art und Weise«[7] an den Prinzipien dieser »neuen Naturmalerei«.[8] Dem Großstadtleben konnte er nichts abgewinnen und »riß aus vor soviel Unrat.«[9] Regelmäßig kehrte er in seine Heimat zurück, denn »das lange Dorf im Tal, seine Felder und Wiesen, [...] der dunkle Werdauer Wald gaben mir immer wieder Ruhe und Kraft zu neuer Tätigkeit.«[10] Ende der 1920er-Jahre malte Lenk häufig im Erzgebirge, für ihn »das Vertrauteste von allen deutschen Mittelgebirgen«, mit seiner »herbe[n] Ruhe und Schlichtheit«, den »schwarzen Wäldern und hellen Fernen.«[11] Aber es zog ihn auch nach Orlamünde in Thüringen, wohin er 1938 übersiedeln sollte (vgl. Kat. 55). In dieser Zeit entwickelte er seinen spezifischen Stil der Landschaftsdarstellung, dem er bis zuletzt treu bleiben sollte.

Seit Ende der 1920er Jahre – der zunehmende künstlerische Erfolg machte es finanziell möglich – unternahm Lenk Reisen in ihm bis dahin unbekannte Gegenden. 1927 besuchte er erstmals die Nordseeinsel Amrum. Die Weite des glatten Meeres und des sich darüber spannenden Himmels faszinierten ihn ebenso wie das von Prielen durchzogene Watt und die hügeligen Dünen (vgl. Kat. 20). 1930 weilte er in den Steiermärker Alpen, in Tirol und der Wachau (vgl. Kat. 37), 1931 kam er erstmals an den Bodensee, entdeckte das obere Donautal und das Neckar-Bergland. 1932 zog es ihn nach Oberbayern und wieder an den Bodensee, der zu seiner bevorzugten Destination werden sollte. Nachdem Lenk im August 1933 eine Professur übernommen hatte, waren bis 1938 Reisen nur noch in den Semesterferien möglich, doch auch mit seinen Studenten malte er so oft als möglich vor der Natur.

»Eine Studienreise«, betonte der Künstler, »verfolgt natürlich nicht den Zweck, bloß die Landschaft mit ihren Städten und Dörfern zu sehen, sondern es ist nötig, alles Wichtige und Typische zu zeichnen und zu malen, kurz, die Natur zu studieren. Ich bevorzuge für solche Studien das Aquarell (Wasserfarbe) und die Bleizeichnung. Bis in die letzten Einzelheiten muß man einzudringen versuchen in alles, was man sieht. Der Hahn auf der Kirchturmspitze ist dabei genau so wichtig wie ein alter gotischer Fensterbogen oder das Gras auf der Wiese. Nach der Reise sollen ja nach diesen Studien die großen Bilder im Atelier entstehen. Dies ist nur möglich, wenn man solche Studien in genügender Zahl von der Reise mit nach Hause bringt.«[12] Auch wenn das Malen in der Natur eine wichtige Grundlage seiner Kunst war, entstanden Franz Lenks Landschaften letztlich im Atelier, wo die Skizzen und Studien in langwieriger Lasurmalerei in Gemälde umgesetzt wurden. Ein unvollendetes Aquarell im Nachlass macht Lenks Vorgehensweise deutlich: Die Komposition wurde zunächst mit Bleistift angelegt und einzelne Teile für die Farbgebung bezeichnet, die Ausmalung mit der Wasserfarbe begann immer im Himmelsbereich – das Blatt entstand sozusagen schichtweise (Abb. 6).

Die seit dem Ende der 1920er Jahre geschaffenen Landschaften sind zunehmend bestimmt von Lenks Bestreben, die Welt als eine geordnete darzustellen, die dem zyklischen Kreislauf von Werden und Vergehen unterworfen ist. Der Künstler sucht den Aufbau der Landschaft zu erfassen, vermeidet jede theatralische Geste und Gefühligkeit sowie eine Engführung der Perspektive, und der Einsatz der Mittel konzentriert sich trotz aller malerischer Subtilität auf das Wesentliche. Das 1931 entstandene Gemälde »Heuberglandschaft« verdeutlicht diesen Ansatz (Kat. 35). Der Maler breitet von nur leicht erhöhtem Standort Äcker und Wiesen vor uns aus, braune und grüne, horizontal gelagerte Farbflächen wechseln sich ab. Lenk unternimmt nichts, um den Blick zu rahmen oder seitlich abzuschließen. Im Mittelgrund, der zugleich die Trennungslinie zwischen Landschaft und Himmel markiert, setzen Baumgruppen und eine einzelnstehende, herausragende Tanne einen formalen und farblichen Akzent. Dahinter sieht man in der Ferne im bläulichen Dunst verschwimmende Hügelketten und über allem spannt sich ein weiter, wolkenloser Himmel, der nahezu zwei Drittel der Bildfläche einnimmt. Die Komposition wirkt ruhig, alles stimmt harmonisch zusammen. Es ist vor allem der Himmel mit seiner fein durchgestuften Nuancierung sowie der Verzicht auf jedes erzählerische Detail, das die Darstellung von allem Zeitlichen losgelöst erscheinen lässt.

Friedrich Hartmann-Zeller, einer der ersten Sammler von Lenks Kunst und bald enger Freund, charakterisierte die Eigenheit der Lenkschen Landschaften: »Sie sind aus der Natur heraus gelebte und erlebte, geschaute und gestaltete Herausholungen des Wesens der Natur nach der Ganzheit aller ihrer nicht nur sehbaren, sondern überhaupt sinnlich wahrnehmbaren Eindrücke. Ohne Effekt- oder Stimmungshascherei offenbaren diese Bilder die ruhige Klarheit, die wundervolle Stille, die grenzenlose Weite, das trächtige Schweigen, das bewegte Drängen und Werden: eben das die Natur erfüllende Leben. Darum bedürfen Franz Lenks Bilder auch keiner menschlichen oder sonstigen Gestalt zur besonderen Belebung. Sie sind erfüllt von eigenem Leben und zwingen den Betrachter, selbst mitten im Bild zu sein und das dem Bild innewohnende Leben mitzuleben.«[13]

Tatsächlich lassen sich Lenks Landschaftsdarstellungen nicht auf ein oberflächliches Abbilden reduzieren – sie verfolgen weiter gespannte Ziele. In seinen Aufzeichnungen hat der Künstler wichtige Hinweise zu seinem Kunstwollen und dessen Hintergründen offenbart: »Mein Lehrer, der mich wirklich zwang, war die Natur in der Fülle ihrer Erscheinungen. Der Wechsel der Jahreszeiten, Frost, Sonne, Regen, Gewitter, Dämmerung und Nacht lehrten mich, zu studieren, zu beobachten, nachzuzeichnen. Vom Kleinsten entdeckte ich das Nächste, dann über Wiesen und Wälder die Hügel und Berge der Ferne, vom Wind lernte ich Wolken sehen, vom Regen die Feuchte der Luft, im Flimmern schwüler Sommertage begriff ich das Schwingen der Atmosphäre, die den Horizont verwischt und die Grenzen des Sichtbaren. Aber stieg ich bergan, erklärte sich mir, zu meinen Füßen ausgebreitet, die Geologie der Erde als ganz bedeutsamer Faktor des Landschaftsbildes. So stieg ich bergab, bergan, bis in die Gipfel des Hochgebirges sehend, malend, erkennend. Wir müssen, auf breiten Füßen sicher stehend, unten im animalischen Ablauf der Natur und des gesunden Lebens verankert sein, wenn wir hinüberspringen wollen über die Grenzen photographischer Berichterstattung und realistischer Darstellung. Das steht wie ein Palisadenzaun vor uns, wie die Scheidemauer, wo Lehrlinge, Pfuscher, die Knechte geschieden werden von den Könnern und Meistern [...] Das Problem der Überwindung irdischer Raumgrenzen ist vielen Künstlern der Landschaftsdarstellung zum Schicksal geworden [...]. Das Raumproblem umfaßt die Linie unseres Berufes nach unten, und gleichzeitig die Göttlichkeit unserer Berufung nach oben. Über uns weht der Geist großer Schöpfung, und nur aus diesem Born, nicht mit vergleichenden Exempeln errechenbar, werden wir gespeist.«[14]

Landschaft als Sinnbild

Franz Lenks Kunst fühlte sich keinem Stil, sondern einer geistigen Haltung und größeren Ordnung verpflichtet. Bereits in seinem 1931 veröffentlichen Aufsatz »Was ich will« hatte er betont: »Im Ringen um den Ausdruck, bei der Steigerung des Gesehenen zu Rhythmus und Farbe, beim Vereinfachen und Typisieren der Natur entsteht von selbst die Sprache. Ob man das Ergebnis ›Naturalismus‹, ›Verismus‹ oder ›Neue Sachlichkeit‹ nennt, ist mir vollständig gleichgültig.«[15] Und er fügte hinzu: »Ein Bild sollte bei aller Sinnlichkeit der Erscheinung in das Gebiet des Glaubens führen. Dafür gibt es für den Gestalter keine Regel noch ein Rezept.«[16]

Lenks Landschaftsbilder wollen sich weiterreichenden Deutungsspielräumen öffnen und beziehen sich bewusst auf künstlerische Vorbilder vergangener Epochen. Albrecht Dürer zählte ebenso wie Albrecht Altdorfer oder Leonardo da Vinci zu den von ihm bewunderten

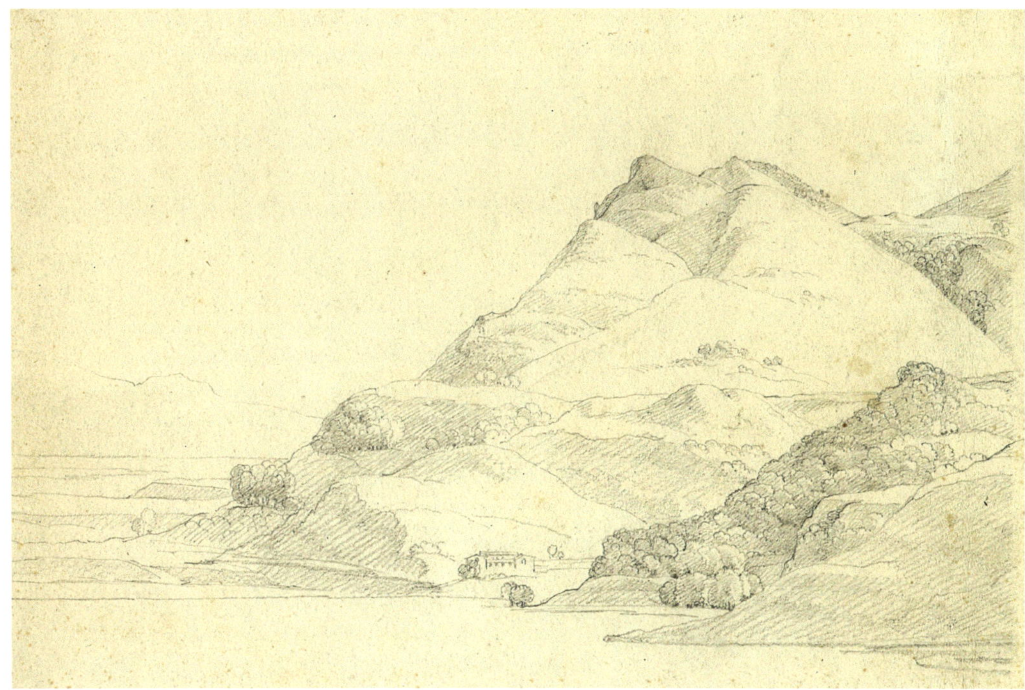

Abb. 7 — Karl Ludwig Kaaz (Karlsruhe 1773 – 1810 Dresden) ohne Titel (Berglandschaft), ohne Jahr.
Bleistift, 25 × 38,5 cm, Nachlass Franz Lenk

Malern. Die niederländischen Landschaftsdarstellungen des 16. Jahrhunderts, des deutschen Klassizismus und der Romantik waren wichtige Bezugsgrößen.[17] Er selbst sammelte Zeichnungen niederländischer und deutscher Künstler, in seinem Nachlass befinden sich Werke von Johann Georg van Bemmel, Johann Georg Dillis, Bernhard Fries, Karl Ludwig Kaatz, Ferdinand Kobell, Johann Heinrich Roos, Georg Philipp Rugendas, Carl Christian Vogel von Vogelstein, Adrian Zingg und anderen (Abb. 7).

Mit der Landschaftsmalerei verband sich für Lenk die Lösung von allem Vedutenhaften und »philisterhaftem Aufzählen massenhafter Nebensächlichkeiten,«[18] denn »wer fragt vor einer Landschaft Altdorfers, wo das sei, und zu welcher Tageszeit?«[19] Und so verschmelzen auch in seinen Bildern Dichtung und Wahrheit zu Darstellungen, welche die Wirklichkeit ästhetisch verfremden und zugleich überhöhen. Dies alles geschieht freilich in einem kühlen Ton und einer farblich zurückhaltenden Palette, was einen Rezensenten veranlasste, eine »fast an Monotonie grenzende, temperamentlose und galerietonartige Farbsprache« zu bemängeln, »an der die Freilichtmalerei, der Kampf um farbige Fülle und Kontraste gleichsam vorübergegangen sind.«[20]

Auch die Parallelen zwischen Lenks Bildern und den Werken von Caspar David Friedrich wurden von der Kritik immer wieder herausgestellt. Zweifellos setzte sich Lenk intensiv mit der Malerei des deutschen Romantikers auseinander. In seinem Besitz befand sich die Reproduktion von Friedrichs Skizzenbuch,[21] und wie Friedrich suchte auch Lenk seine Motive vor allem in der Heimat. Beide Künstler waren profunde Naturbeobachter, hatten eine Affinität für einsame Landstriche mit spärlichem Pflanzenwuchs, schroffen Felsformationen und einzelnstehenden Bäumen. Himmel und Erde sind in ihren Bildern zwar miteinander ver-

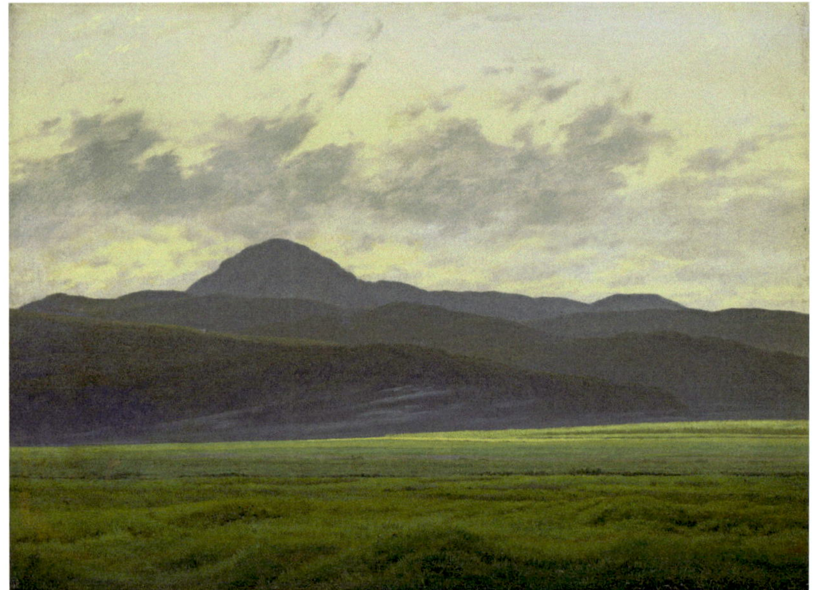

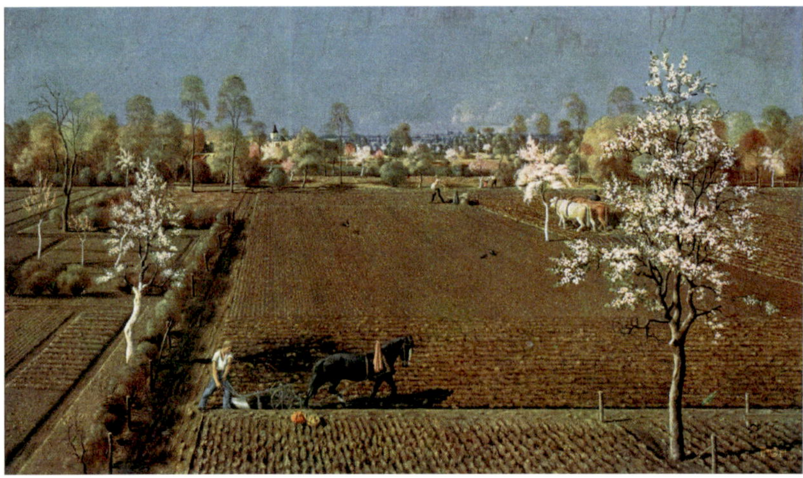

schränkt, aber dennoch deutlich voneinander geschieden (Abb. 8). Lenk wie Friedrich bevorzugten eine strukturierte Bildordnung, die sie jedoch durch unterschiedliche Mittel erzielten. Während Friedrich seine Bilder im Atelier aus verschiedenen heterogenen Bestandteilen regelrecht montierte, orientierte sich Lenk am Naturvorbild, dessen Elemente er zugunsten einer eindeutigen Bildaussage reduzierte oder in Form und Gestalt veränderte, denn für ihn waren weder die topografische noch die tageszeitliche Bestimmung relevant. Lenk verzichtete im Gegensatz zu Friedrich auf Personen und Staffage um Größenverhältnisse zu verdeutlichen und vor allem vermied er, bis auf wenige Ausnahmen, den dramatischen Einbezug des Lichts, das den transitorischen und zyklischen Charakter der Zeit heraufbeschwört und die Darstellung damit gleichsam symbolisch auflädt. Während Friedrich die Landschaft emotionalisierte, die Erscheinungswelt spiritualisierte und damit die Übermacht des göttlichen Kosmos andeutete, sind Lenks in klarer Farbabfolge aufgebauten

Landschaften weder Andachts- noch seelische Zufluchtsorte. Sie wirken unbetretbar, ja zeitlos, doch gerade dadurch können ein überwirklicher Raum und eine metaphysische Dimension aufscheinen.

Franz Lenks Landschaften entsprachen – auch wenn der Künstler das nicht vorsätzlich intendierte – dem Zeitgeist der 1930er Jahre. Die 1933 an die Macht gelangten Nationalsozialisten duldeten eine naturalistisch, romantisch, biedermeierlich oder sachlich ausgerichtete Kunst nicht nur, sondern verstanden es, diese für ihre völkischen Propagandazwecke zu vereinnahmen. Die sich herausbildende »Neue Deutsche Romantik« in der Landschaftsmalerei adaptierten sie für ihre Zwecke, denn in der Darstellung der Landschaft »kann sich die deutsche Sehnsucht und der deutsche Hang zum Unfaßbaren und Irrationalen vielleicht am besten aussprechen.«[22] Heute analysiert man kritischer: »Gerade im Bereich der Landschaftsmalerei ließ sich die offene Bildstruktur, die ja ganz bewußt zur Ausdeutung in möglichst viele Richtungen einlud, leicht als Seelenlandschaft interpretieren. Nun brauchte man nur noch die ›Seele‹ mit völkischem Blick zu lesen und erhielt auf diese Weise ein Integrationsmuster für das nationalsozialistische Weltbild.«[23] (Abb. 9).

Neben akademisch ausgerichteten Malern wurden Künstler, die wie Franz Lenk eine »klassische« Haltung vertraten, von den Nationalsozialisten bevorzugt und gefördert. Dass Lenks Kunstwollen jedoch in eine andere Richtung zielte und nichts mit dem Ewigkeitsanspruch des Dritten Reiches zu tun hatte, sondern, ohne einem dezidiert christlichen Weltbild zu folgen »das Überschreiten der Grenzen irdischer Verhaftung in Gebiete metaphysischer Deutung«[24] anstrebte, wurde von den meisten Kritikern entweder übersehen oder verdrängt. Franz Lenk sollte von dieser Unkenntnis profitieren wie auch der mit ihm befreundete, von den Nationalsozialisten aus dem Lehramt gejagte Otto Dix, dem das Ausweichen auf das vergleichsweise unpolitische Gebiet der Landschaftsmalerei die Möglichkeit bot, weiterhin malen zu können.

Exkurs: Franz Lenk und Otto Dix – gemeinsam malen vor der Landschaft

Franz Lenk und der sieben Jahre ältere Otto Dix hatten sich vermutlich Anfang der 1920er Jahre in Dresden kennengelernt. Lenks Frau half Dix bei der Wohnungssuche, als dieser 1925 nach Berlin umzog. Nach der Machtübernahme der Nationalsozialisten verlor Dix seine Professur und zog sich nach Süddeutschland zurück, wo er für die nächsten Jahre auf Schloss Randegg im Hegau lebte, das seinem Schwager Hans Koch gehörte. Seinen Widerwillen gegen den Ortswechsel gab er drastischen Ausdruck: »Ein schönes Paradies. Zum Kotzen schön […]. Die Schönheit der Natur, in die ich verbannt bin; ich gehöre doch gar nicht dahin […], ich müßte in der Großstadt sein. Ich stehe vor der Landschaft wie eine Kuh.«[25] Trotz allen Missbehagens ließ sich Dix auf das Thema Landschaft ein, es entstanden zunächst vor allem Baumstudien, bald aber auch Gemälde.[26] Franz Lenk, der den Bodensee und den Hegau schon von früheren Aufenthalten kannte, fragte Dix im Frühjahr 1934 an, ob er ihm ein Quartier in Engen oder Aach nennen könne, denn er plane, mit Frau und Kind sowie den Malern Georg Schrimpf und Ernst Alfred Mühler im Sommer zu kommen.[27] Wer von den beiden letztendlich die Idee hatte, gemeinsam nach der Natur zu malen und ob ihre Doppelausstellung in der Berliner Galerie Nierendorf, die im am 1. Februar 1935 eröffnet wurde, damals bereits angedacht war, ist nicht bekannt.[28]

Fest steht, dass Dix und Lenk im Sommer 1934 einige Tage zusammen malend im Hegau verbrachten und es Lenk gelang, dem Kollegen das Thema Landschaft »schmackhaft« zu machen. Ein gemeinsam geschaffenes Aquarell, dessen Vordergrund Lenk, den Hintergrund

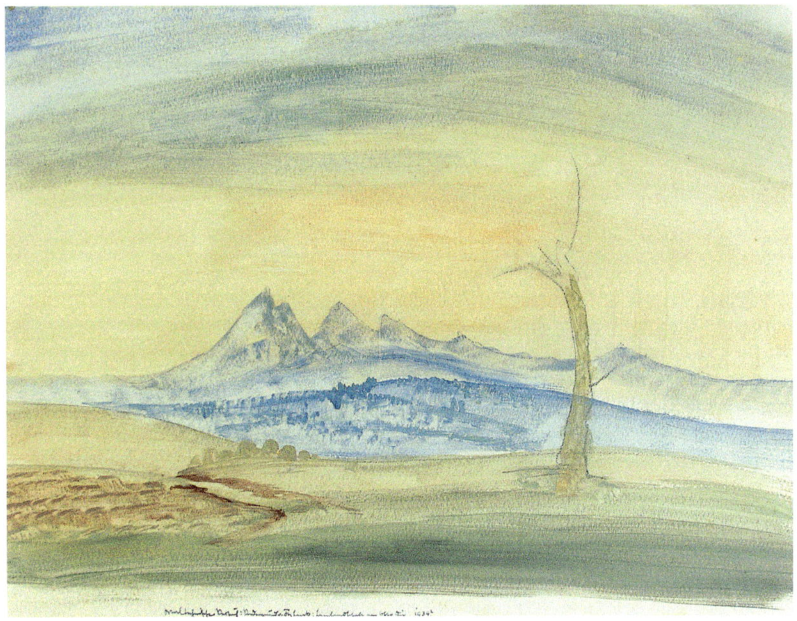

Dix malte, hat sich erhalten (Abb. 10). Offensichtlich hat Lenk dem Älteren einige Tipps zum Bildaufbau und der Anlage des Atmosphärischen vermittelt. Doch es scheint auch Diskussionen über die Art und Weise der Landschaftsdarstellung gegeben zu haben, worauf eine Ansichtskarte des Berges Mädelegabel hindeutet, die Lenk dem Kollegen im September 1934 aus dem Allgäu schickte. Darin bezieht er sich auf das Überhöhen eines Motivs, also die Hervorhebung der Senkrechten und betont, dass man diesen Kunstgriff bei 2200 Meter Höhe nicht mehr anwenden müsse. Zudem, merkt er ironisch an, könne man die Berge nicht von oben malen, auch gebe es so große Bogen Papier nicht.[29] Dix konterte: »Lieber Franz Es hat sich erwiesen, daß ich I. auch die 2000 Meter Berge ›überhöhe‹ II. daß man die Berge nur von oben malen kann III. daß, je größer der Berg ist, umso kleiner der Bogen sein kann.«[30] Ein Vergleich zwischen Dix' und Lenks Landschaften der frühen 1930er Jahre macht ihre unterschiedlichen Kompositionsauffassungen deutlich. Schon Dix' »Wintertag in Randegg« (Kat. 49) gibt von markant erhöhtem Standpunkt einen panoramaartigen Blick über die Landschaft. Dunstige Fernen und schleierartige Wolken steigern das Atmosphärische der kleinteilig-narrativ wirkenden Komposition, die man in allen Teilen meint durchwandern zu können. Franz Lenks Aquarell »Hegaulandschaft mit Hohenstoffeln« (Kat. 48) dagegen verweigert dem Auge des Betrachters den Zutritt, denn der Künstler wählt nicht nur einen niedrigen Standpunkt, sondern versperrt den Blick zum Mittelgrund auch durch einen Felsabbruch, der nur an einer Stelle die Aussicht auf dichten Nadelwald freigibt. Die in der Ferne liegenden, verblauenden Berge sind lediglich schemenhaft erkennbar und über allem spannt sich ein undefinierbarer Himmel. Während Dix' Bild nach altdeutschem Vorbild zum »Betreten« einlädt, verwehrt Lenks Blatt den »Zutritt« und orientiert sich damit an romantischen Beispielen.

Gemeinsam ist den Landschaftsbildern der beiden jedoch die unübersehbare Vermeidung der damals angesagten Verherrlichung der heimischen Scholle oder des bäuerlichen Daseins. Im Gegenteil, Otto Dix betonte zunehmend den abweisenden Charakter seiner Winterlandschaften, die, allen Lebens beraubt, erstarrt unter Eis- und Schneedecken liegen. Die Wahrnehmung von Lenks Landschaftsbildern fiel demgegenüber unterschiedlich aus. Den einen galten sie als neu-romantische Sehnsuchtsorte, entsprechend erfolgreich vertrieb die renommierte Münchner Kunst- und Verlagsanstalt Hanfstaengl Postkarten und Kunstdrucke nach seinen Motiven.[31] Lenk stellte zudem bis in die 1940er Jahre kontinuierlich aus und erhielt immer wieder Aufträge der öffentlichen Hand. Andere wiederum empfanden seine Werke als kalkuliert und entseelt, wie eine Besprechung der Doppelausstellung Georg Schrimpf und Franz Lenk in der Galerie Heller in München belegt. »Franz Lenk [...] ist dagegen ein wacher, ein außerordentlich kluger Intellekt, eine scharfsichtige Zeichnerbegabung [...] Auch vor Lenks Bildern hat man den Namen Caspar David Friedrich genannt. Lenks Kunst aber ist nicht Romantik (mag es äußerlich auch manchmal so scheinen), d. h. ist nicht Dichtung, Poesie, gemalte Andacht [...], sondern sie scheint eher das Ergebnis einer sehr klar wägenden, wählenden und verwerfenden Ökonomie. Die große Zucht und das sichere Können wird man stets bewundern, aber dieser Kunst, diesen weiten Landschaftsräumen fehlt das Unausgesprochene, das Geheimnis. [...] Lenk hat sich vor zwei Jahren in die bewegungsreiche, spannungsvolle vulkanische Landschaft des herrlichen Hegau begeben, wodurch seine Bilder zweifellos eine gewisse äußere Belebung erfahren haben.«[32]

Rückzug ins Private

Mit dem Ende des Wintersemesters 1938/39 gab Franz Lenk sein Lehramt in Berlin auf und zog sich aus allen öffentlichen Ämtern zurück. Er verließ Berlin und ließ sich dauerhaft in Orlamünde in Thüringen nieder, wo er einige Jahre zuvor ein Haus erworben hatte. Bereits 1937 hatte er den Blick auf das Städtchen im Nebel gemalt, als wolle er seinen Rückzugsort jedem zugreifenden Blick entziehen (vgl. Kat. 55).

Der Ausbruch des Zweiten Weltkriegs riss den Künstler nur für knapp drei Monate aus seinem gewohnten Schaffen. Er wurde eingezogen und machte den Polenfeldzug mit; Aquarelle von zerstörten Gebäuden knüpften an sein neusachliches Werk aus den 1920er-Jahren an (vgl. Kat. 64 u. 65). Ende 1939 war Lenk wieder daheim, 1944 musste er Orlamünde dann kriegsbedingt verlassen. Doch vorerst konnte er erneut zu Reisen aufbrechen und weilte unter anderem im Rahmen eines Staatsauftrags im Chiemgau, einem Landstrich, den ihm Jahre zuvor sein Malerfreund Georg Schrimpf nähergebracht hatte;[33] von dort ging es auch in die bayerischen Alpen. Hier wagte er sich an Hochgebirgsmotive, vor denen ihn sein Kollege Alexander Kanoldt bereits 1933 »gewarnt« hatte: »Ich bin sehr gespannt auf Ihre Chiemgau-Ausbeute. Jene Berge sind verhältnismäßig noch nicht einmal so schwer zu gestalten, da sie mit der menschlichen Landschaft noch verwachsen sind – was so schwer ist, das ist die Hochregion, wo es eigentlich gleich in die Abstraktion geht. Wo keine Beziehung mehr zum Menschlichen vorhanden ist. Da verlieren sich alle Maßstäbe. Da stellt die Natur tatsächlich Probleme. Und die Gefahr der Vedute rückt bedenklich nahe. Sie ist wahrscheinlich nur durch treueste Hingabe an die Natur und strengste Disziplin zu überwinden. Nur hierdurch kann dann der Arbeit der Stempel der inneren Notwendigkeit aufgedrückt werden, dann wird sie Erfüllung eines geistigen Zweckes.«[34]

In bewährter Manier näherte sich Lenk diesem anspruchsvollen Motiv, indem er die imposant aufragende Berge frontal gesehen darstellt, sie erst im Mittelgrund des Bildes aufsteigen lässt und davor entweder ein flaches Landstück oder die spiegelnde Fläche eines Sees schiebt (vgl. Kat. 56). Auch das Verblauen der Ferne mildert in den meisten Bildern den Anblick des schroffen Gesteins.

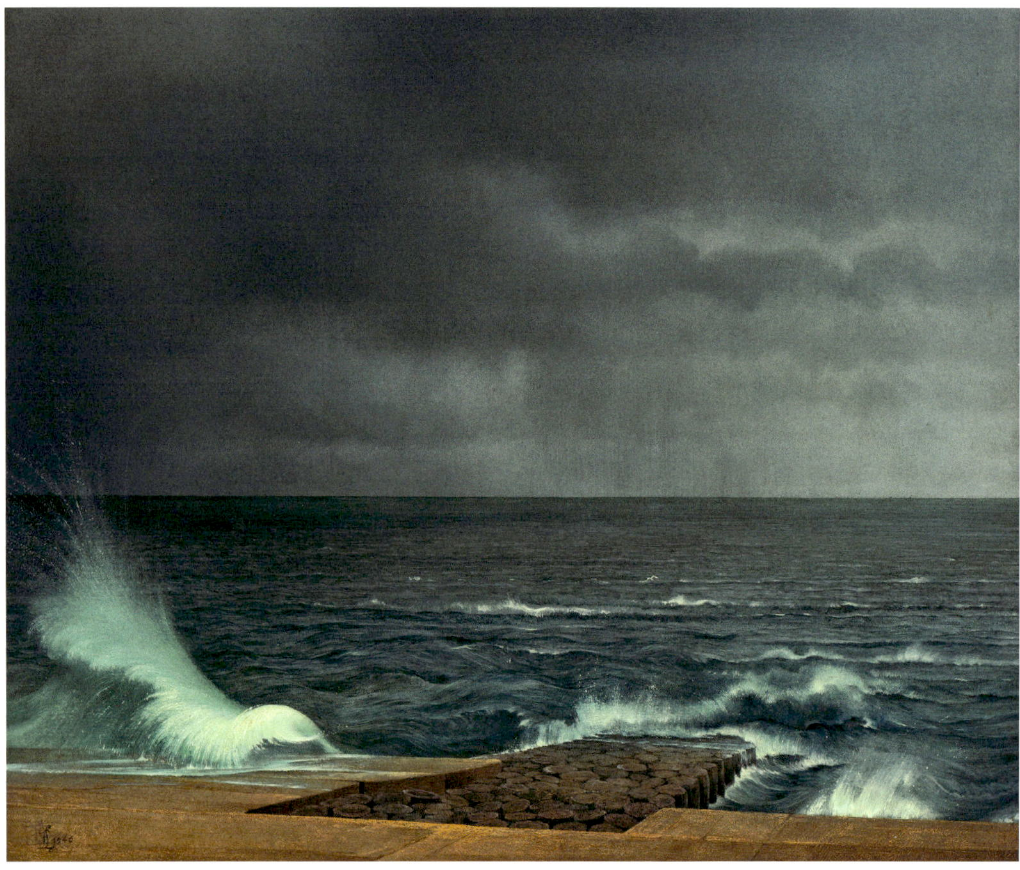

Abb. 11 — Franz Lenk, Die Brandung, 1945. Öl auf Leinwand auf Hartfaserplatte, 67,2 × 80 cm, Kunsthandel Ron Krausz, München

Die Arbeiten, die im Zusammenhang mit einem Staatsauftrag entstanden waren, stellte Lenk 1942 im Städtischen Museum in Trier aus und erntete dafür Lob. »Von einem ganzen Panorama lockender Gebirgsblicke fühlt sich der Betrachter beim Betreten der Halle umgeben. [...] Da fehlt dem kontrollierenden Auge kein Strich, keine leise Krümmung im Umriß des Watzmann-Massivs, kein Grat, keine Gletscherspalte scheint ausgelassen am geologischen Bilde der Bergriesen um den Königsee [...]. Alles ist von akkurat zeichnender Feder umrandet und in den zartesten Übergängen von warmen zu kalten Farbtönen koloriert. Und doch spürt der kunsterfahrene Betrachter bald, daß mehr gegeben ist als photographische Genauigkeit. Im Angleichen des nach Farbe und Form Zusammengehörigen bändigt der Maler die verwirrende Fülle des Zufälligen, läutert er sie zum Ausdruck des Wesenhaften und überträgt so verstärkt und unmittelbar auf den Genießenden, was er selbst in poetischer Andacht vor der Natur empfunden hat [...].[35]

Diese Kompositionsschemata und Darstellungsformen behielt Lenk auch nach Kriegsende bei, als er erneut zu Reisen in die deutschen, österreichischen und Schweizer Alpen aufbrach (vgl. Kat. 73).

Ebenso folgten seine Meeresdarstellungen den bereits in den 1920er Jahren eingeübten Sichtweisen. Der Blick gleitet von einem schmalen Uferstreifen über die glatte Wasseroberfläche, die knapp vor der Bildmitte, etwa in der Höhe des goldenen Schnitts, auf die

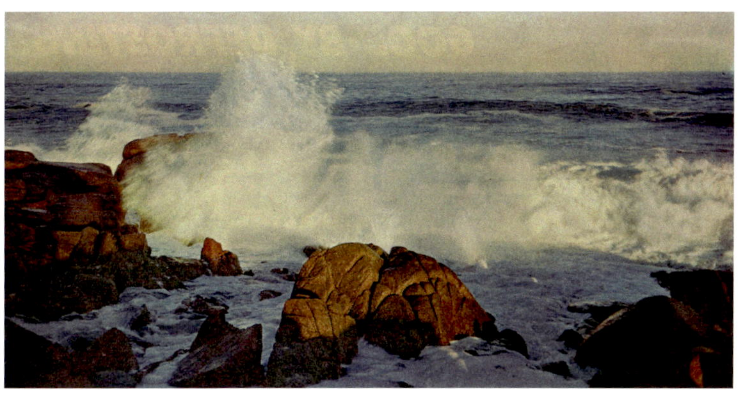

Horizontlinie trifft und von dort in die ruhige Himmelszone überleitet. Es ist weniger das Meer als solches, das den Künstler faszinierte als die dort besonders markant aufscheinenden Grenzen zwischen Endlichkeit und Unendlichkeit.

Nur einmal durchbrach Lenk sein bevorzugtes Schema, als er 1945 ein Gemälde mit dem Titel »Brandung« schuf (Abb. 11) – eine symbolische Antwort auf das Ende des Zweiten Weltkrieges und der nationalsozialistischen Diktatur? Auffallend ist das schräg ins Meer vorstoßende Pier und der dunkle, dräuende Himmel. Noch ungewöhnlicher sind jedoch die sich mit Wucht am befestigten Ufer brechenden Wellen, deren hochspritzende weiße Gischt wie eingefroren festgehalten ist. Mit wenigen Mitteln gelingt es dem Künstler, die Fragilität des irdischen Daseins aufzuzeigen. Auch für dieses Gemälde ließ sich Lenk offensichtlich von einem Foto inspirieren, das sich in seinem Nachlass befindet (Abb. 12) – ein weiterer Hinweis auf seine Zuhilfenahme von Vorlagen, ein Verfahren, das er seinen Studenten stets strengstens verboten hatte.[36]

Zufluchtsorte

Lenks Umzug nach Wilhelmsdorf bei Ravensburg 1944, wo er mit seiner Familie dank der Vermittlung des Freundes Friedrich Hartmann-Zeller für drei Jahre eine neue Bleibe fand, markierte den Beginn seines Spätwerks. Eine dauerhafte Niederlassung in Lindau wurde damals angedacht, kam aber nicht zustande.[37]

Lenks Werk der Nachkriegsjahre ist geprägt vom sehnsuchtsvollen Anknüpfen an die altdeutsche Kunst, was vor allem in seinen Zeichnungen zutage tritt, in denen sich der stimmungshafte Ausdruck verstärkt (vgl. Kat. 66). Die Darstellungen frei erfundener mittelalterlicher Burgen und Städte, knorriger Tannen und windschiefer Katen stellten für den Künstler, der seine Heimat hatte verlassen müssen, offensichtlich so etwas wie Zufluchtsorte in einer ihm fremd gewordenen Welt dar.

Zugleich begann sich Lenk mit einem neuen Thema zu beschäftigen: der italienischen (Stadt)-Landschaft. Obwohl er niemals südlich der Alpen gewesen war, auch nicht anlässlich seiner Teilnahme an der Biennale in Venedig 1934, avancierte »das Land, wo die Zitronen blühen« für ihn zum historisch unbelasteten Traumziel. Während die Bürger der jungen Bundesrepublik Deutschland seit den 1950er Jahren die Strände von Rimini, Jesolo und der Blumenriviera entdeckten, begnügte sich Lenk mit Fotos aus Zeitschriften und Ansichtskarten, die ihn zu seinen mittelgroßen Italienbildern anregten. In ihnen erschuf er eine ideale Welt und knüpfte zugleich an die Südensehnsucht zahlreicher Malergenerationen an.

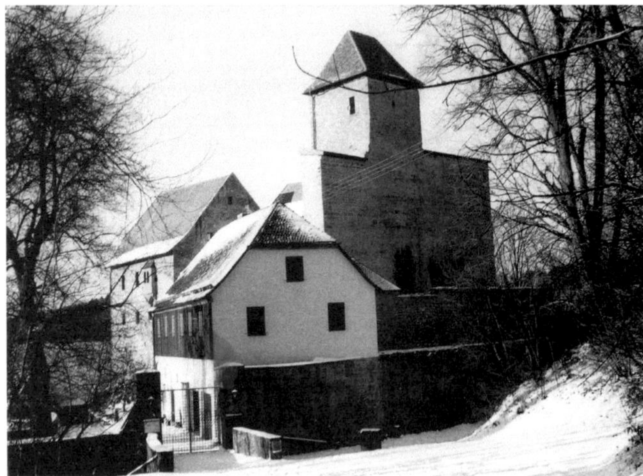

Doch Lenks mediterrane Landschaften sind karg. Statt leuchtender Orangenhaine, grüner Palmen und blühendem Oleander gibt er den Blick auf ein ödes, weites Land, dessen Gestein oftmals rötlich schimmert. Imposante Bauten – Stadtmauern, Geschlechtertürme oder Burgen – setzt er wie Spielzeughäuser in diese konstruierte Welt und kreiert phantastische Architekturen (vgl. Kat. 71). Die Gebäude werden nah an den Betrachter herangerückt, bleiben durch einen Streifen Land oder ein Stück Wasser dennoch stets von diesem getrennt. Zugleich scheinen diese Bauten wie heimlich belebt, ein Rückgriff des Künstlers auf seine Haus-Darstellungen der 1920er Jahre. Fenster und Türen sind, keinem architektonischen Plan folgend, in die dicken, farbig gefassten Mauern eingelassen, sie wirken wie tote Augen und aufgerissene Münder in den abweisenden Fassaden. Über diesen Ansiedlungen, Ortschaften und Städten spannt sich ein wolkenloser, meist blassblauer Himmel, weder Tiere noch Menschen sind zu sehen, allenfalls ein paar Zypressen formieren sich zu stummen Senkrechten. Eine geheimnisvolle Wirklichkeit scheint hinter den sichtbaren Dingen verborgen, doch diese ist nicht von der *Pittura metafisica* inspiriert, sondern orientiert sich vielmehr am romantisch-mystischen Vorbild eines Arnold Böcklin oder Max Klinger.

Der »entwirklichte« Blick

Unbeirrt hielt Franz Lenk nach 1945 in der Landschaftsmalerei an seinem Darstellungs- und Motivkanon fest, musste jedoch feststellen, dass seine auf Zeitlosigkeit ausgerichtete gegenständlich-abbildende Kunst zunehmend ins Abseits geriet. In dieser auch wirtschaftlich schwierigen Situation übernahm er 1959 das Amt des städtischen Kulturbeauftragten in Schwäbisch Hall und bezog mit seiner Familie einen Trakt der Burg Tierberg in der Region Hohenlohe. Sowohl sein neues Domizil als auch seine neue Aufgabe und Wirkungsstätte hätten nicht besser gewählt sein können, beide Orte scheinen dem Lenkschen Bildkosmos nicht nur verwandt, sondern ihm geradezu entsprungen (Abb. 13). Mittelalterlich geprägte Dorf- und Stadtlandschaften hatten den Künstler zeitlebens fasziniert, immer wieder hatte er sie festgehalten und blieb diesem Thema bis zuletzt treu.

Auch seine in den 1950er- und 1960er Jahren entstandenen Landschaften – er malte unter anderem im Fichtelgebirge, den Löwensteiner Bergen, am Bodensee und im Hegau –, seine oft anthropomorphisierenden Darstellungen von knorrigen Bäumen und schroffen Felsen knüpften nahtlos an die Jahrzehnte zuvor geschaffenen Bilder an (vgl. Kat. 79). Erst bei genauerem Hinschauen bemerkt man die mitunter stärkere Betonung der Lokalfarbigkeit, den vermehrten Einbezug von Bauernhäusern und Dorfansichten, die, ähnlich wie die Häuser der Italienbilder näher als früher in den Vordergrund gerückt werden, sowie eine größere Kleinteiligkeit in der Schilderung des Dargestellten. Am Auffallendsten aber sind die Änderungen, die sich an Lenks Himmeln vollziehen. Das bis anhin dominante unbestimmte Hellblauweißgrau kann nun bisweilen einem entschieden gesetzten Blau mit weißen Streifen weichen oder steigert sich zu dramatisch orangeroten Sonnenuntergängen.

Franz Lenk wollte die Wirklichkeit nie so malen, wie sie sich darbietet, sondern wie er sie mit all seinen Sinnen als Manifestation einer größeren Ordnung begriff. Unermüdlich suchte er in seinen Landschaften zum Wesenhaften vorzudringen, das sich jenseits der Zweidimensionalität des Papiers und der Leinwand offenbart. Vielleicht erscheinen diese Bilder deshalb oft von einer stillen Trauer erfüllt, denn Lenks leere Himmel sind nicht mehr von der romantischen Vorstellung einer Grenzenlosigkeit des erleuchteten Naturraums erfüllt, sondern haben hundert Jahre später im Zeitalter der metaphysischen Obdachlosigkeit als Metapher der Unendlichkeit ausgedient. Die Sehnsucht nach dem Ewigen und die Angst vor ihm liegen nahe beisammen – Franz Lenk hat unerschrocken bis zuletzt danach gestrebt mit »entwirklichtem Blick« dieses Mysterium künstlerisch zu fassen

[1] John Constable in einem Brief vom 4.9.1832. Zit. n. Harenberg Kunstkalender 2021, 11.6.2021. [2] Franz Lenk, Langenbernsdorf. Ein einheimischer Künstler; sein Leben von ihm selbst erzählt. In: 1881–1931. 50 Jahre Werdauer Zeitung. Werdau 1931 (Exemplar im Nachlass Franz Lenk, Schwäbisch Hall). [3] Lenk 1931, S. 372 u. 374. [4] Lenk 1943, S. 18. Laut Christina van Elm existieren drei Fassungen dieses 1943 entstandenen Textes. Der Verfasserin lag jedoch nur eine undatierte, nicht vollständige Fassung aus dem Nachlasss Franz Lenk, Schwäbisch Hall, vor. Siehe Elm 1998. [5] Ebd., S. 48. [6] Thesing 1986, S. 28. [7] Ebd. [8] Max Sauerlandt bezeichnete die Neue Sachlichkeit als »neue Naturmalerei«. Thesing 1986 (wie Anm. 6), S. 30. [9] Lenk 1943 (wie Anm. 4), S. 25. [10] Lenk 1931 (wie Anm. 2). [11] Ebd. [12] Ebd. [13] Hartmann-Zeller 1933, S. 226. [14] Lenk 1943 (wie Anm. 4), S. 41 f. [15] Lenk 1931 (wie Anm. 3), S. 374. [16] Ebd., S. 376. [17] Ebd., S. 30 sowie Lenk 1931 (wie Anm. 2). [18] Lenk 1943 (wie Anm. 4), S. 38. [19] Ebd. [20] Reinhold Stolze, »Drei Maler aus Berlin. Franz Lenk – Hasso von Hugo – Wilhelm Dietzel«, in: 7. Blatt der Kieler Neuesten Nachrichten, Sonnabend/Sonntag, 28./29.1.1939. [21] Kicherer 2019, S. 158. [22] Julius Baum, »Deutsche romantische Malerei der Gegenwart«, in: Kat. Ulm 1932, S. 6 f. [23] Heinzelman 2001, S. 79. [24] Lenk 1943 (wie Anm. 4), S. 38. [25] Zit. in: Presler 1992, S. 50. [26] Siehe dazu Löffler 1981, S. 47. [27] Franz Lenk an Otto Dix, Brief vom 15.5.1935. DKA, Nachlass Lenk, C-D. [28] Siehe dazu den Beitrag von Johannes Schmidt. [29] Franz Lenk an Otto Dix. Zit. n. Thesing 1986 (wie Anm. 6), S. 35 f. [30] Otto Dix an Franz Lenk, Postkarte 1934 (wie Anm. 27). [31] Im Nachlass Franz Lenk, Schwäbisch Hall, befinden sich die Drucke »Hohenkrähen«, »Morgenrot«, Abendfriede« und »Burg Löwenstein am Neckar«. [32] Rüdiger 1937. [33] In einem undatierten Brief schreibt Georg Schrimpf an Lenk: »Ihr Brief hat uns [Kanoldt und ihn; d. Verf.] sehr gefreut und ich bin auch froh, dass ich Sie in die Gegend gebracht hab, wo sie viel und gut arbeiten konnten. Im nächsten Sommer werden wir eine andere Gegend unsicher machen.« DKA, Nachlass Lenk, P-S. [34] Alexander Kanoldt an Franz Lenk, Brief vom 5.9.1933. DKA, Nachlass Lenk, K-L. [35] N.N., Poesie der Sachlichkeit. Eröffnung einer neuen Ausstellung des Städtischen Museums, in: Nationalblatt, 18.7.1942. [36] In einem Schreiben an das Ministerium für Wissenschaft, Kunst und Volksbildung vom 5.11.1935 betreff der Ausmalung des olympischen Dorfes in Berlin ersuchte Franz Lenk die Gebäude mit seinen Schülern in Augenschein nehmen zu dürfen, andernfalls »wäre [ich] also gezwungen, Fotos zu Hilfe zu nehmen, ein Mittel, welches ich meinen Schülern gegenüber bisher aufs schärfste [sic!] verurteilt habe.« DKA, Nachlass Lenk, M-O. [37] Dr. Walter Ricklinger, Stadtrat und Kulturreferent der Stadt Lindau an Franz Lenk, Brief vom 21.3.1947. DKA, Nachlass Lenk, P-S.

Franz Lenk – Was ich will

Michael Kicherer

1931 veröffentlichte Franz Lenk das Manifest »Was ich will« in der Zeitschrift *Die Kunst für alle*.[1] Seit 1930 wuchs in Ausstellungen und Publikationen die Vorliebe für Landschaft, Heimat, und Romantik; Themen, die nun verstärkt in *Die Kunst für alle* publiziert wurden. In der Zusammenstellung von Manifesten und Dokumenten deutscher Künstler der 1920er Jahre nimmt Uwe Schneede dieses Manifest unter dem Übertitel »Gegenbewegungen 1928–1931 – Rückzug und Anpassung« auf.[2] Er verweist auf die »bodenständige Kraft« von der in Lenks Artikel zu lesen ist. Darin sieht er einen Bezug zur Kunst des Nationalsozialismus, die sich dieses Gedankengutes bemächtigt hat und es ideologisch benutzte. Eine genauere Betrachtung des Artikelinhaltes in *Die Kunst für alle* tut not, um zum Verständnis Franz Lenks und seiner künstlerischen und menschlichen Haltung beizutragen, die ihre Wurzeln in der Zeit vor der ideologischen Einbindung in die nationalsozialistische Ideologie der Kunst hat.
Weder ein Bekenntnis zu den Vorstellungen der Neuen Sachlichkeit, noch eine Identifikation mit den Romantizismen des Magischen Realismus sind das, was Lenk am Herzen liegen. »Was ich will« zeigt sein eigenständiges Bekenntnis zu einer Malerei außerhalb der Modernität des 20. Jahrhunderts. Der Text zeigt seinen Weg zu einer Malerei, die Sinnstiftung als Zielsetzung hat. Was er will, ist »das Unsichtbare sichtbar werden zu lassen« und allen Sinnen im Kunstwerk Raum zu geben.
Hineingeboren in die Zeit des wilhelminischen Kaiserreiches, wurden Lenk, dessen Vater Dorfvorstand und Ortspolizist war, die Ideale und Ordnungsvorstellungen dieser Zeit vermittelt. Seitens der kirchlichen Vorstellungen waren es die Ideen des Pietismus, die in dieser Region Sachsens vertreten wurden. Die Geschehnisse und Erlebnisse des I. Weltkriegs durchbrachen die Vorstellungen der monarchistischen Ordnungswelt. Eine Welt war aus den Fugen geraten und forderte eine Neuorientierung – auch in der Kunst. Dresdner Akademiestudenten dieser Zeit wurden die klassischen Werte vermittelt, die bereits von Gruppierungen wie der »Brücke«. oder dem »Blauen Reiter« als überholt abgetan worden waren. In einer sehr konservativen, ländlichen Umgebung konnte der individualistisch expressive Gestaltungswille nicht den Nährboden finden, der für Lenk bedeutsam gewesen wäre. Die pietistisch geprägten Vorstellungen hätten auch einer starken Betonung des Individuellen und einer expressiv auf Konfrontation gegenüber dem Konventionellen ausgerichteten Haltung widersprochen.
Im Manifest »Was ich will« schildert Franz Lenk den Weg zu seiner Vorstellung von Malerei. Es ist wie ein religiöses Erweckungserlebnis, das in vielen pietistischen Biografien des 19. Jahrhunderts beschrieben wird. Er schildert sein Erlebnis von der Berufung zum Künstler in Zusammenhang mit der Betrachtung eines eigenen Kinderbildes der Dorfkirche. Nichts bringt die narrative Einheit der Lebensgeschichte eines Menschen so zum Einsturz

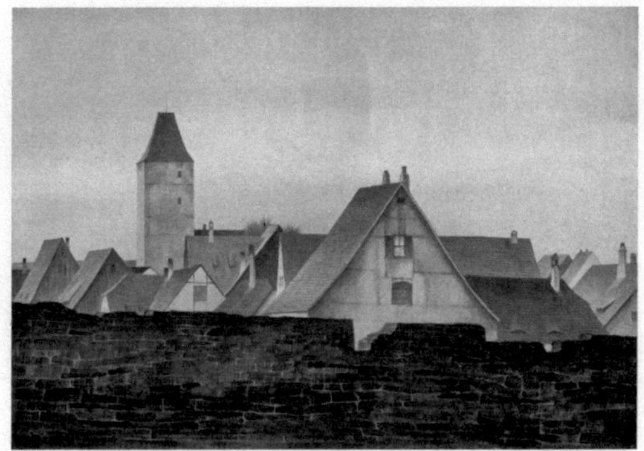

FRANZ LENK. DINKELSBÜHL

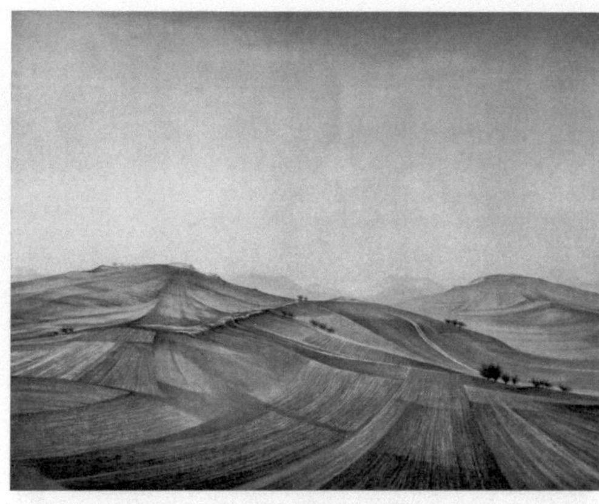

FRANZ LENK. SCHWÄBISCHE LANDSCHAFT

WAS ICH WILL. VON FRANZ LENK

Daß ich bewußt Maler werden wollte, kann ich nicht sagen. In dem Dorf, da ich aufwuchs, war der Maler ein Anstreicher, der den Bauern die guten Stuben und gleichzeitig die Kuhställe auspinselte. Andere Begriffe vom Malen kannte niemand, jedenfalls hat mir keiner davon gesagt.

Ich besitze ein getuschtes Bildchen, darauf habe ich als Kind die Dorfkirche voll Andacht dargestellt. Noch heute weiß ich, wie ich da am Feldrande saß in der Sommerhitze und zusah, wenn die Bauern vom Tale auf das Feld gingen oder das Dorf entlang, während ich mich um die Darstellung des Kirchleins plagte.

Noch jetzt spaziere ich während des Malens in meinem Landschaftsbild im Geiste herum. Ich gehe die Wege, die ich male, entlang. Oder ich stelle mir vor, wie die Landschaft aussehen müßte hinter dem Hügel, der die Fernsicht im Bilde verdeckt. Schon als Kind lief ich beim Kühehüten hinter den Berg, um in die Ferne zu sehen; kam ich zurück, waren die Kühe weggelaufen und der Bauer schimpfte.

Immer treibt es mich, das zu gestalten, was mich seit frühester Kindheit — soweit ich überhaupt zurückdenken kann — bewegt. Schon damals habe ich nie nur gesehen, sondern Natureindrücke mit allen Sinnen in mich aufgenommen. Im Walde sehe ich Bäume, Moos, Felsen, Vögel, Farben, den Bach und den feuchten Boden darum. Aber die Nase riecht das Harz, den Modergeruch des Bodens, Thymian und Weiherflieder. Der Wind geht durch die Bäume und liegt im Ohr. Fern hacken schallend die Holzfäller. Das Wasser des Baches ist kalt.

Das will ich malen!

Keine Abschrift, sondern das Leben!

Nicht das Leben, welches mir fremd ist, sondern das, welches mich umgibt und mir seit der Jugend vertraut ist. Anderes könnte ich nicht malen, wenn ich gleich wollte. Es kümmert mich nicht, ob es andere Maler anders oder ebenso machen oder gemacht haben. Im Ringen um den Ausdruck, bei der Steigerung des Gesehenen zu Rhythmus und Farbe, beim Vereinfachen und Typisieren der Natur entsteht von selbst die Sprache. Ob man das Ergebnis davon „Naturalismus", „Verismus" oder „Neue Sachlichkeit" nennt, ist mir vollständig gleichgültig.

Ich habe einsehen müssen, daß man einem schlafenden Schwein, wenn man es malen will, nicht mit Kunsttheorie beikommen kann. Es stinkt im Schweinestall, Fliegen stechen, die Luft ist dick. Das Schwein aber liegt da und schnarcht und grunzt. Das ist alles so wundervoll echt, was soll da Theorie!

Und der Beschauer eines Bildes muß diese Echtheit spüren. Er muß unbewußt im Landschaftsbilde den Wind fühlen, den Duft frischer Äcker riechen. Er muß Lust bekommen, in mein Bild hineinzuwandern.

Es ist heute ein Riß vorhanden zwischen der im Bilde gestalteten Vorstellung des Malers und der Vorstellung des Bildbetrachters. Der Betrachter zweifelt, weil er seine Vorstellung als laienhaft oder sentimental, unkünstlerisch und kitschig verdammt sieht. Er kommt sich häufig genarrt vor. Außerdem hat er in die verzwickten und verzweigten Wege der Kunstprobleme, die

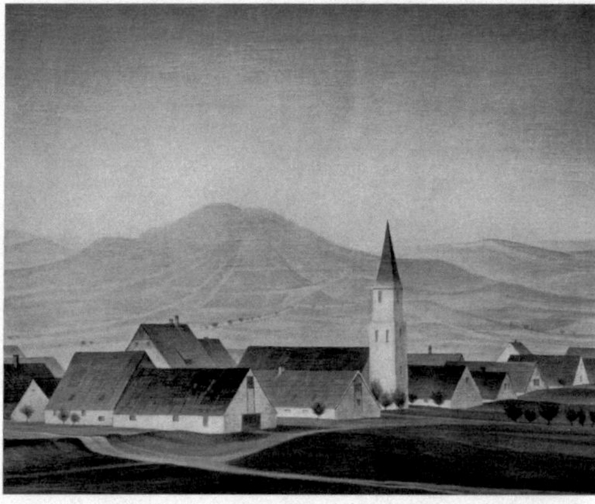

FRANZ LENK. DORFLANDSCHAFT

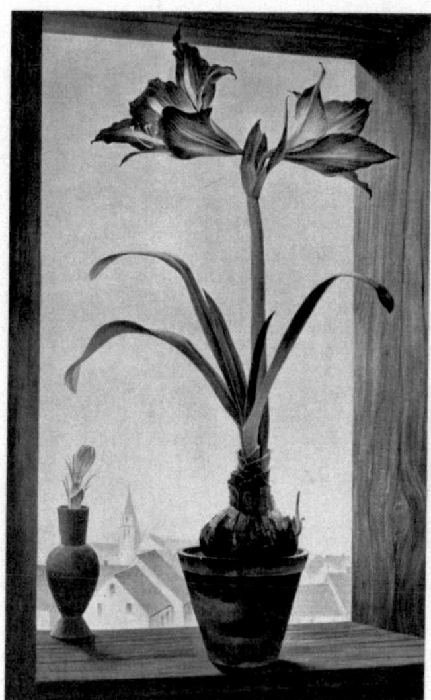

FRANZ LENK. AMARYLLIS

die letzten Jahrzehnte gebracht haben, nicht folgen können. Ein Teil versuchte, an diese oder jene Richtung zu glauben. Einigen davon war es auch möglich, aber die anderen sahen, daß Glauben-Wollen und Glauben-Können sehr zweierlei ist. Wenn ein Bauer vor 500 Jahren in seine Kirche kam, hat er die Gestalten des Altarbildes ganz einfach angebetet. Ein Rausch zwang ihn, zu glauben durch die Kunst. Die Vorstellung des Schöpfers war die seine, er zweifelte nicht. Wir kennen Legenden von der Kraft der Heiligenbilder, wo Maria die Augen aufgeschlagen hätte. In welchem Zustande von Entrücktheit muß der Beschauer durch Gläubigkeit an Gott und Kunst gewesen sein, wenn er Maria die Augen bewegen sah. Wir wollen annehmen, daß nur den größten Meistern diese Kraft der Suggestion auf den Beschauer möglich war. Es bleibt doch trotzdem für uns kaum faßbar.

Wenn die Kunst heute von dieser Suggestionskraft nur noch einen Teil besitzen würde, hätten wir keinen Riß zwischen Bild und Beschauer. Ein Bild sollte bei aller Sinnlichkeit der Erscheinung in das Gebiet des Glaubens führen. Dafür gibt es für den Gestalter keine Regel noch ein Rezept. Keine Theorie führt dahin, vielleicht aber ruhige, gleichmäßige und bodenständige Kraft. Eine übernommene, vielleicht sogar fremde Manier, die in keiner Hinsicht zu Temperament und Lebensäußerung eines Volkes paßt, erzeugt folgerichtig Leerlauf. Die Kunst will Ruhe und eigenen Boden haben zum Wachsen. Keine Pflanze kommt zum Blühen, wenn man sie immer wieder aus der Erde reißt.

Hoffentlich folgt auf die langen Jahre des Kunst-Atheismus eine Zeit des Kunst-Glaubens. Kunst ohne Glauben ist undenkbar! Wenn wir wieder einfach glauben lernen, zuerst einmal an uns selbst, wird es auch gelingen, unseren Kunstwerken jenen unnennbaren suggestiven Funken zu geben, der den Beschauer entzündet.

Wir wollen aufhören, die Kunst zu einem Gott zu machen, sie wird dabei ein goldenes Kalb. Die Kunst sei wieder Dienerin, und Bescheidenheit tut ihr vor allem not. Außerdem bleibe sie im Lande: sie stammt von keinen schlechten Eltern und ist ihnen durch Tradition und Schicksal verbunden.

Abb. 1–4 — Franz Lenk, »Was ich will«, aus der Zeitschrift *Die Kunst für alle* (Lenk 1931)

wie ein Bekehrungserlebnis. Die Erfahrung einer Bekehrung nimmt für den Bekehrten stets einen lebensbestimmenden Raum ein. Die Konversion wird zum Konstruktionspunkt der individuellen Lebensgeschichte. Der »gläubig« gewordene Mensch sieht nun ein Gegenüber, durch das er seine Identität erhält. Die neu gewonnene Identität erfährt der Bekehrte als persönliche Anerkennung.[3] Wie Lenk es beschreibt, ist es das Leben, das er entdeckt und das seine Kunst zu »mehr als Abbildung« bestimmt. Es sind nicht die identifizierbaren Veduten des 18. und 19. Jahrhunderts, die ihm in der Malerei Vorbild sind, und es sind auch nicht die objektivierten, neutralisierten Darstellungen der Neuen Sachlichkeit, in denen man eine Auseinandersetzung mit der Wirklichkeit sah. Es ist vielmehr eine Sicht, die ihre Wurzeln in der Romantik hat und dort bereits in ihrer Affinität zu Glauben und Tradition zu finden ist. Es ist nicht das »Romantisieren« als Stilmittel – dies lehnt Lenk auch in seinem Selbstzeugnis »Der Regenbogen« von 1943 ab. Er berichtet davon, dass er Arbeiten, die ihm zu sehr zu romantisieren schienen, vernichtet hat. Es ist auch nicht das naturgläubige Versinken in die göttliche Schöpfung der Welt und damit verbunden das Erkennen dessen, was die Welt zusammenhält. Lenk beschreibt seine Haltung als »Kunstglauben, der zu einem selbst führt«. Diesen Glauben möchte er entzünden. Sein langjähriger Freund und Sammler Pfarrer Friedrich Hartmann-Zeller beschreibt diesen Kunstglauben: »Was Franz Lenks Kunst im Besonderen kennzeichnet, ist seine gegenstandsgebundene Ausdrucksform, in der seine Gebundenheit an die Wirklichkeit und seine Verbundenheit mit ihr als Wirkung der Schöpferkraft markiert ist […] Wie jede große und echte Kunst ist auch seine Kunst nicht eine Abschrift der Natur, so naturgetreu seine Bilder auch scheinen und so sehr der Maler dem Erscheinungsbild nachgespürt und es erforscht hat. […] Franz Lenk malt so, dass das der Landschaft, der Pflanze oder dem Bauwerk innewohnende Leben erfasst wird […] weil an einem sichtbaren Stück unserer Welt in dieser Kunst etwas vom Unsichtbaren aufleuchtet […] ein Bild soll bei aller Sinnlichkeit der Erscheinung in das Gebiet des Glaubens führen«.[4]

Vor diesem Hintergrund führen viele Spuren zu einem Vergleich mit Caspar David Friedrich. Es gibt Gemeinsamkeiten, und doch liegt ein radikaler Gegensatz zwischen Lenk und Friedrich. Friedrichs Bilder sind Selbstbekenntnisse des Malers, der in seinen Landschaften seine eigenen Empfindungen, Stimmungen und politischen Ideale findet. Lenks Bilder sind auch Bekenntnisse, aber nicht des Künstlers, sondern der Natur. Sie soll in ihnen über sich selbst aussagen. Er will nicht seine Seele in der Landschaft zeigen, sondern die Seele der Landschaft – damit ist er ein Mensch seiner Zeit, die eine Zeit der Sachlichkeit war. Genau dies führt zu einem oft sehr kühlen, strengen und herben Charakter seiner Arbeiten.

In Lenks Bildern ist etwas eingefangen und festgehalten von der Ruhe und Zuversicht, von der Ordnung und Gesetzmäßigkeit, die trotz allem in der Welt als göttliche Schöpfung waltet. Seine Kunst soll die zeitgenössische Kunstwelt überdauern. Er sieht seine Kunst nicht als »Moderne Kunst«, von der er selbst sagt, dass es »sie gar nicht gibt, weil das Wort schon alleine mit Mode gekoppelt ist und auf das Vergängliche hinweist«. Er sieht sein Schaffen auf das Unvergängliche gerichtet, auf das Wesentliche und immer Gültige, auf das Bleibende und Kommende. Um die Romantik des frühen 19. Jahrhunderts von der Aufklärung abzugrenzen, wird sie als Gegenaufklärung gedeutet, als »Wiederverzauberung der Welt«. Hieraus leiten sich die positiven und negativen Vorstellungen ab, die Romantik auf der einen Seite als Alternative zum Rationalismus feiern, auf der anderen Seite jedoch als Zerstörung der Vernunft verurteilen. Die Hinwendung zur Tradition, die Kunstfrömmigkeit und die Vorliebe für das Wunderbare und volkstümlich Traditionelle geben Anlass dazu, den verhängnisvollen Bruch mit der aufklärerischen Modernisierung zu sehen. Wer die Romantik als eine Gegenaufklärung versteht, geht am Romantikverständnis von Franz Lenk vorbei. Das eigentümlich Neue, das sein Werk bringt, ist im Zusammenhang mit Empfindung zu suchen. Für diese Vorstellung von Romantik besteht die menschliche Welt nicht nur aus klaren Begriffen, sondern auch aus Vorstellungen jenseits aller Klarheit. Eben solche Vorstellungen wie die von der unsterblichen Seele, vom Schicksal, dem Sinn geschichtlicher Prozesse, der individuellen Persönlichkeit und der kulturellen Identität eines Volkes geben den weitreichendsten Deutungsansprüche Raum. In der Missdeutung dieses Beitrags der Romantik zu Toleranz und individueller Freiheit führten diese Ideen zu konfrontativer Nationalisierung und zum Missbrauch durch die Propaganda des Nationalsozialismus.[5]

Lenk gewann für sich künstlerische Freiheit, indem er sinngebende Vorstellungen künstlerisch markierte und umsetzte. So bannte er die Gefahr, unerbittlich und fundamentalistisch zu werden.[6] Auch wenn Begrifflichkeiten, die er nutzt, missbraucht wurden für nationalsozialistisches Gedankengut, sind sie in seiner Auffassung das Erbe der Romantik im besten Sinn. In diesem Sinn trat er auch für Freunde und Kollegen ein – bis er erkennen musste, dass seine Ideale in einer anderen Welt beheimatet sind und seine Bemühungen vergeblich waren. Missverstanden und missbraucht zu werden war der gefährliche Weg in der Zeit nationalsozialistischer Kulturpolitik. Missverstanden zu werden, war aber auch der gefährliche Weg in der Zeit nach 1945, die geprägt war vom Abstraktionsgedanken der Nachkriegszeit und die für »romantische Ideen« keinen Platz hatte.[7]

[1] Lenk 1931. [2] Schneede 1979. [3] Ernst 1997. [4] Friedrich Hartmann-Zeller, Manuskript zum Artikel »Zum 70. Geburtstag einer weit über Schwäbisch Hall hinaus bekannten Persönlichkeit«, Haller Tagblatt 1968, Nachlass Friedrich Hartmann-Zeller. [5] Matuschek 2021. [6] Vitali 1995. [7] Vgl. Schmidt 2004.

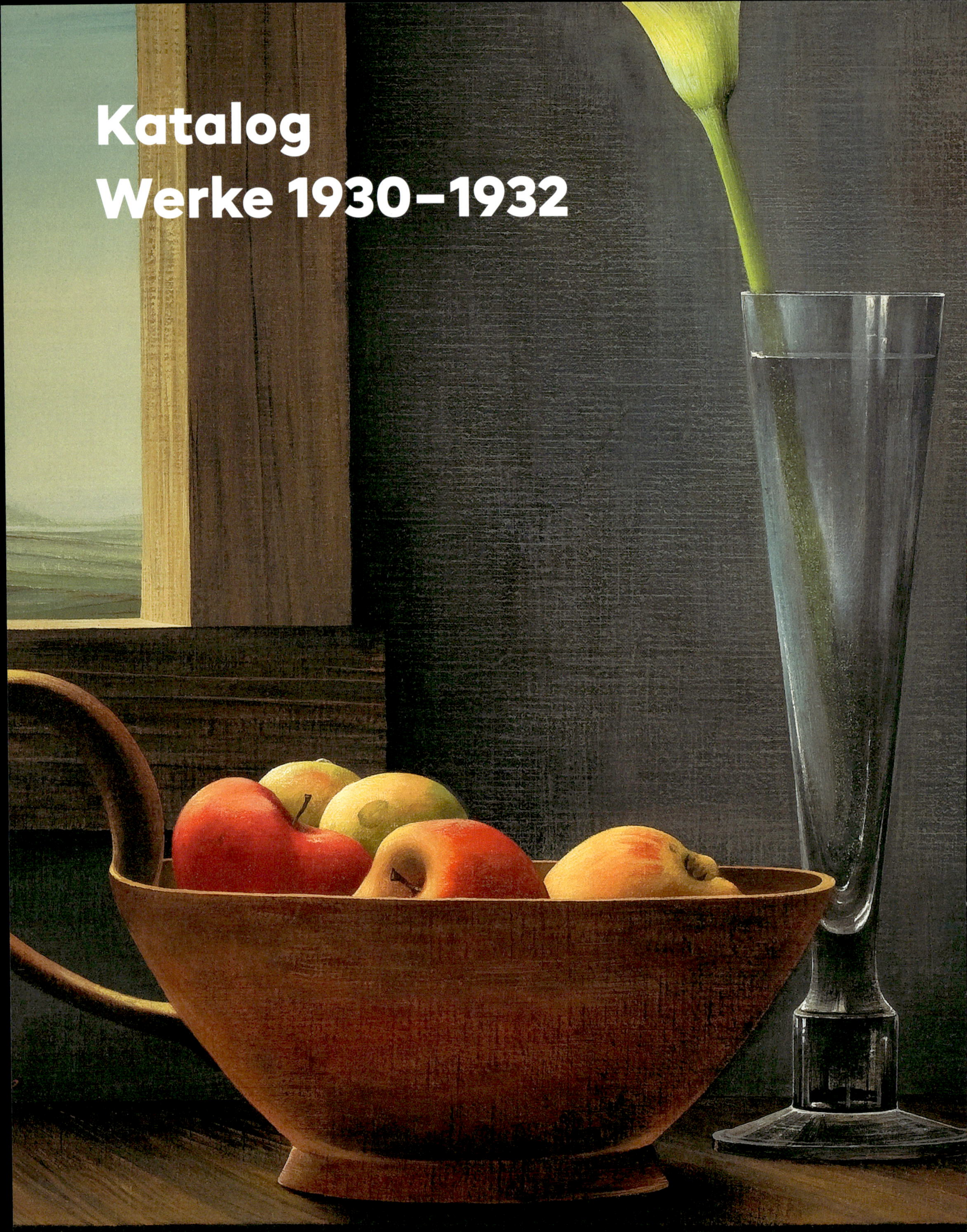
Katalog
Werke 1930–1932

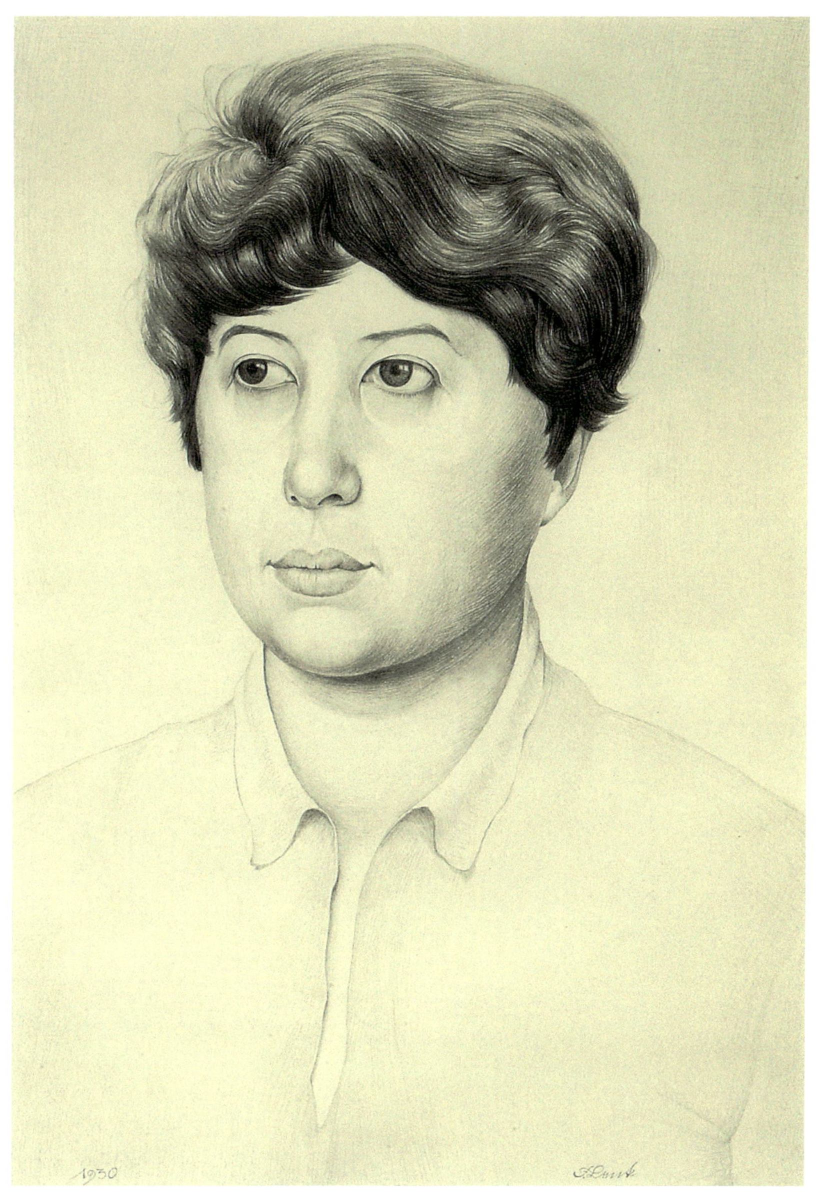

31 — **Bildnis eines jungen Mädchens** (Freundin des Bildhauers Lothar Strauch) / 1930 / Bleistift

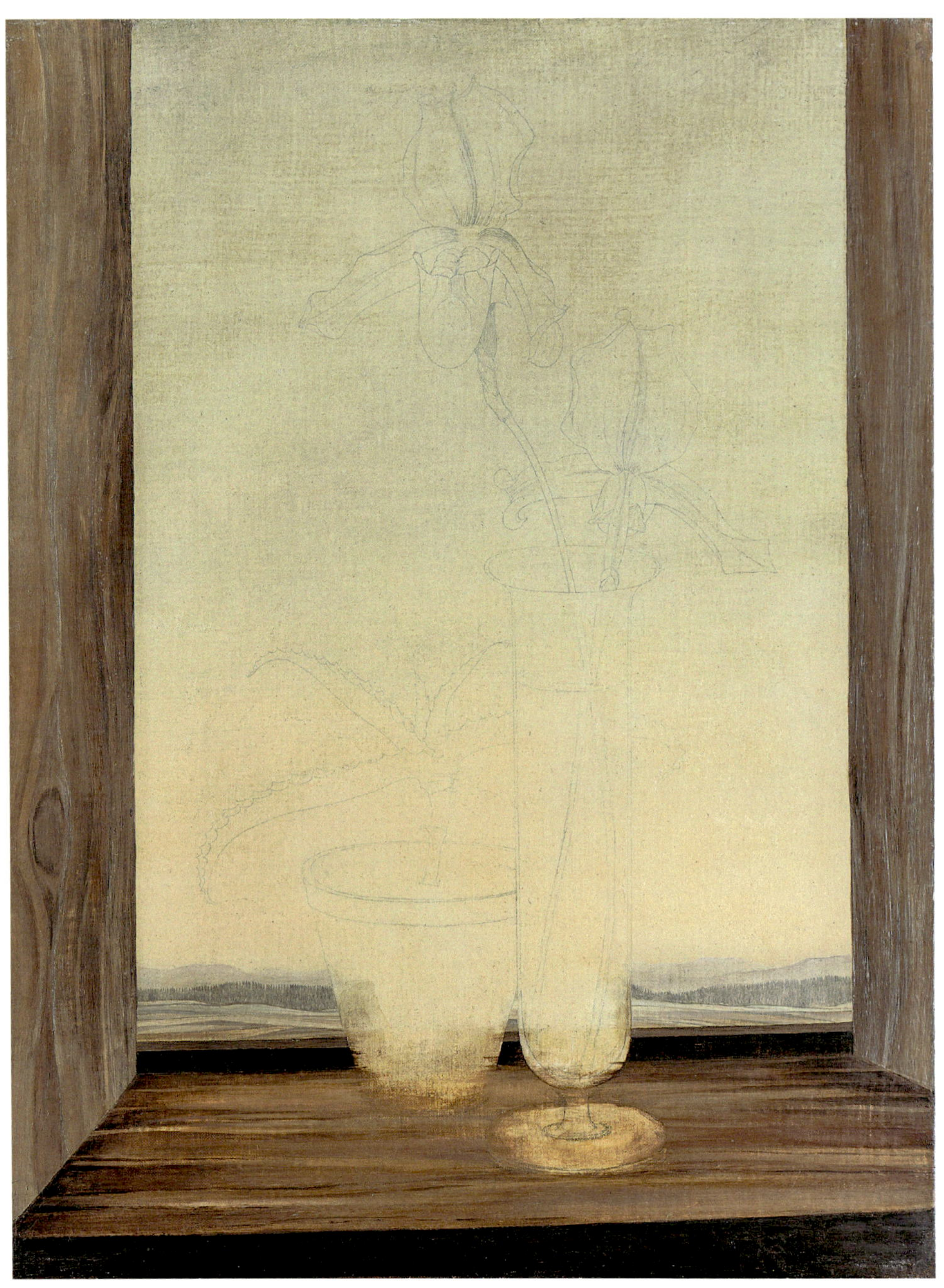

32 — **Stillleben mit Frauenschuh** / um 1930 / Öl und Eitempera auf Leinwand über Sperrholz

33 — **Calla mit Fruchtschale** / 1931 / Öl und Eitempera auf Leinwand

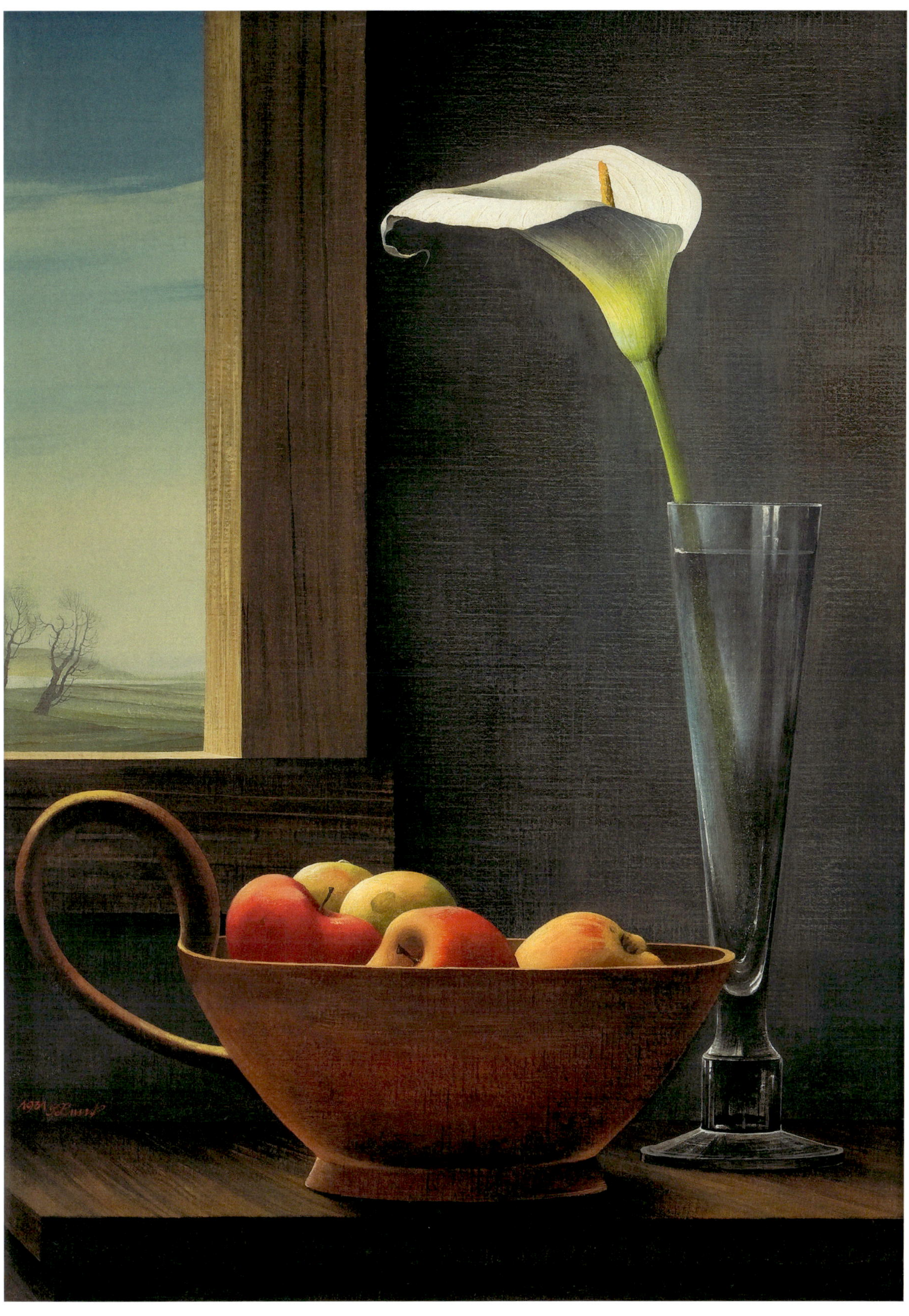

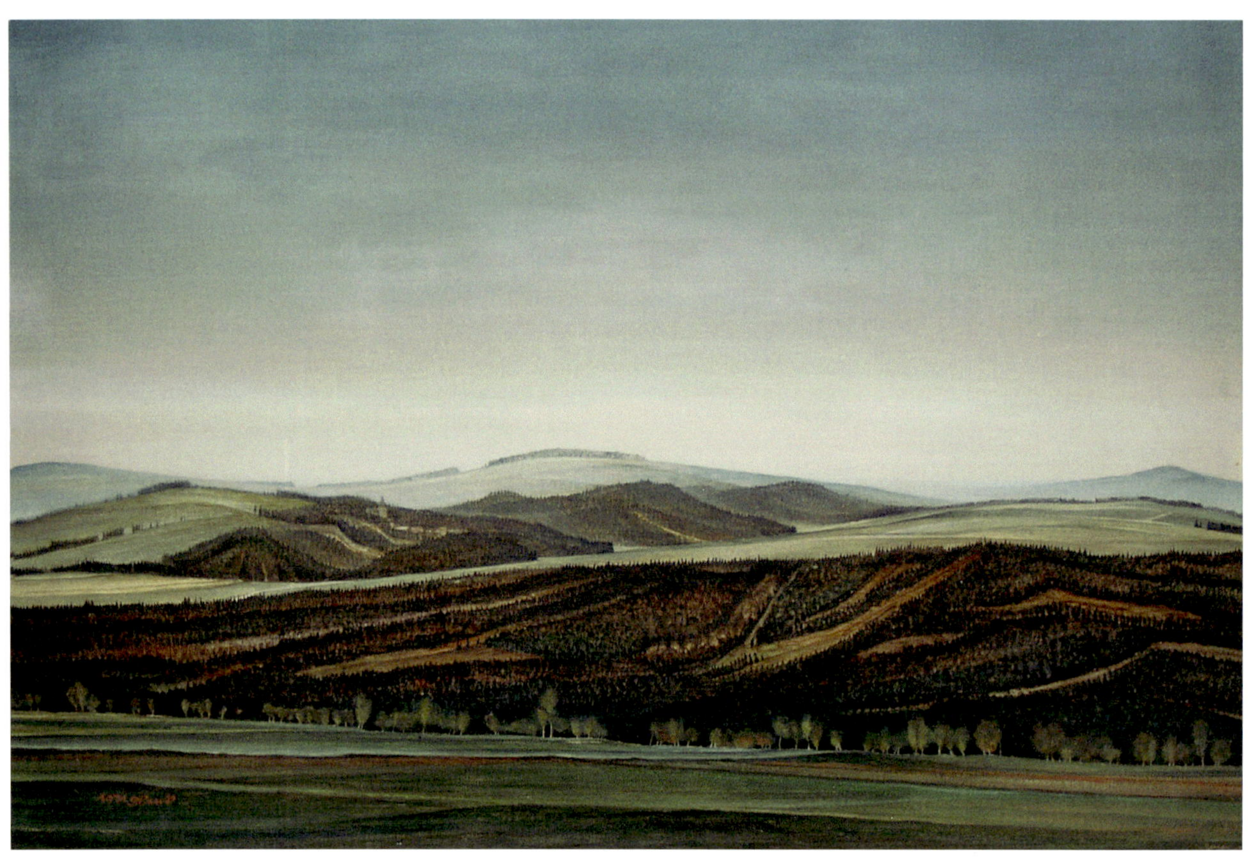

34 — **Erzgebirgslandschaft bei Crimmitschau** / 1931 / Öl und Eitempera auf Leinwand auf Sperrholz

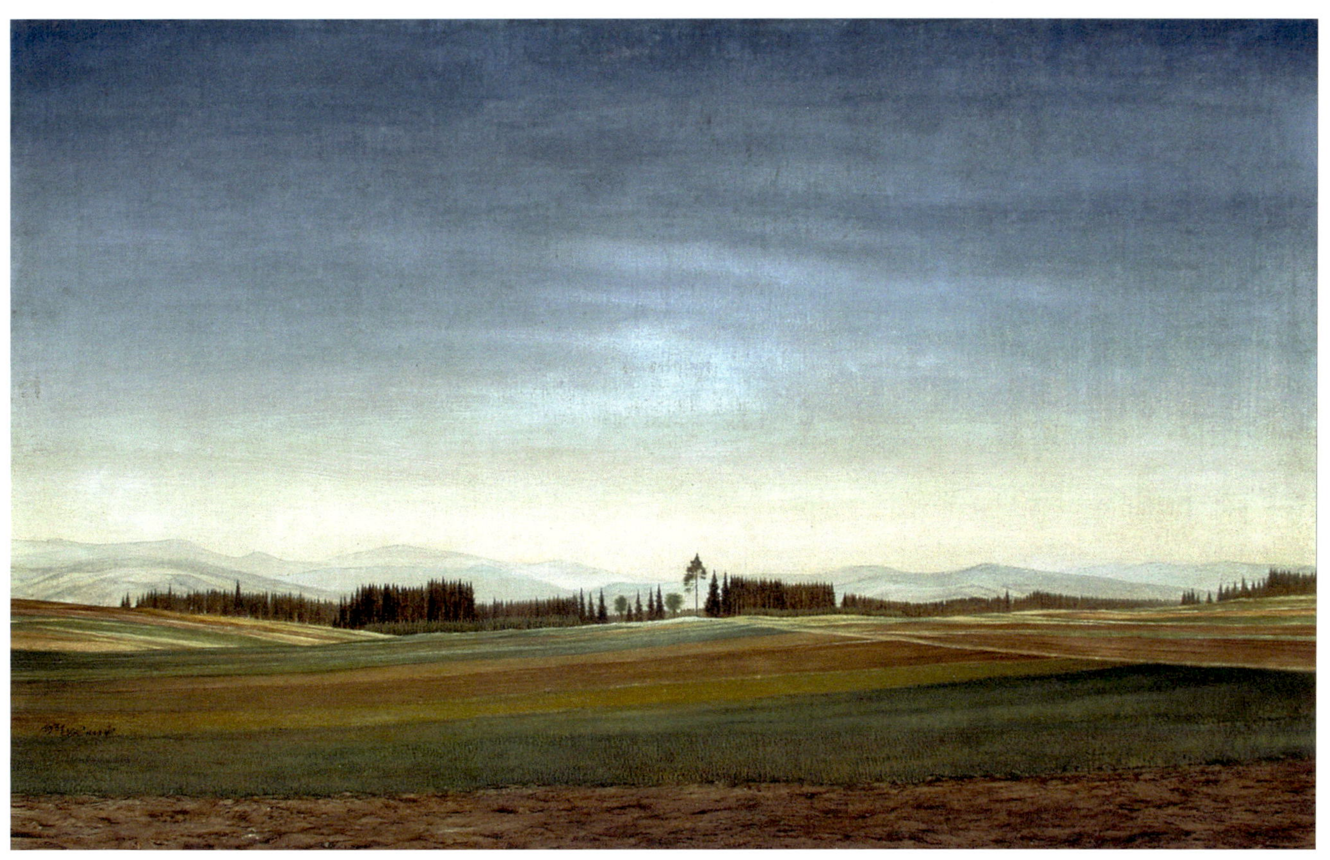

35 — **Heuberglandschaft** / 1931 / Öl und Eitempera auf Leinwand auf Holz

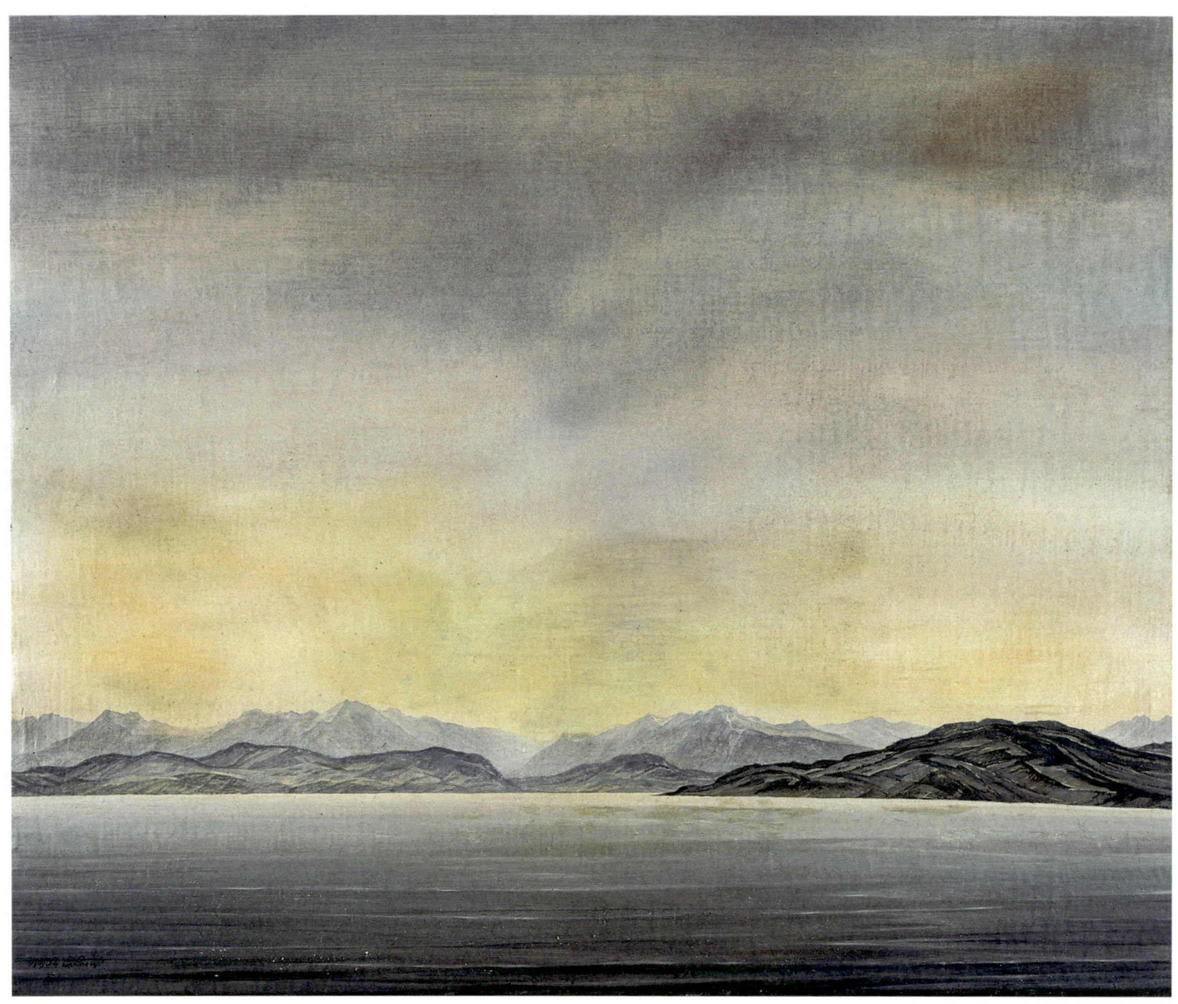

36 — **Landschaft am Bodensee** / 1932 / Öl und Eitempera auf Leinwand auf Holz

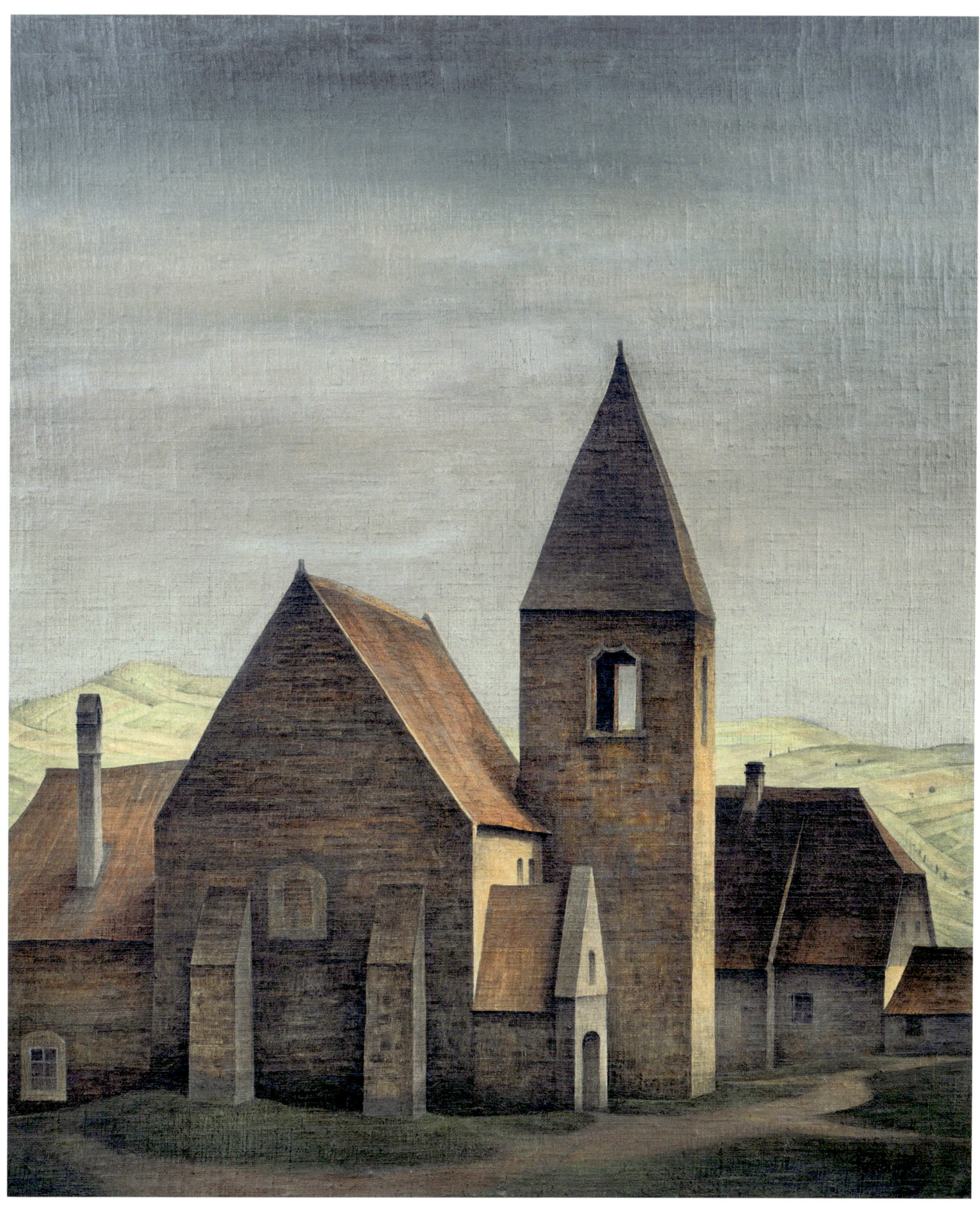

37 — **St. Lorenzi** (Kirche in der Wachau) / 1930 / Öl und Eitempera auf Leinwand auf Sperrholz

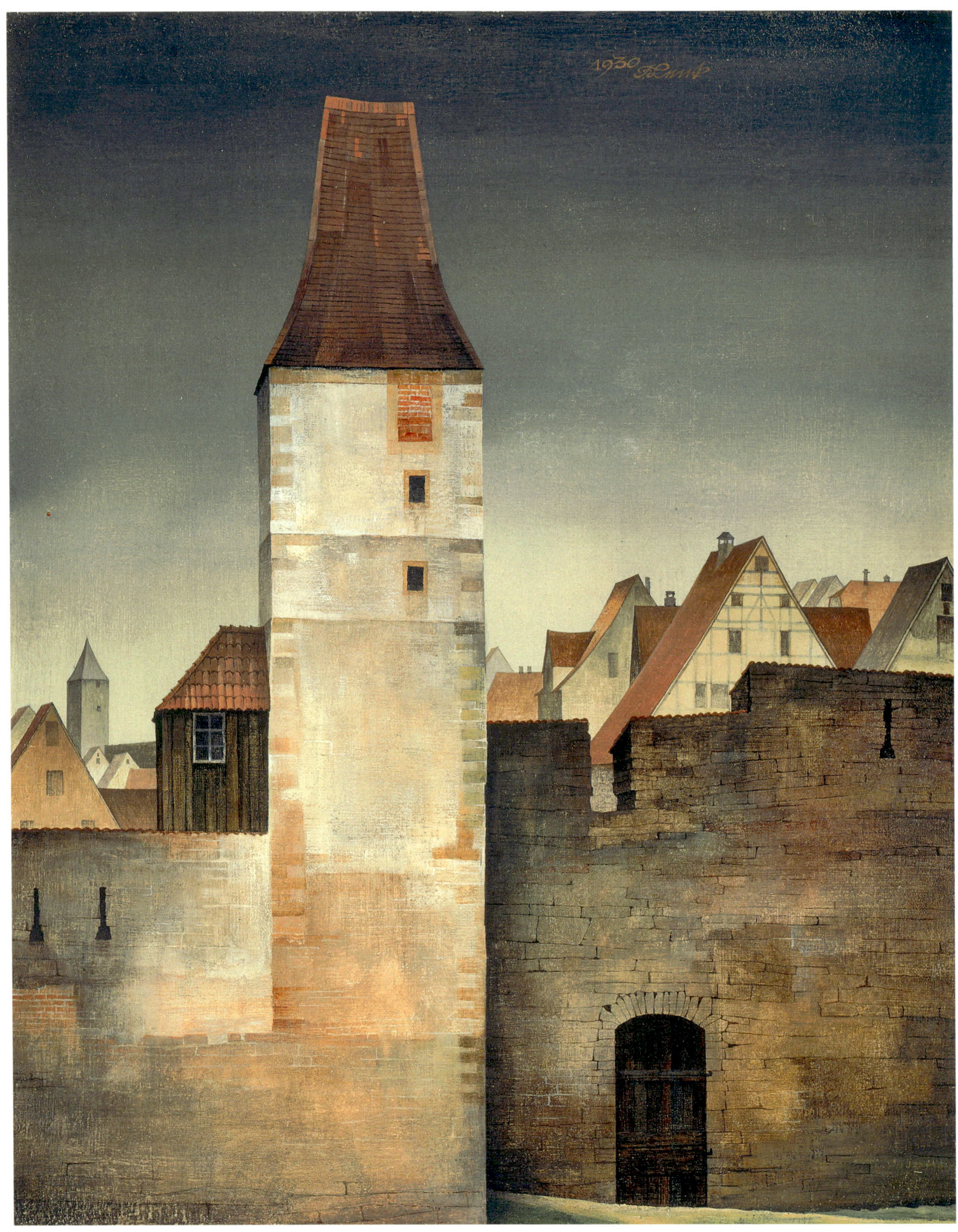

38 — **Stadtmauer in Dinkelsbühl** / 1930 / Öl und Eitempera auf Leinwand

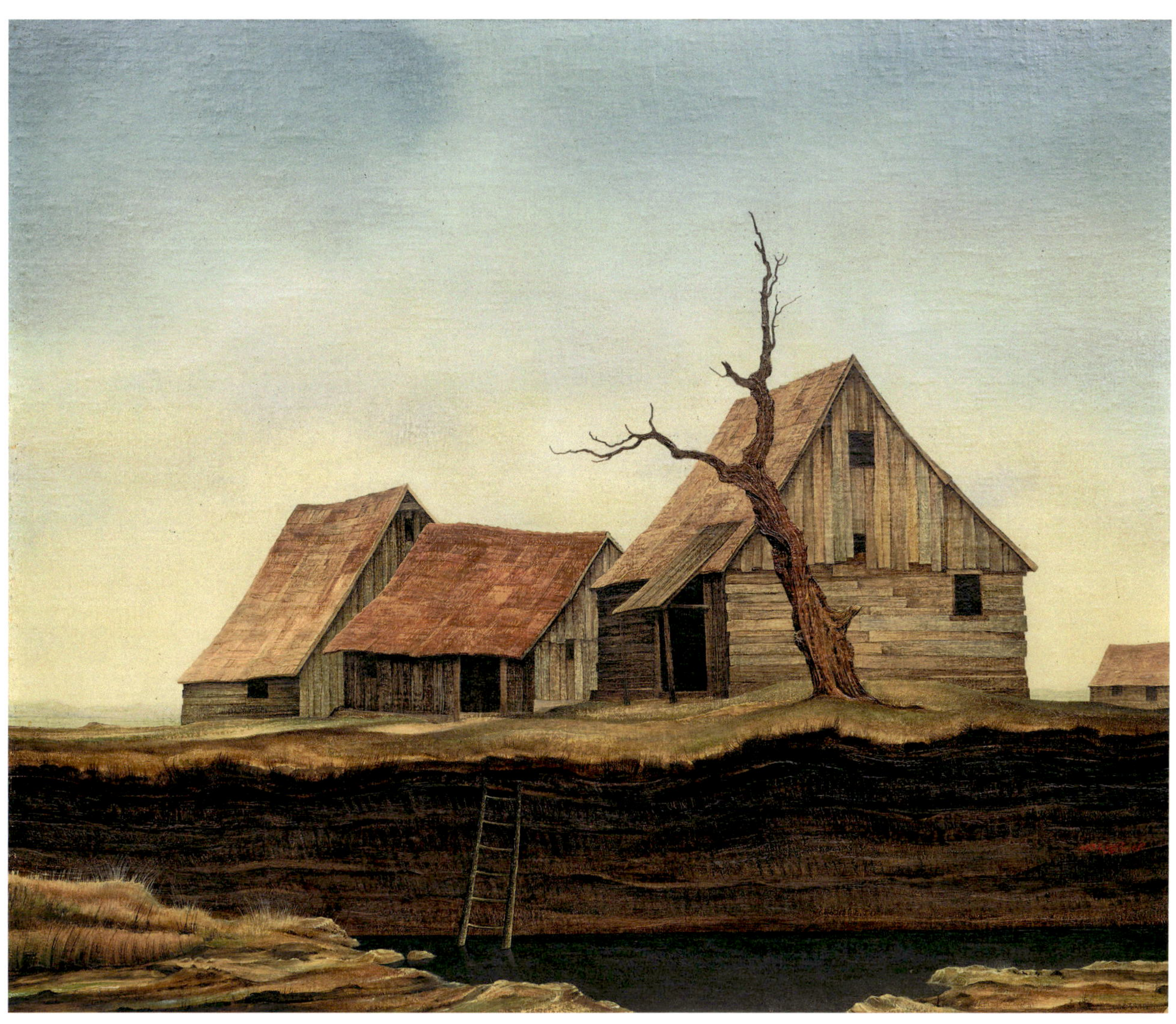

39 — **Riedhütten mit Torfstich bei Wilhelmsdorf** / 1932 / Öl und Eitempera auf Leinwand auf Holz

Die Gruppe »Die Sieben«

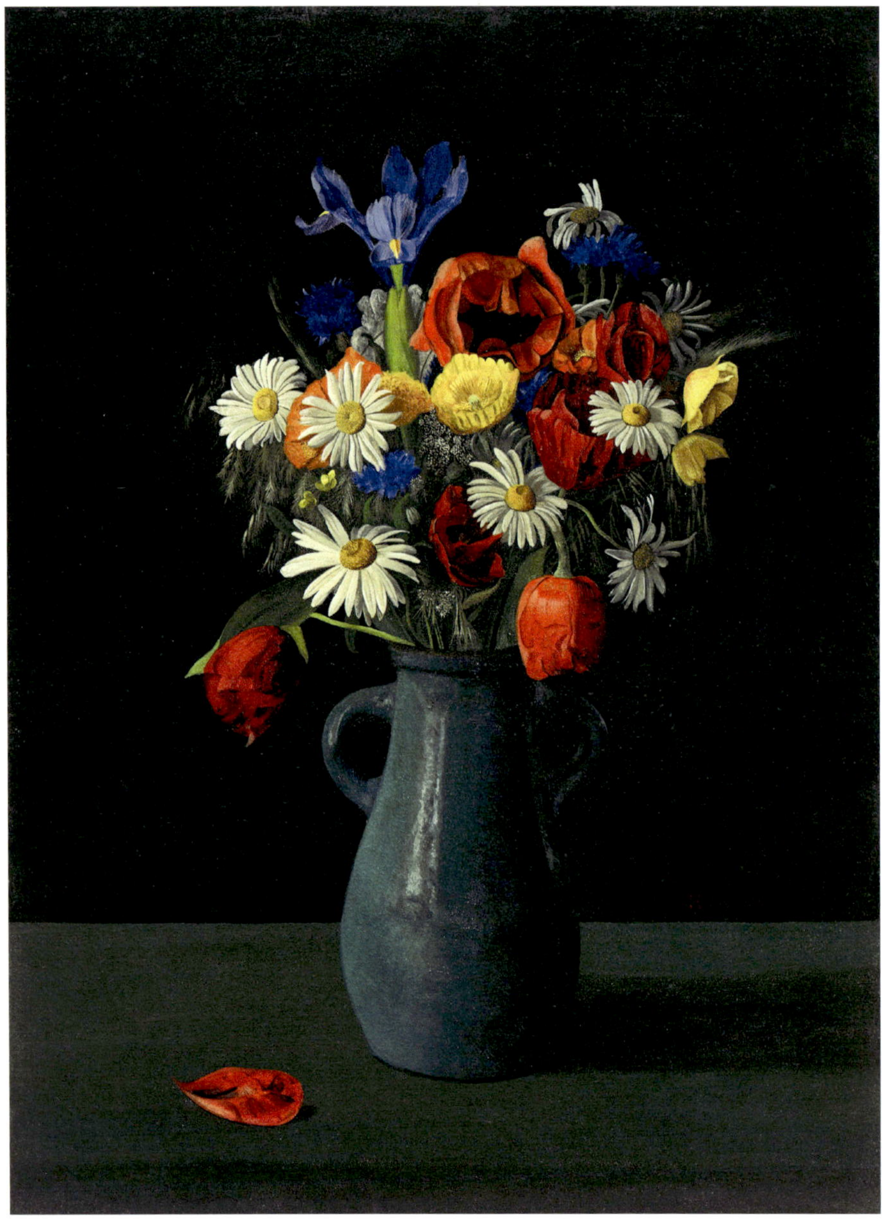

40 — **Hasso von Hugo** (1897–1945) /
Blumenstück / um 1925–1930 /
Öl auf Sperrholz

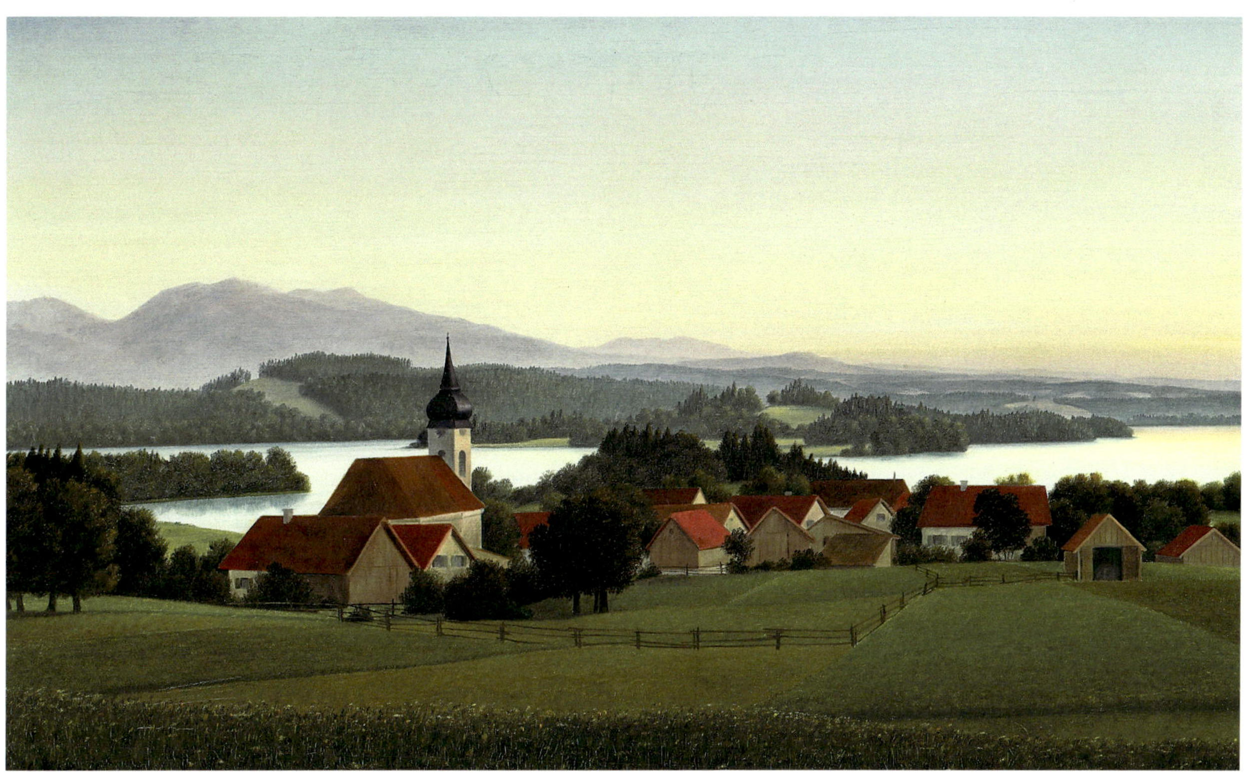

41 — **Georg Schrimpf** (1889–1938) / **Abendstimmung am Staffelsee** / 1932 / Öl auf Leinwand

Im Herbst 1931 entwickelte Franz Lenk zusammen mit dem Maler Hasso von Hugo und Richart Reiche, Leiter des Barmer Kunstvereins und der Bochumer Gemäldegalerie, die Idee einer Gemeinschaftsausstellung. Reiche sprach die Maler Theo Champion, Adolf Dietrich, Alexander Kanoldt, Franz Radziwill und Georg Schrimpf brieflich an und erklärte, falls auch sie in ihrem Schaffen »einen Geist und eine Gesinnung wirksam sehen, die sie miteinander verbindet und von anderen Malergruppen unterscheidet«, dann solle die Beschränkung auf sieben Beteiligte zugleich Programm sein.

Er schlug für die Schau den Titel »Ausstellung der Sieben« vor, denn »es wäre verfehlt [...] vorab einen Namen zu prägen und [...] eine Etikette anzuhängen, die für die Schaffenden ohne jede Verpflichtung, für das Volk aber nur eine Quelle weiterer Kunstverwirrung sein würde. Was Sie wollen, mögen Ihre Werke sagen.« Nach Vorliegen aller Zusagen warb Reiche bei Museen und Kunstvereinen um die Übernahme der Ausstellung. Er beschrieb die Gruppe als Bewegung, die »von richtungsgebender Bedeutung für den von der deutschen Malerei gesuchten Weg zu sein scheint«.

Die Ausstellung *Neue deutsche Romantik – Die Gruppe ›Die Sieben‹* eröffnete am 6. März 1932 in der Städtischen Gemäldegalerie Bochum, anschließend wurde sie bis Herbst 1932 in Barmen, Krefeld, Köln und Düsseldorf gezeigt. Von Franz Lenk waren 27 Werke, darunter 13 Gemälde zu sehen, u. a. die Bilder »Hinterhäuser« (Kat. 30) und »St. Lorenzi« (Kat. 37).

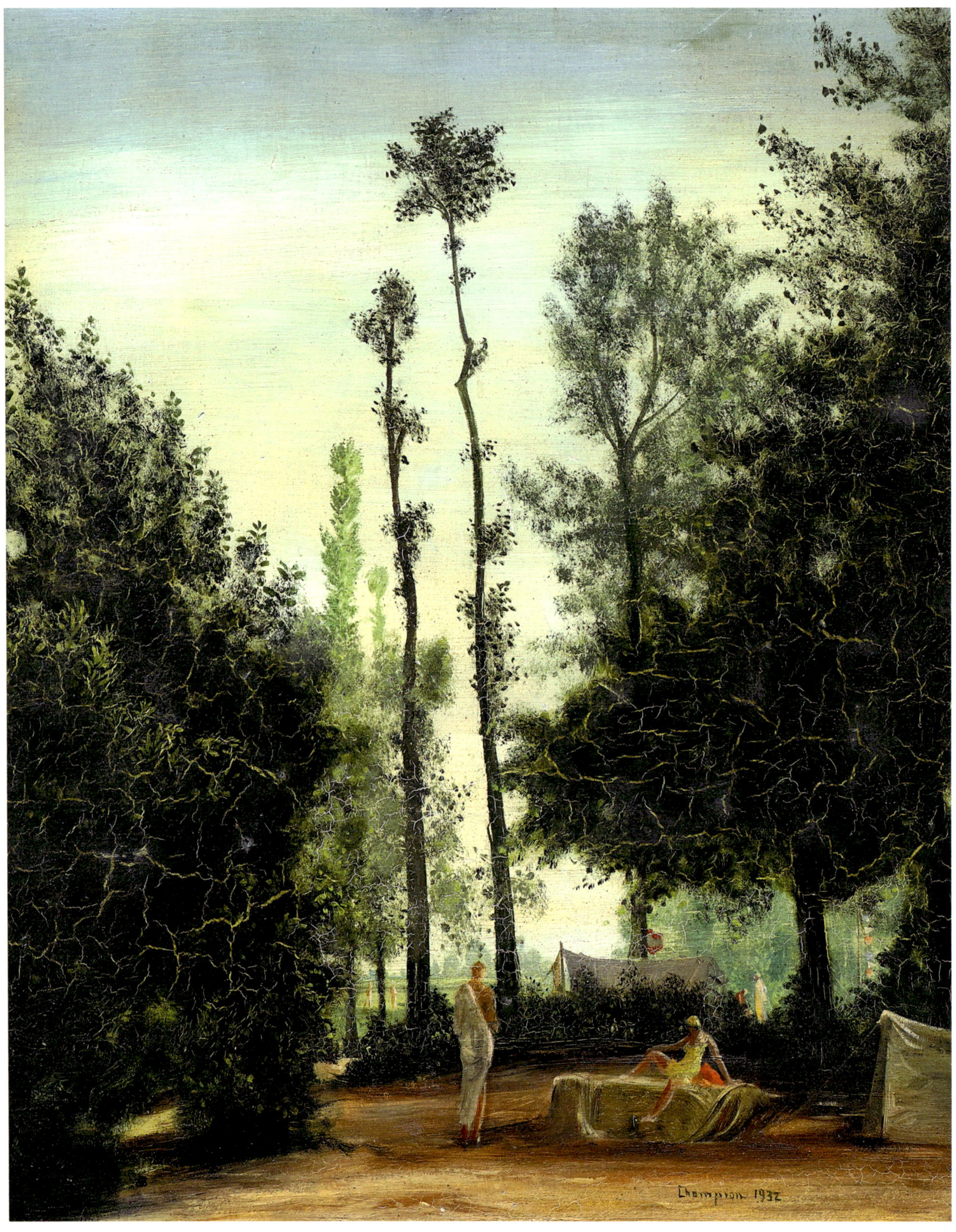

42 — **Theo Champion** (1887–1952) / **Zeltlager** / 1932 / Öl auf Hartfaserplatte

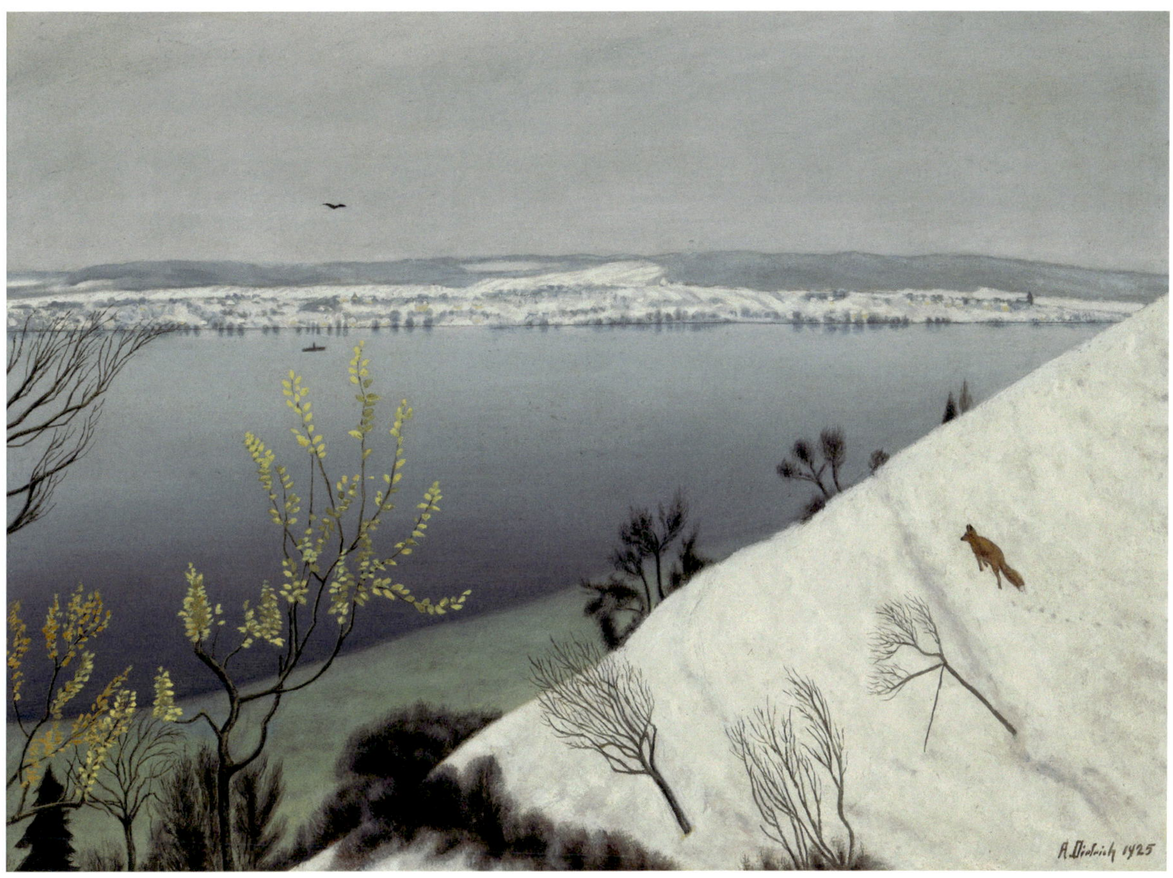

43 — **Adolf Dietrich** (1877–1957) / **Winterlandschaft** / 1925 / Öl auf Karton

Im Katalog schrieb der deutschnationale Kunstkritiker Richard Biedrzynski. Er hob »Klarheit und Ordnung« als Weg aus der »Vertrauenskrise der Kunst, die ihr Publikum durch verbogene Konstruktionen und durch die Tünche intellektueller Problematik verscherzt hat« hervor und lobte die handwerkliche Qualität der Malerei sowie ein in den Werken sichtbares »beglückendes Naturgefühl, eine gottesdienstähnliche Demut vor der Größe der Schöpfung, die selbst im kleinen nicht den Rang verliert.«
Betont wurde die Herkunft der »Sieben« aus verschiedenen Regionen: Radziwill aus Norddeutschland, Champion aus dem Rheinland, von Hugo aus Berlin, Lenk aus Thüringen, Kanoldt aus den Voralpen, Dietrich vom Bodensee und Schrimpf aus München. Die Werke von Lenk und Schrimpf wurden von der Kritik als »Kernstücke« der Schau, zwischen der naiven Malerei Dietrichs und der expressionistisch geprägten Radziwills angesehen.

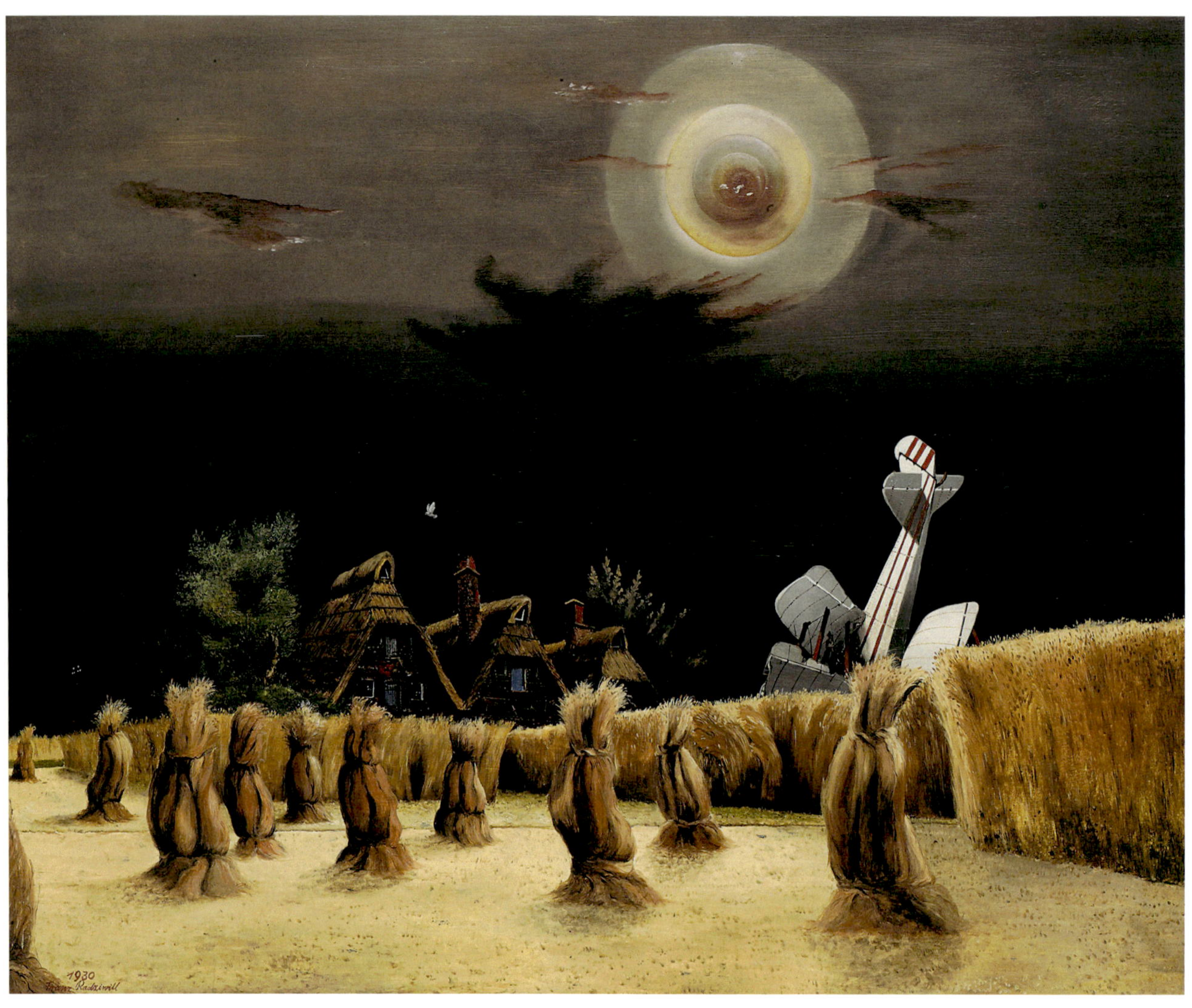

44 — **Franz Radziwill** (1895–1938) / **Flugzeugabsturz ins Kornfeld** / 1930 / Öl auf Holz

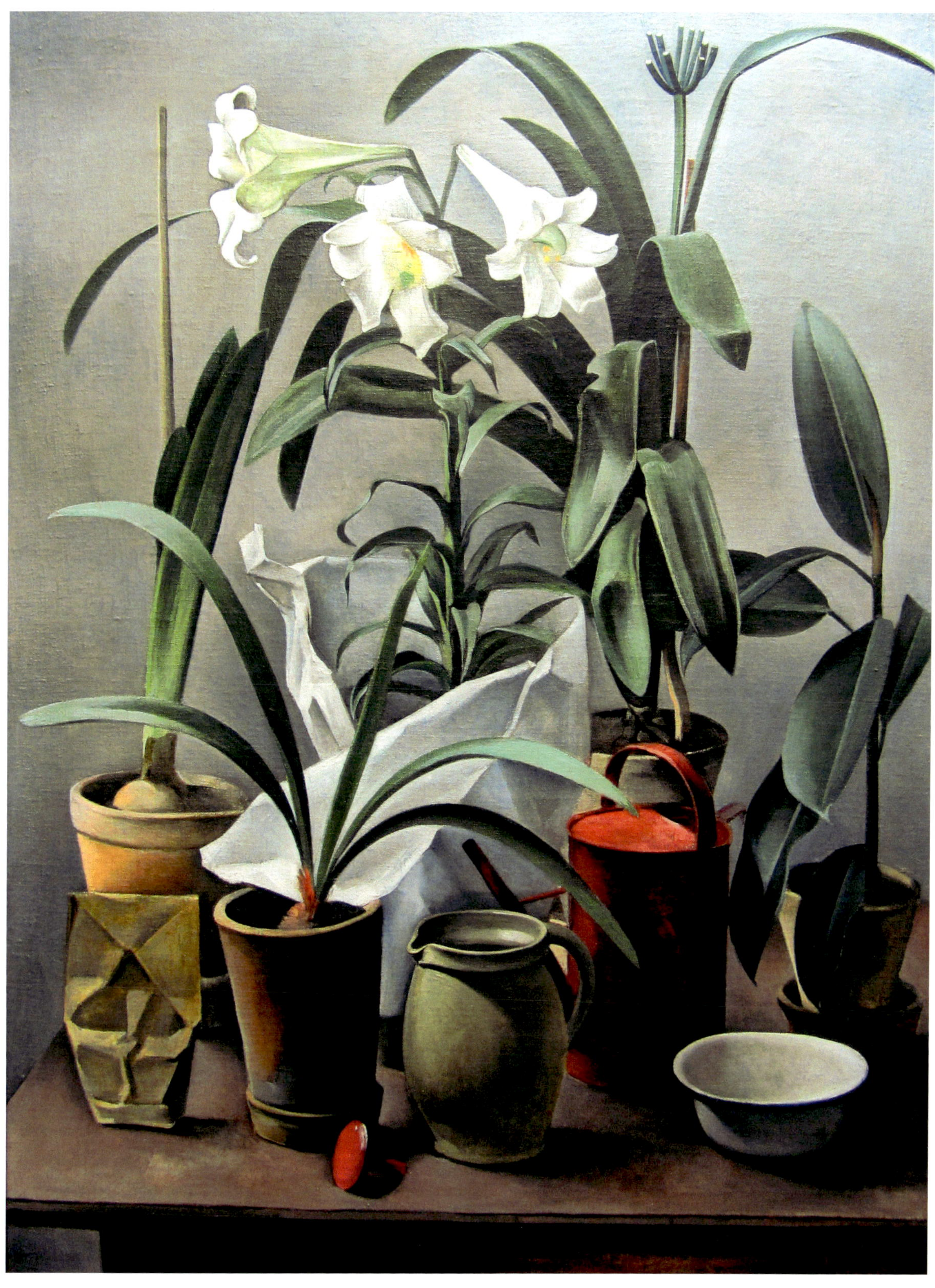

45 — **Alexander Kanoldt** (1881–1939) / **Blumenstillleben mit Lilie** / 1929 / Öl auf Leinwand

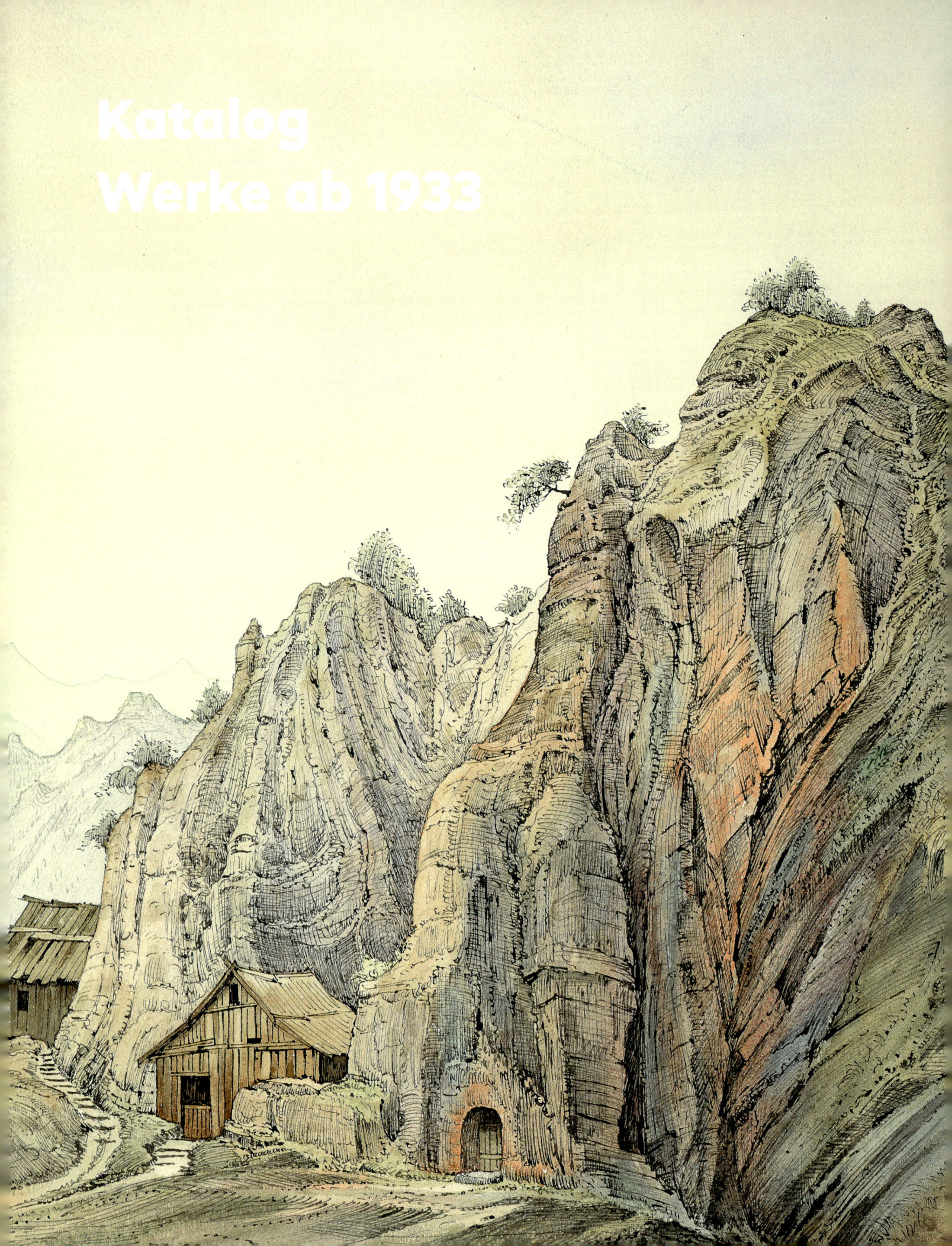
Katalog
Werke ab 1933

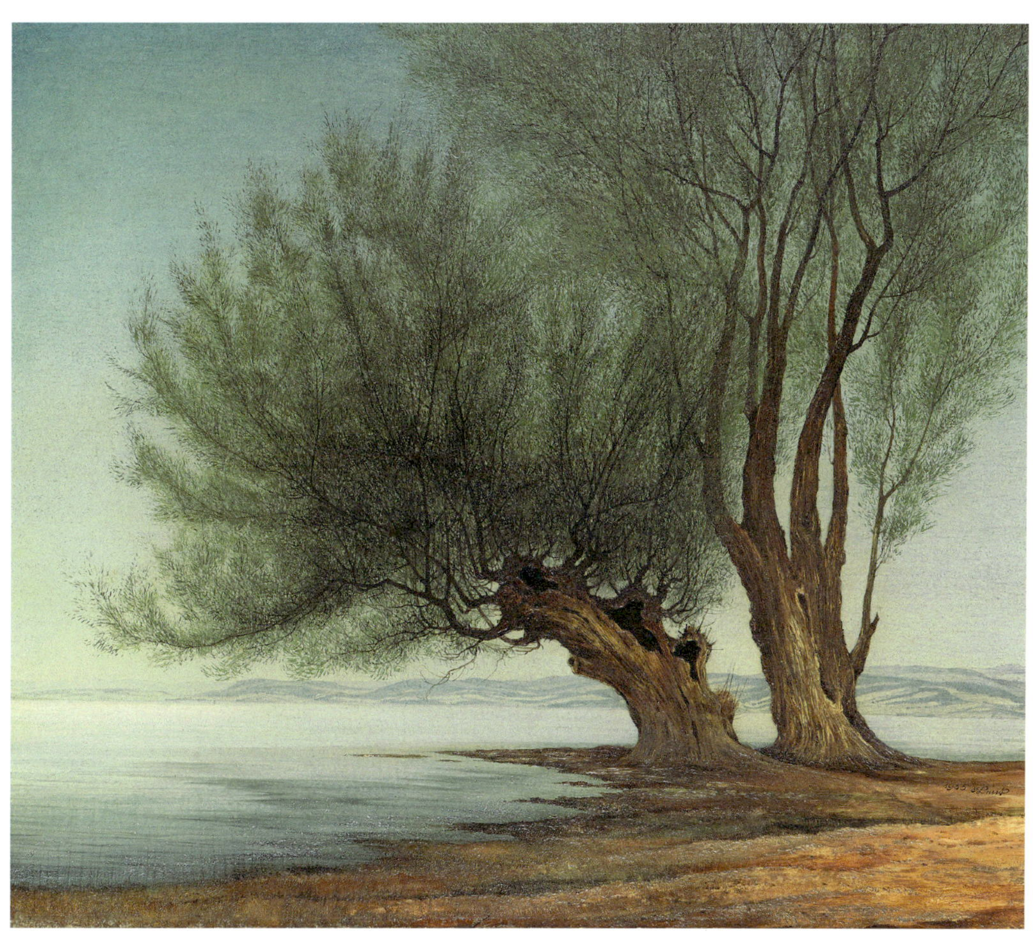

46 — **Weiden am Wasser** / 1933 / Öl und Eitempera auf Leinwand

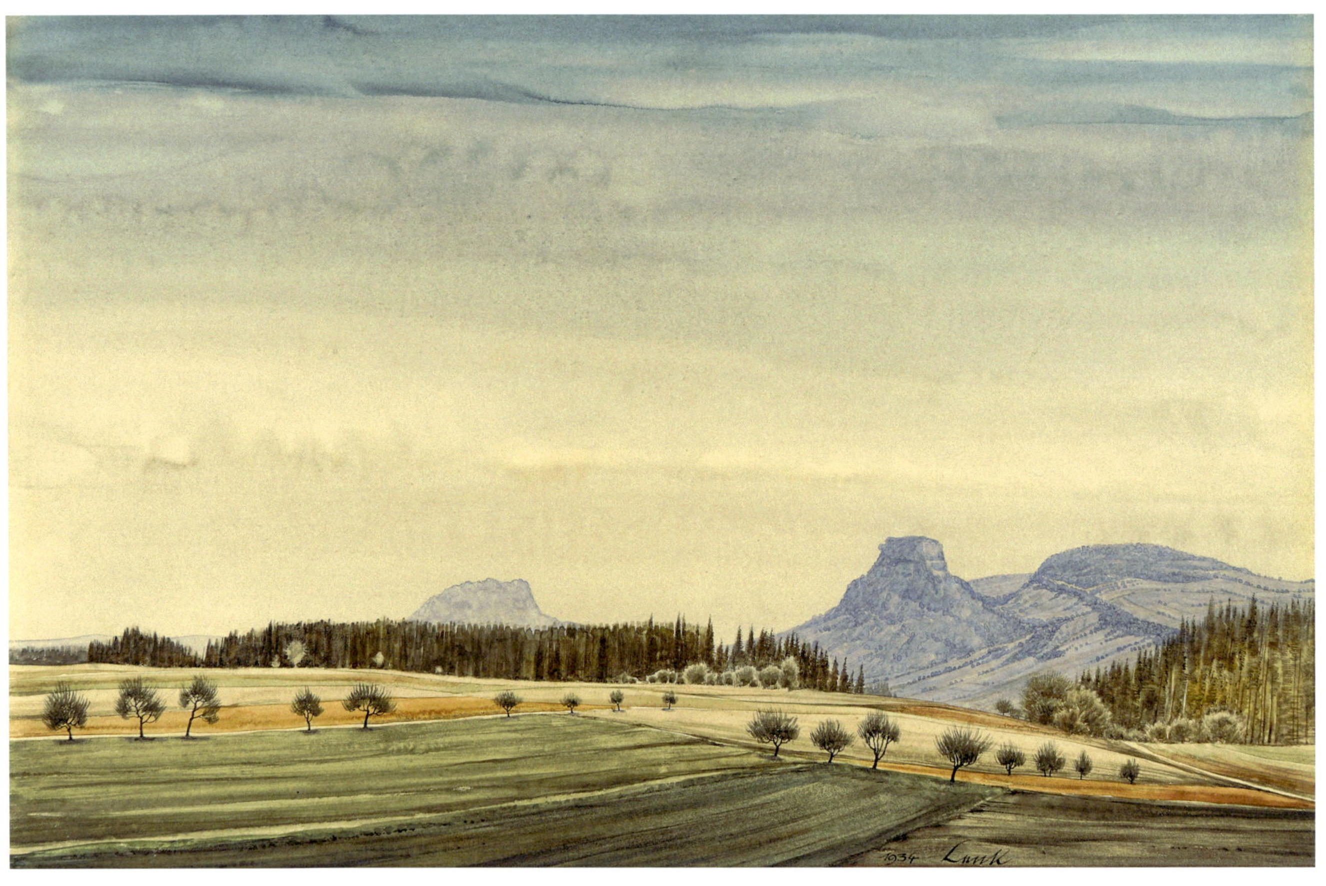

47 — **Hegaulandschaft mit Hohentwiel** / 1934 / Bleistift, Aquarell

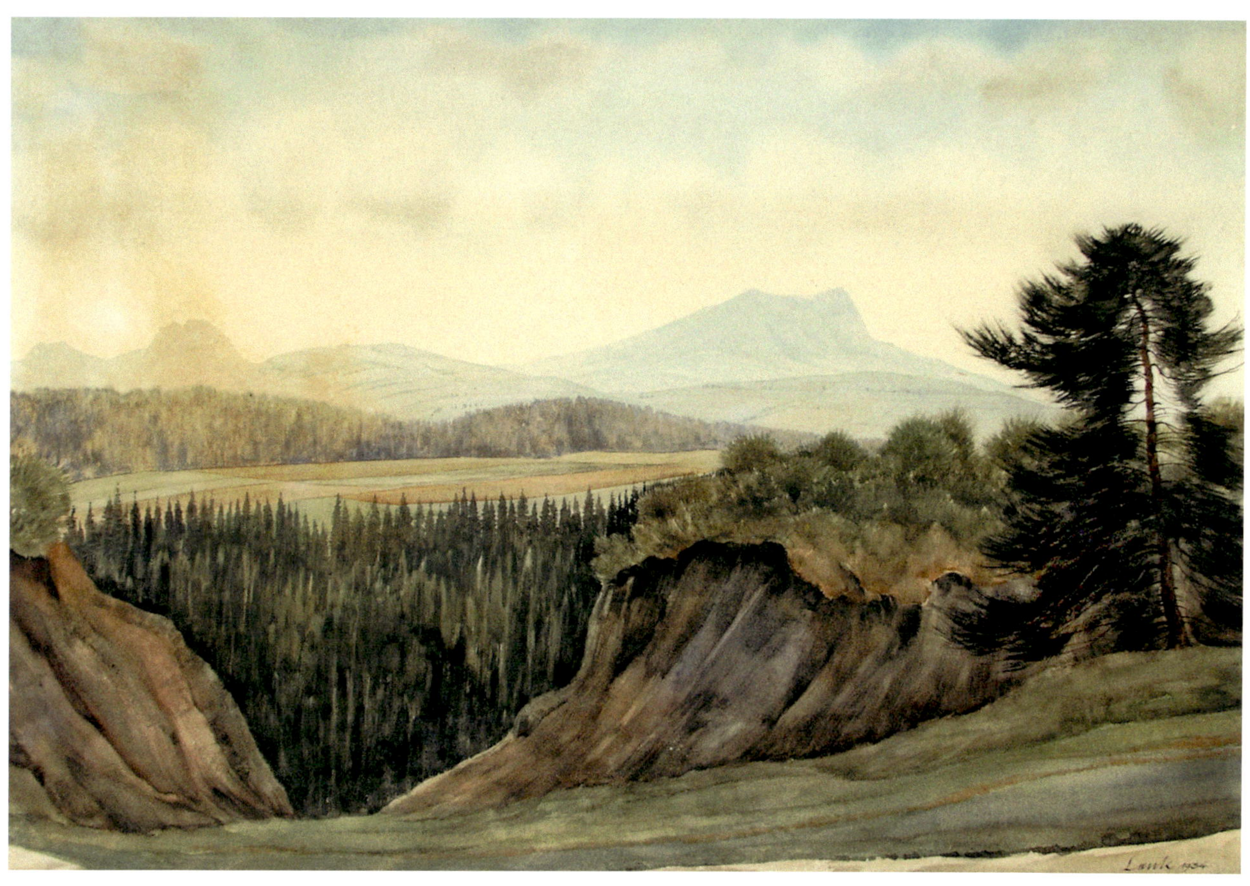

48 — **Hegaulandschaft mit Hohenstoffeln** / 1934 / Bleistift, Aquarell

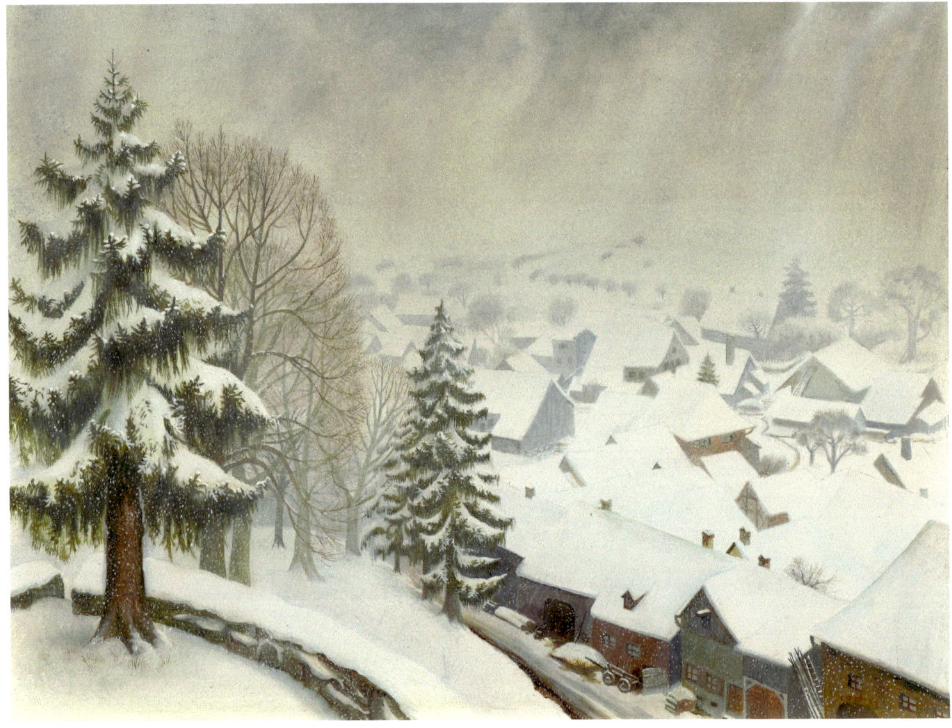

49 — **Otto Dix** (1891–1969) /
Wintertag in Randegg / 1933 /
Mischtechnik auf Holz

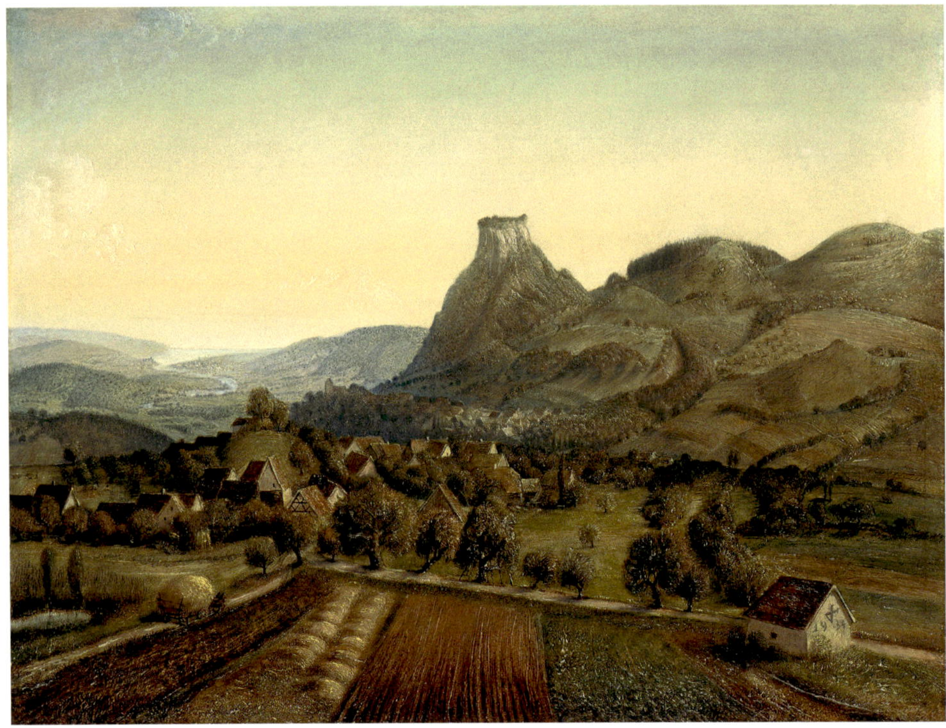

50 — **Otto Dix** (1891–1969) /
Der Hohenkrähen im Hegau /
1934 / Mischtechnik (Öl, Tempera)
auf Hartfaserplatte

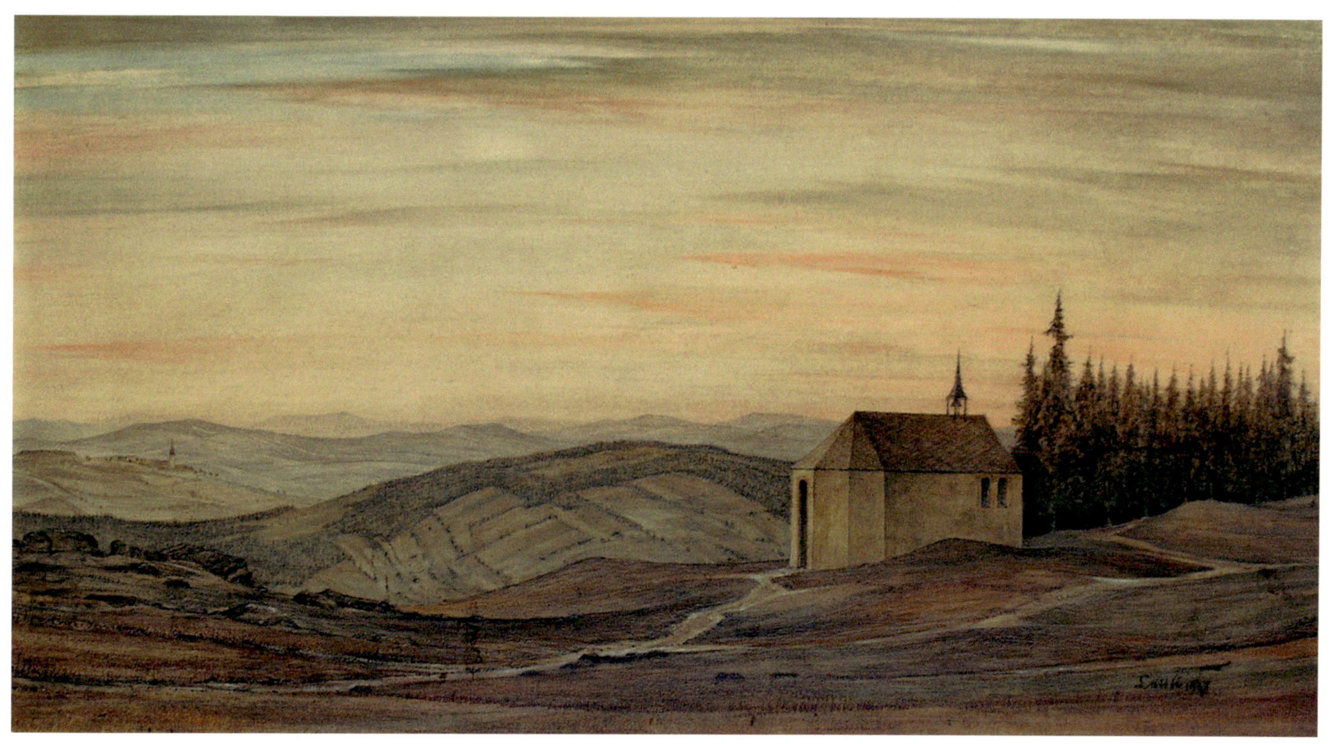

51 — **Kapelle im Hegau** / 1937 / Öl und Eitempera auf Holz

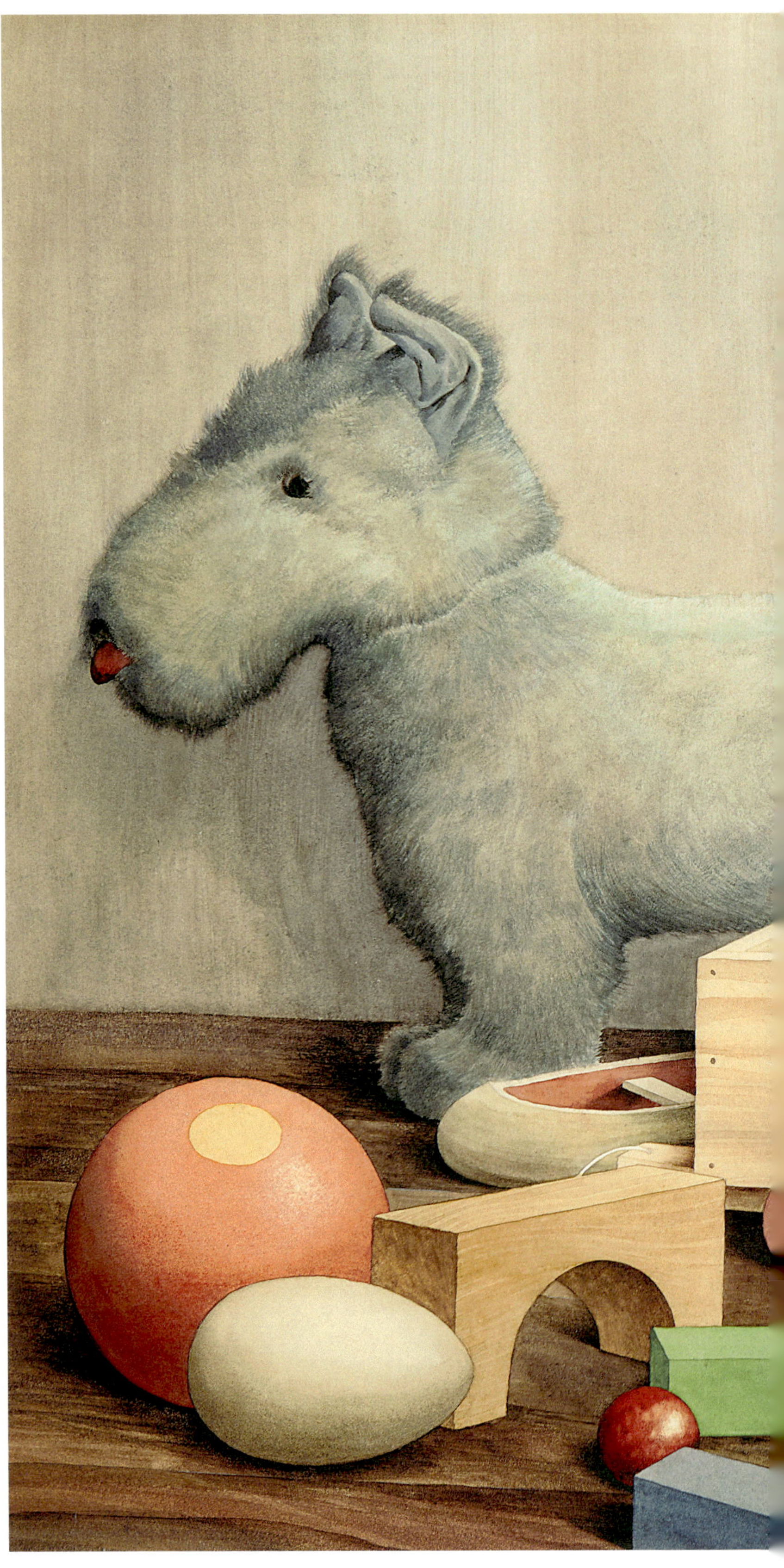

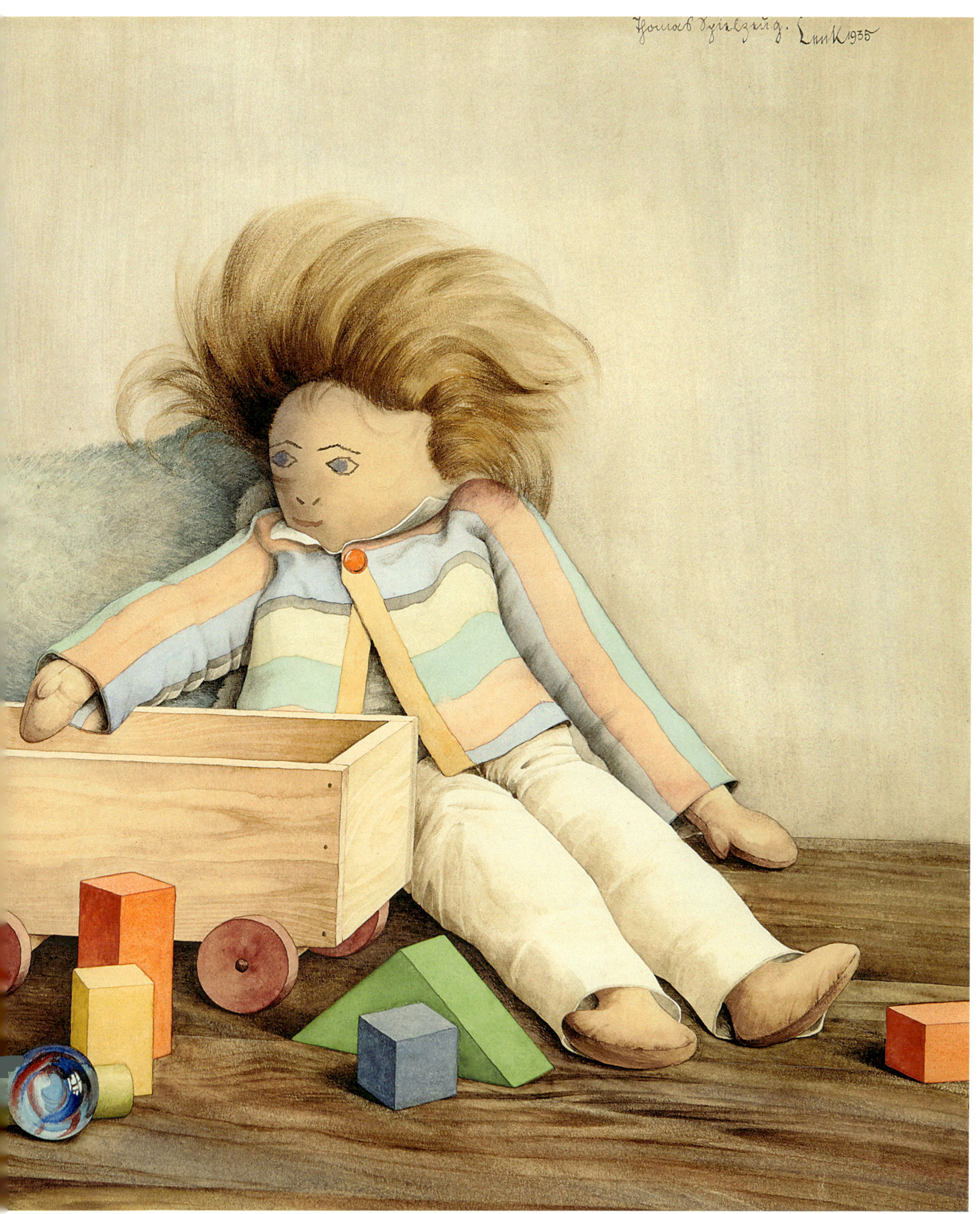

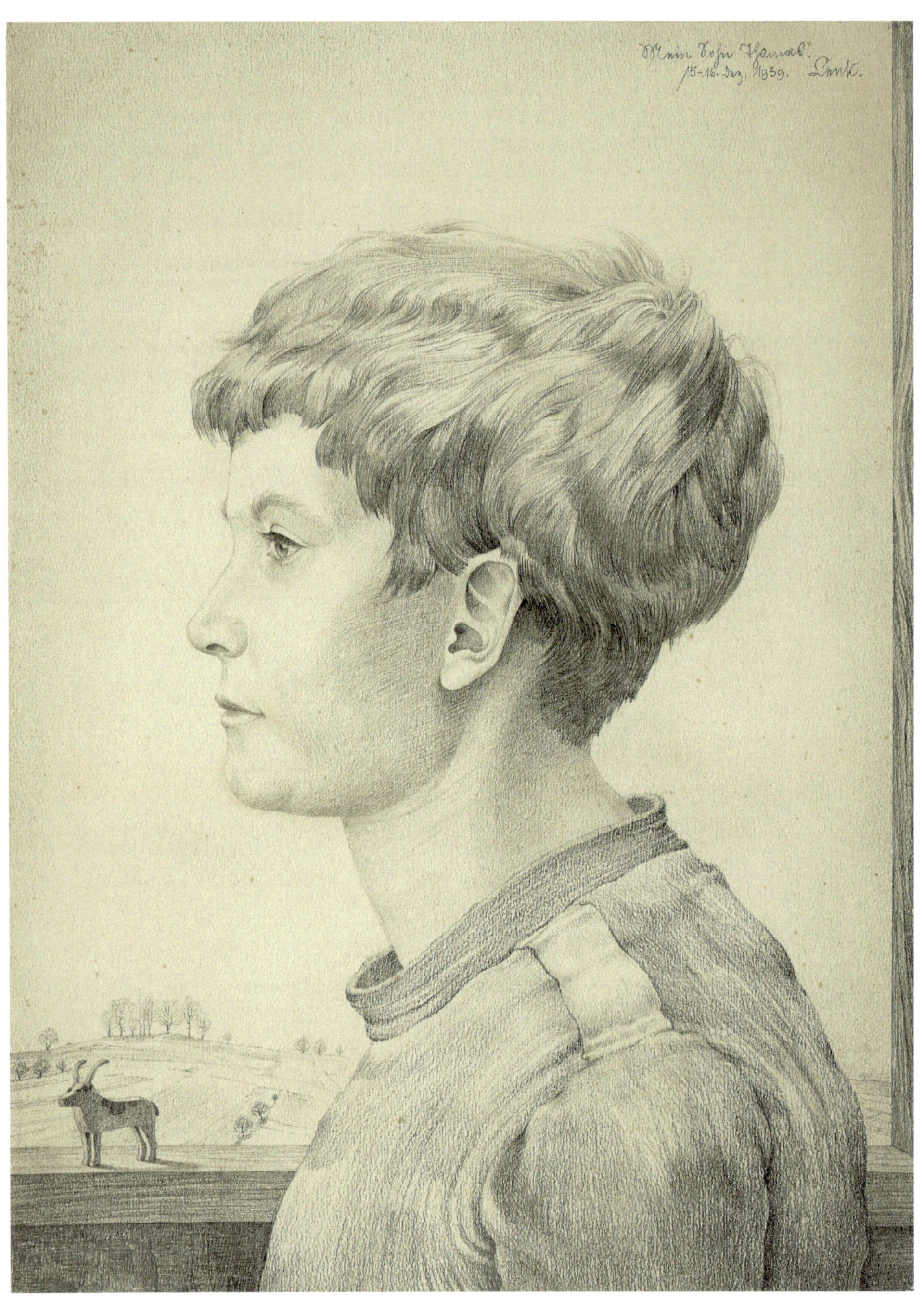

53 — **Bildnis des Sohnes Thomas Lenk** / 1939 / Bleistift

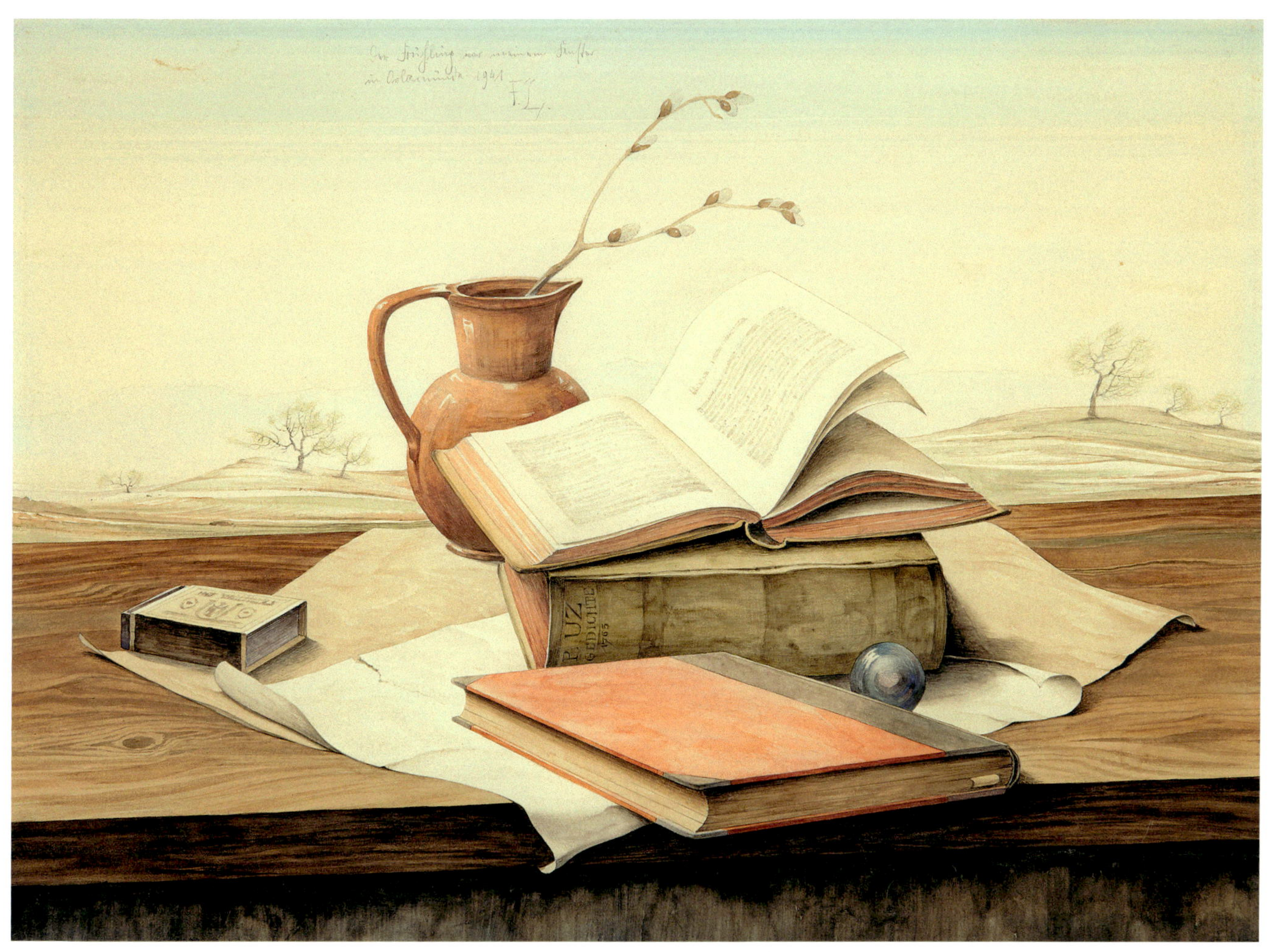

54 — **Der Frühling von meinem Fenster in Orlamünde** / 1941 / Bleistift, Aquarell

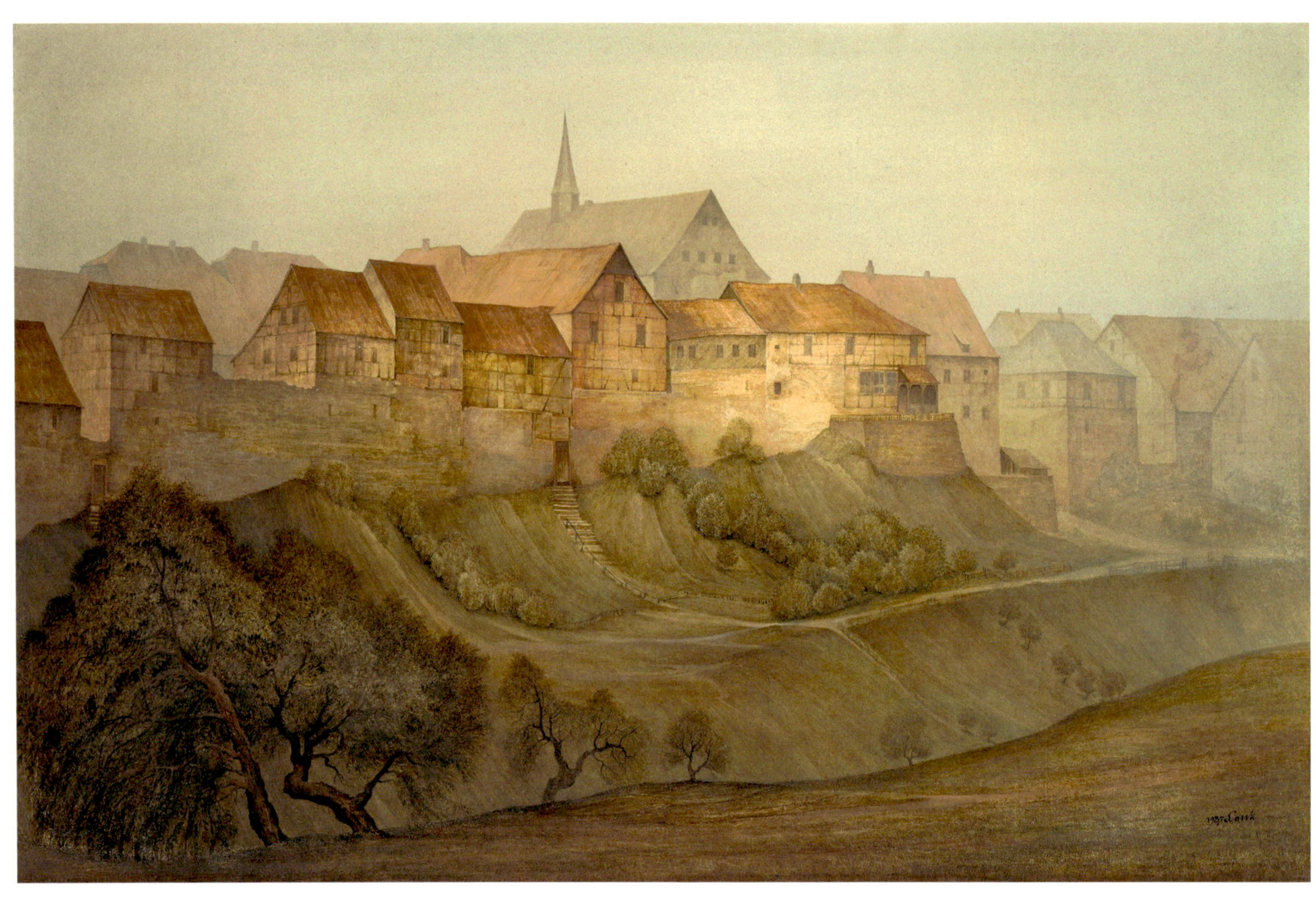

55 — **Orlamünde im Nebel** / 1937 / Öl und Eitempera auf Leinwand auf Holz

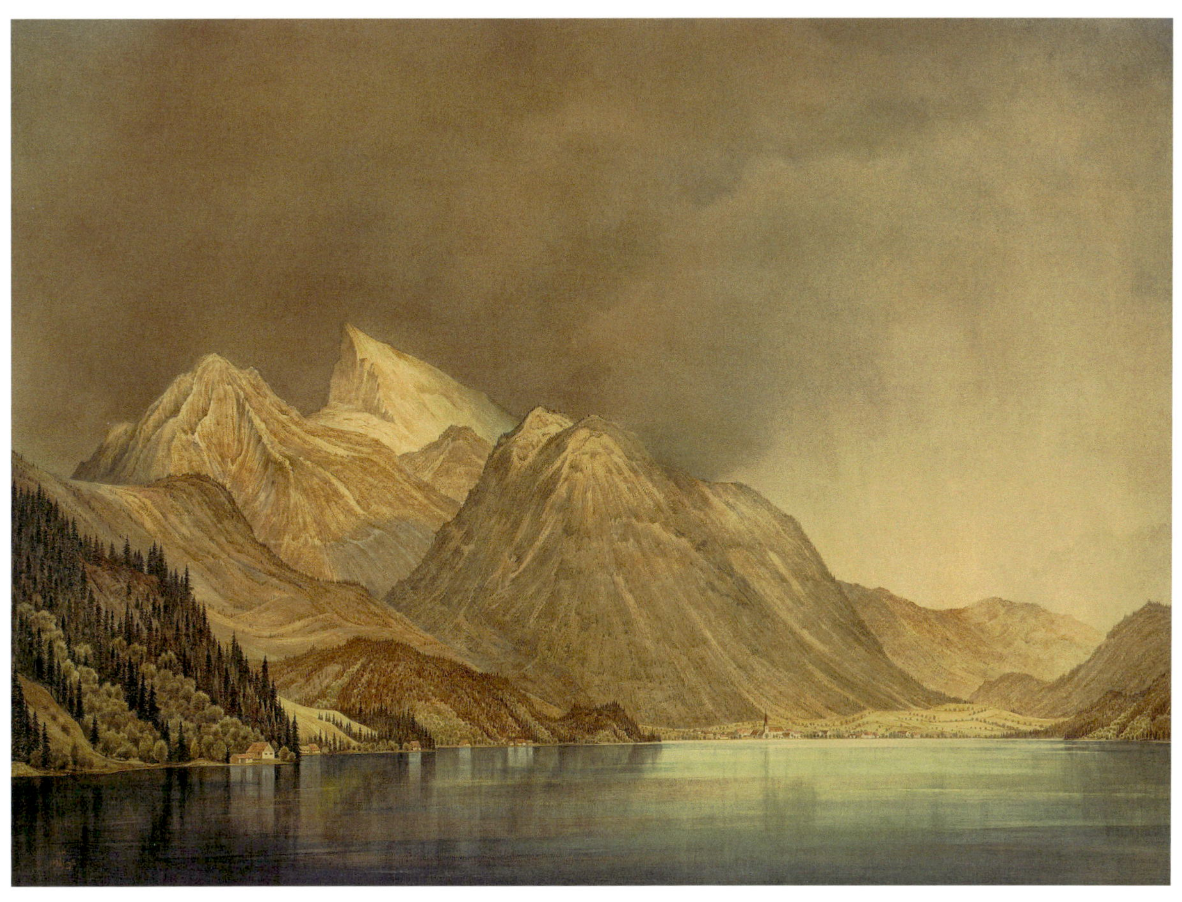

56 — **Fuschlsee bei Gewitter** / 1942 / Öl und Tempera auf Leinwand auf Holz

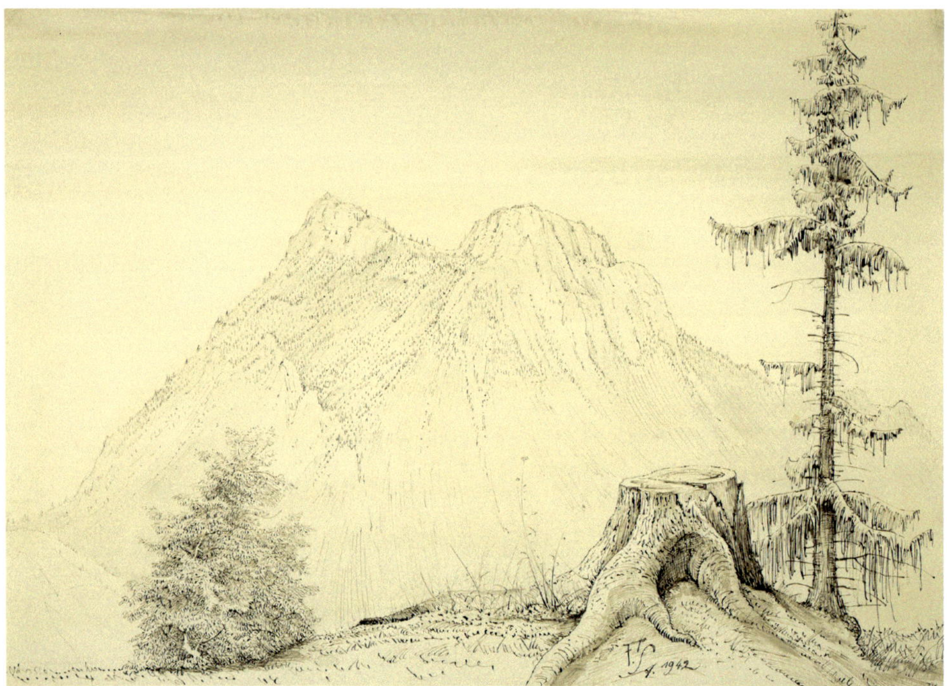

57 — **Quelle** / 1942 /
Bleistift, Tusche, Aquarell

58 — **Baumstumpf** / 1942 /
Tusche, Aquarell

59 — **Die Schlucht** / 1941 / Tusche, Aquarell

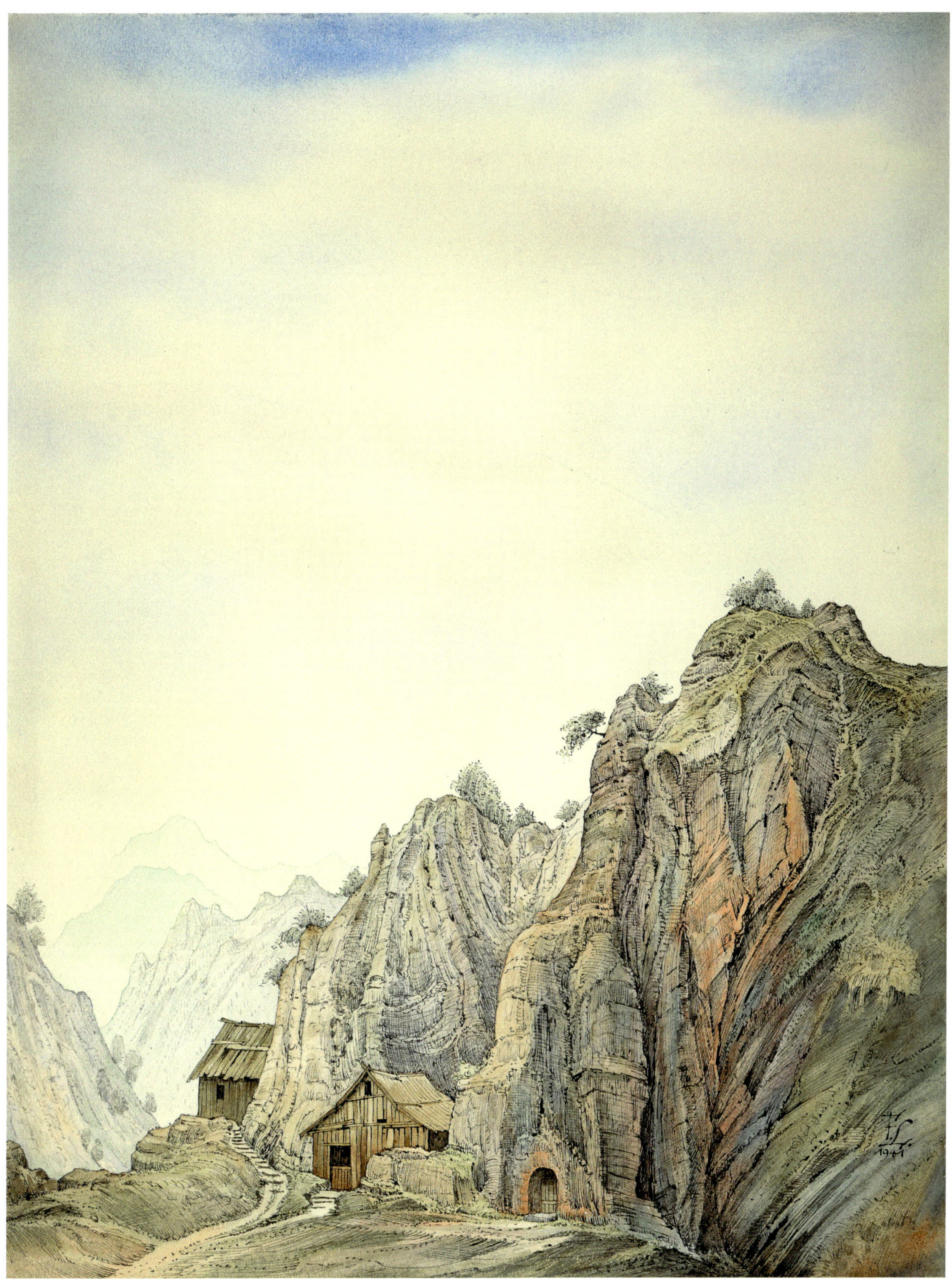

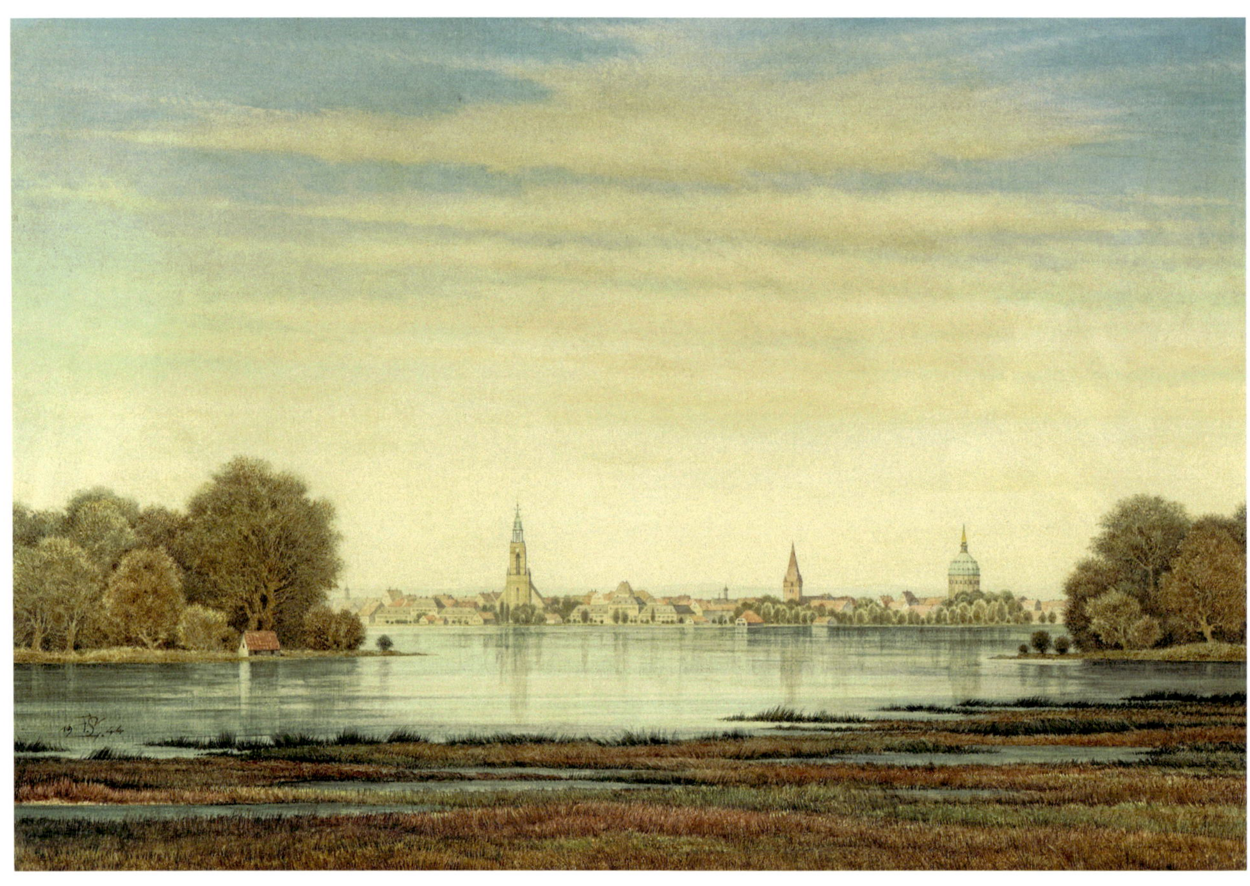

60 — **Blick auf Potsdam** / 1944 / Öl und Eitempera auf Leinwand auf Holz

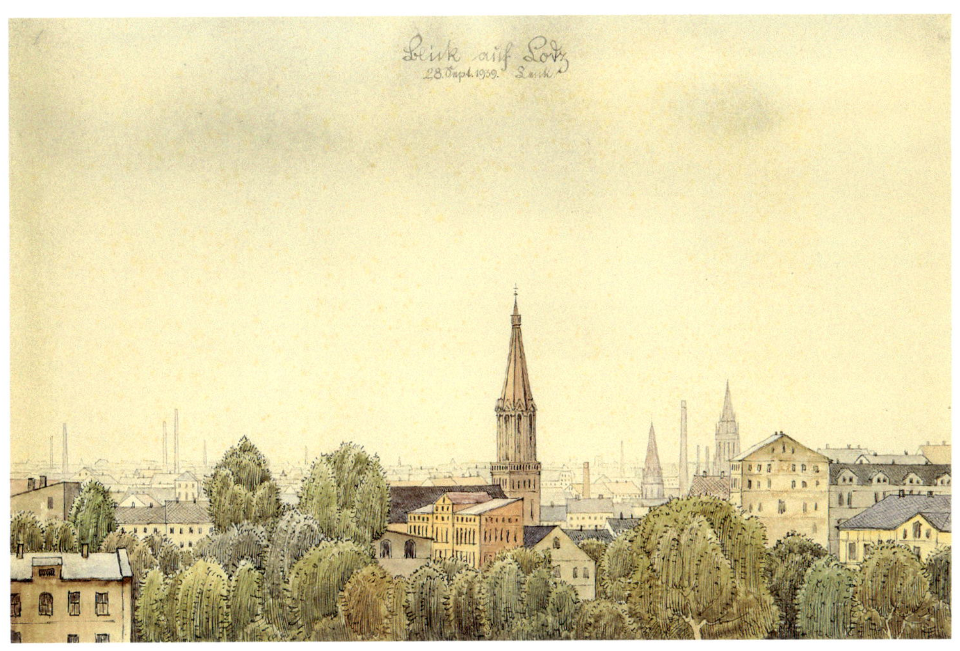

61 — **Blick auf Lodz** / 1939 / Bleistift, Tusche, Aquarell

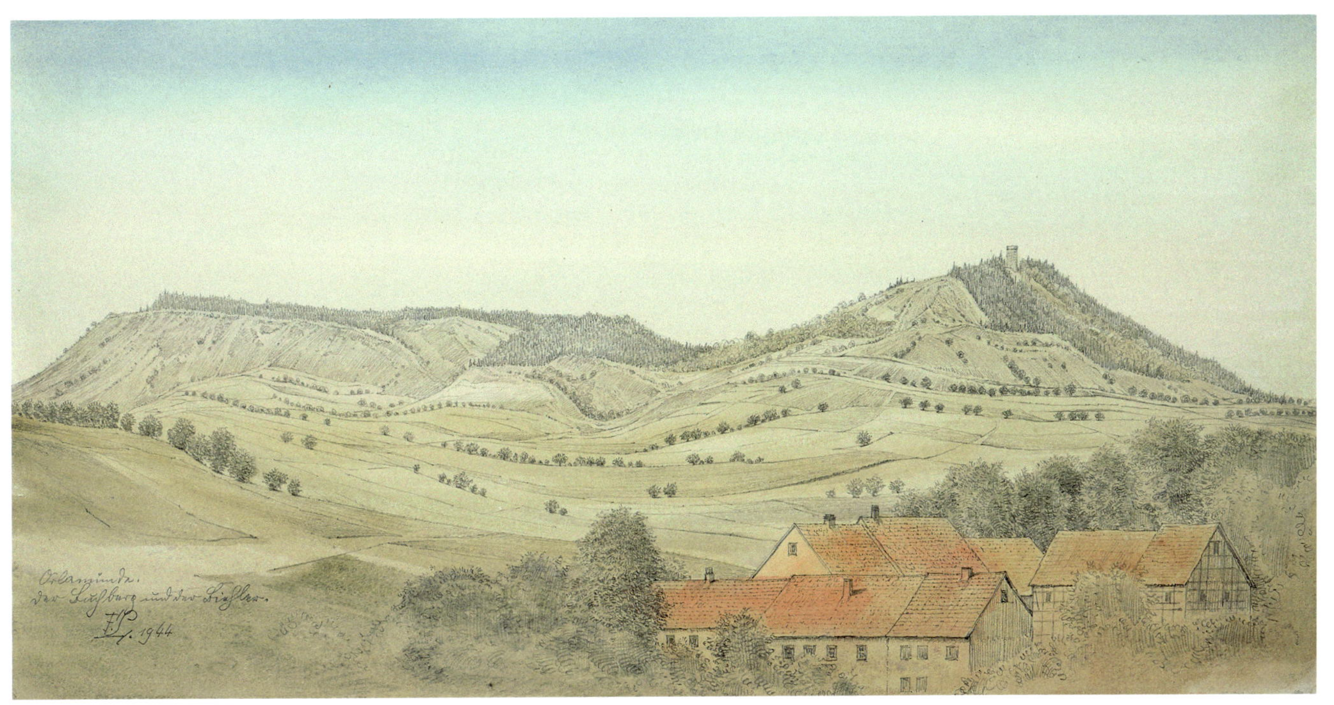

62 — **Orlamünde** / 1944 / Bleistift, Aquarell

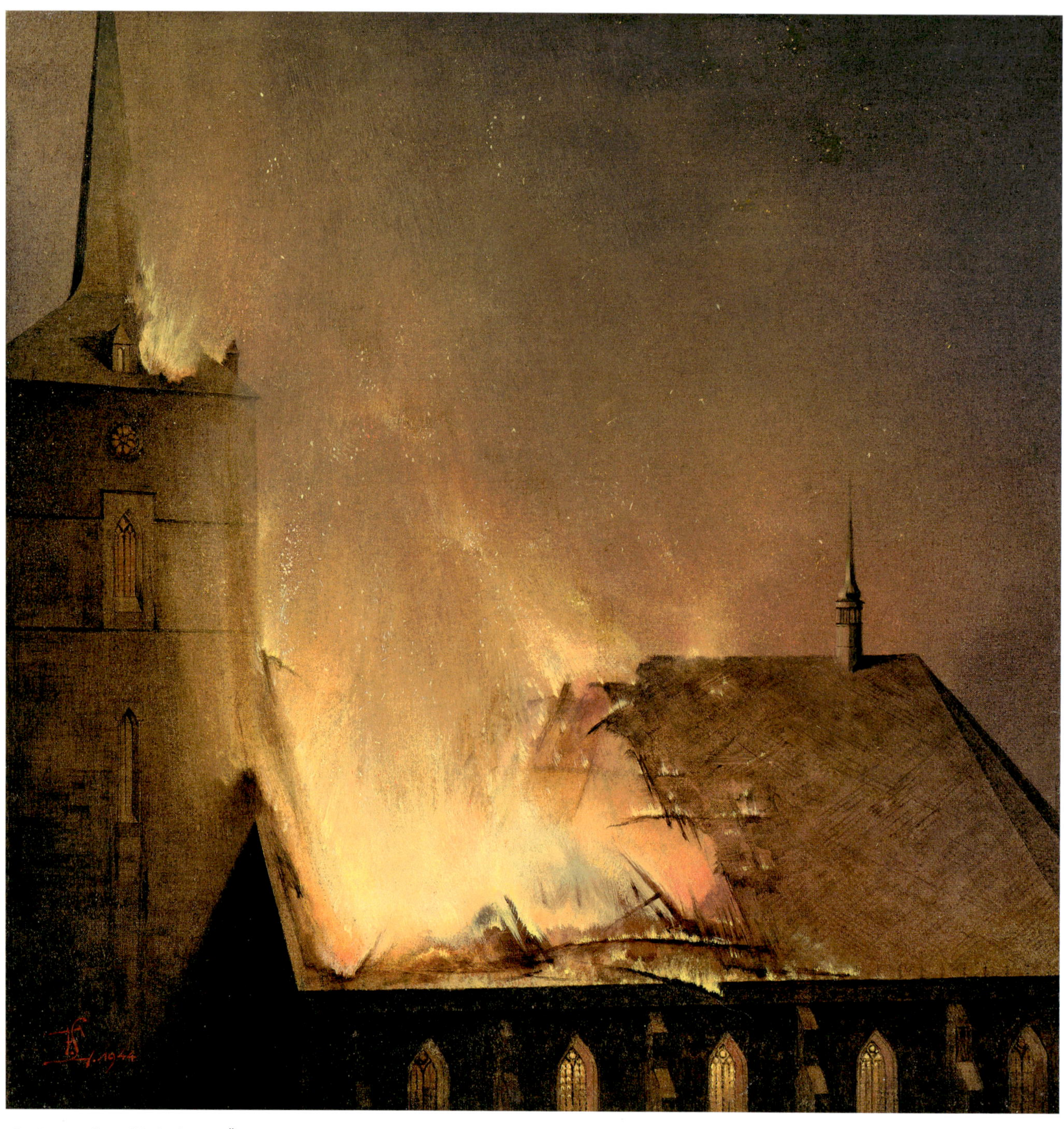

63 — **Brennende Dorfkirche** / 1944 / Öl und Tempera auf Leinwand auf Sperrholz

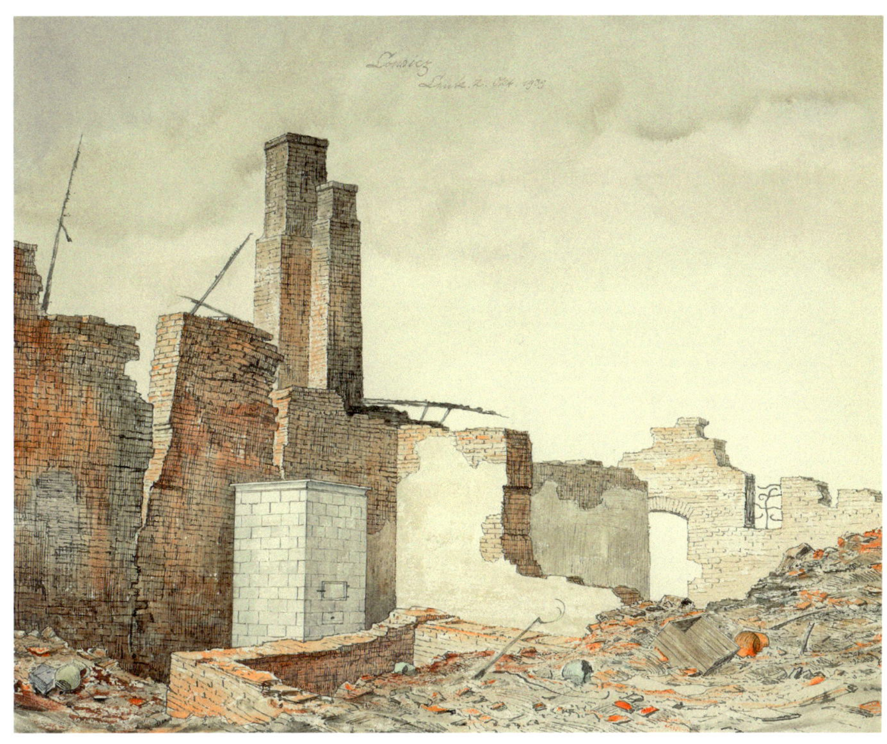

64 — **Lowicz I** (Ruine mit Kachelofen) /
1939 /Tusche, Aquarell

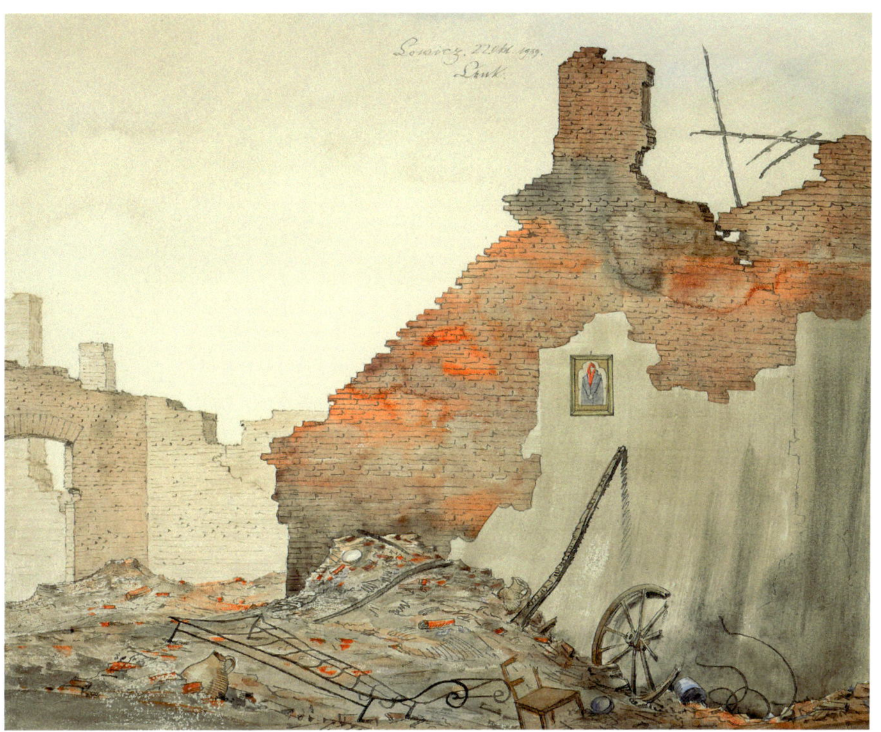

65 — **Lowicz II** (Ruine mit Madonnenbild) /
1939 /Tusche, Aquarell

Der Müllhaufen als Memento mori.
Die Stillleben von Franz Lenk

Barbara Stark

Nach den Landschaften bilden Stillleben im Œuvre von Franz Lenk die zahlenmäßig größte Gruppe. Lenks Beschäftigung mit dem Thema setzte bereits Anfang der 1920er Jahre ein. Die frühen Arbeiten kennzeichnet die Vorliebe des Künstlers für einfache, unspektakuläre Dinge, denen deutliche Gebrauchsspuren anhaften. Immer wieder sind es dieselben prosaischen Gegenstände wie angeschlagene Blumentöpfe und Tassen, Malutensilien, erdige Kartoffeln, keimende Zwiebeln, leere Eierschalen oder Fallobst, die er vor meist monochromen Hintergrund sparsam in linearer Präzision in Szene setzt. Die oft in extremer Nahsicht gegebenen, kargen Ensembles sind von morbidem Charme und stiller Poesie, das Wesenhafte der Objekte tritt hervor und immer klingt zugleich der Aspekt der Vergänglichkeit an (Abb. 1 u. 2).

Die Botschaft des Memento mori ist eine bestimmende Konstante in Franz Lenks Werk und wird in den Stillleben naturgemäß besonders greifbar. Der großformatige »Müllhaufen« aus dem Jahr 1926 kann als programmatisch für seine Auseinandersetzung mit dem Thema gelten (vgl. Kat. 17). Eine Ansammlung von Hausrat – Flaschen, Töpfe, Schachteln, Konservendosen, Drähte und Schnüre, verdorbene Früchte und vieles mehr, zum Teil zur Unkenntlichkeit in- und übereinander geschoben und zu einer braunen Masse verschmolzen – türmt der Maler in leichter Untersicht zu einem Berg des Nutzlosgewordenen auf. Was auf den ersten Blick wie planlos zusammengewürfelt scheint, entpuppt sich bei genauerem Hinsehen als arrangierte Komposition und melancholische Bestandsaufnahme einer Zeit, in der die Folgen des Ersten Weltkrieges noch spürbar waren, und sich der Künstler mit dem Umzug von Dresden nach Berlin zu einem Neuanfang entschloss. Diese persönliche Veränderung erklärt, dass die Titelseite einer längst nicht mehr aktuellen Dresdner Tageszeitung ebenso zum Abfall wanderte wie ein verblichenes Bildnis in einem zerbrochenen Rahmen. Weiterhin ist auf der Halde ein ungeöffnetes Paket zu finden, das seinen Adressaten nie erreicht hat und auf dem Deckel einer ausrangierten Brotschachtel sticht der Vers »Unser täglich Br[ot] gib uns heute« des Vaterunser ins Auge. All diese Chiffren des Vergangenen und Sinnentleerten lassen sich sowohl als gesellschaftsbezogene wie private Kommentare verstehen und formieren sich in der Summe zu einem eindrücklichen Sinnbild der Vergänglichkeit.

Während der »Müllhaufen« aufgrund seines pastosen Farbauftrags und des warmen, erdigen Kolorits ausgesprochen malerisch wirkt, ist das ein Jahr später entstandene »Stillleben mit Gießkanne, Eimer und Bretterkiste«, in dem Lenk erstmals die sein Werk dominierenden Motivgruppen – Landschaft und Stillleben – zu verbinden sucht, in glatter Öllasurtechnik angelegt (vgl. Kat. 21). Die Ikonografie konzentriert sich auf reale, der äußeren Welt entnommene Gegenstände; Gießkanne, Eimer, Kiste und Topfpflanze sind hart in den Vorder-

"

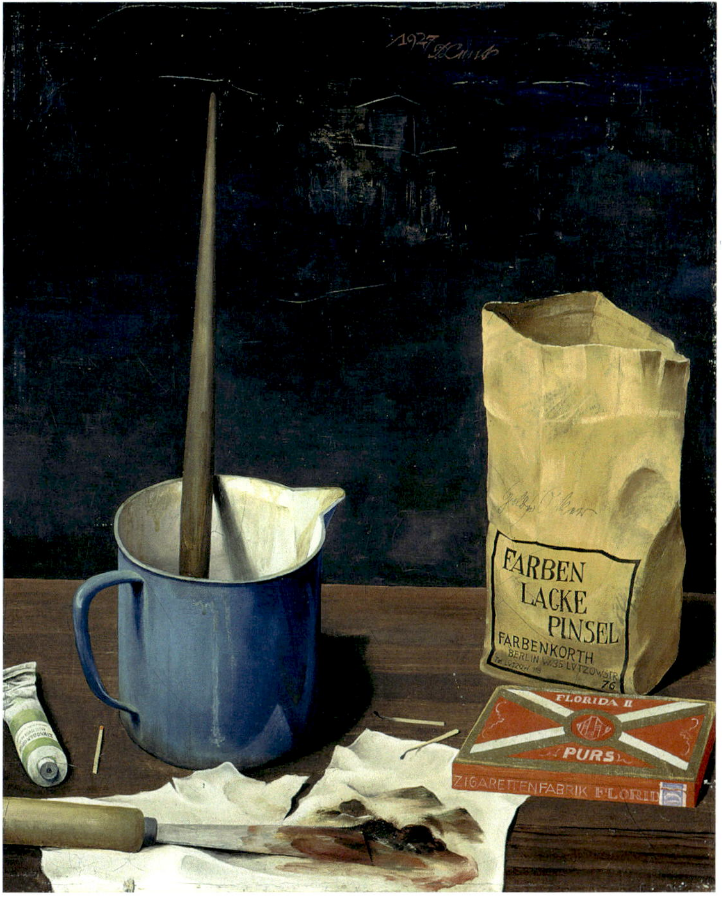

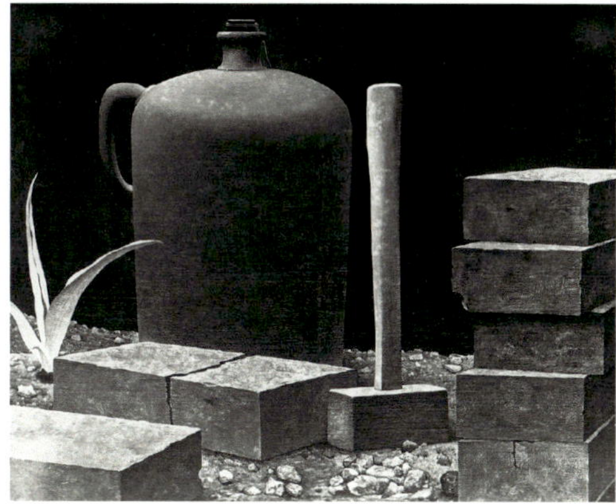

Abb. 1 — Franz Lenk, Stilleben mit gelber Tüte, 1927.
Öl, Eitempera auf Leinwand, 51 × 43,5 cm, bez. o. M.: 1927 F. Lenk,
Kunsthalle Mannheim

Abb. 2 — Franz Lenk, Ziegelstilleben, 1929.
Öl, Eitempera auf Leinwand auf Holz, 48 × 60 cm,
Standort unbekannt (ehem. Privatbesitz Fellbach)

grund gerückt und werden im Mittelgrund von einem mit Stacheldraht bekrönten Bretterzaun von der dahinterliegenden Flusslandschaft separiert. Der Maler hat die vordergründig schlichte Komposition sowohl farblich als auch formal so aufgebaut, dass sich eine harmonische Beziehung zwischen den Objekten ergibt, von denen das eine subtil auf das andere verweist. Susanne Thesing hat bemerkt, dass sich auch eine gedankliche Verbindung herstellen lässt, »wenn man die keimende Zwiebel im Mülleimer, das wasserspendende Gefäß und die verdorrte Topfpflanze als zusammengehörig betrachtet: Sie assoziieren Werden, Wachsen und Vergehen; sie sind gleichsam Personifikationen der drei Lebensalter, jedoch als gemeine Gegenstände getarnt.«[1] Auffallend ist auch die Trennung von Vorder- und Hintergrund. Der Zaun markiert die Grenze zwischen Innen- und Außenwelt – dient er als Schutz oder ist er Sinnbild des Gefangenseins?

Die Ambivalenz zwischen Einengung und Freiheit drückt sich besonders drastisch in Lenks »Kellerstillleben« aus. Hier steigt der Künstler bildlich und metaphorisch ins Dunkle hinab und zeichnet durch seine beklemmend anmutende Raumbehandlung und den symbolhaften Einbezug von gefährlich blitzender Axt und erloschener Kerze ein bedrückendes Bild von drohender Gewalt und Endlichkeit. Doch zugleich markieren die keimenden Pflanzen und der diffuse, durch das auffallend zentral platzierte Fenster dringende Lichtschein hoffnungsvolle Zeichen von nahezu religiöser Anmutung (Abb. 3).

Anfang der 1930er Jahre wandte sich Lenk von der brüchigen, tristen Motivwelt ab, um sich fortan vor allem auf Pflanzendarstellungen zu konzentrieren und damit zu einer eher lyrischen Sachlichkeit zu finden. Amaryllis, Calla, blühende Kakteen oder Orchideen, Gewächse, die per se artifiziell wirken, werden in Gefäßen unterschiedlichster Stofflichkeit in Szene gesetzt (Abb. 4). Bevorzugt platziert der Künstler nun matte neben leuchtende Farben. Blieb der Raum in den frühen Stillleben meist undefiniert, so werden Schalen und Pflanzen jetzt auf Balustraden oder vor einem Fenster aufgestellt und damit der Blick in die kulissenartige Landschaft einbezogen. Mit bildnerischer Akribie sind in der Komposition »Fruchtschale mit Calla« fünf Äpfel und die wächsern wirkende Blume in stilisierter Bewegungslosigkeit erfasst, ins Zentrum der Darstellung, nah an den unteren Bildrand gerückt, erscheinen sie dadurch monumental überhöht (vgl. Kat. 33). Die dominanten Waag- und Senkrechten von Fensterrahmen und Tischplatte tun ein Übriges, den kastenartigen Raumeindruck zu verstärken. Zugleich treten die Objekte zu der durch das Fenster sichtbaren Welt unterschwellig in Beziehung – Calla und Bäume neigen sich einander leicht zu. Der geschlossene Innenraum steht dem unbegrenzten Außenraum gegenüber und dennoch werden beide Raumschichten übergangslos ineinandergeschoben, weil sie durch keinerlei atmosphärische Abstufungen voneinander getrennt sind. Der sich einstellende Eindruck eines Vakuums lässt nicht nur die Dinge im Bildraum unverbunden nebeneinander existieren,

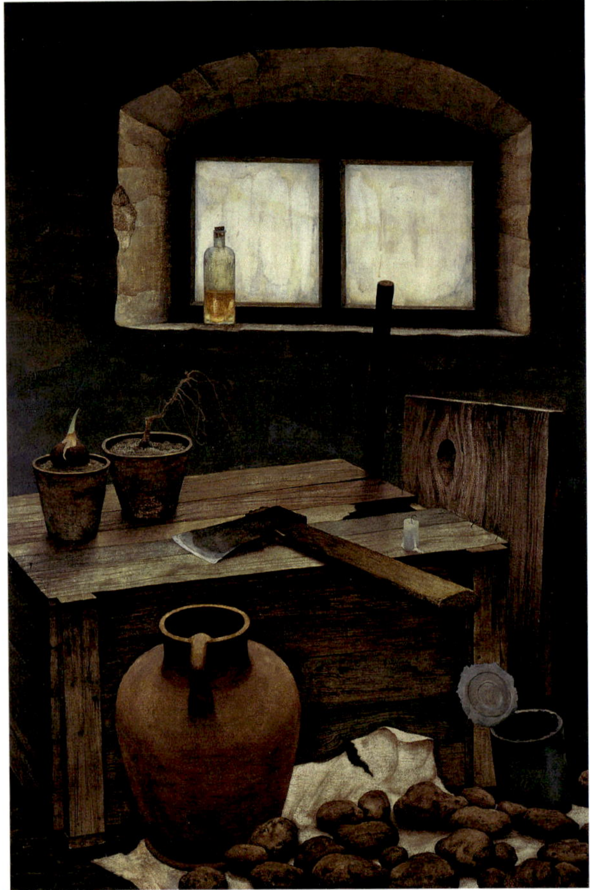

Abb. 3 — Franz Lenk, Kellerstilleben, 1929.
Öl, Eitempera auf Leinwand auf Holz, 106 × 76 cm,
bez. o. r.: 1929 / F. Lenk, Privatbesitz

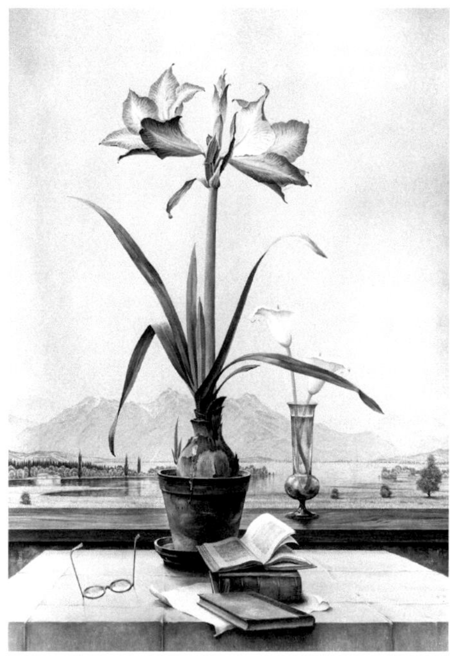

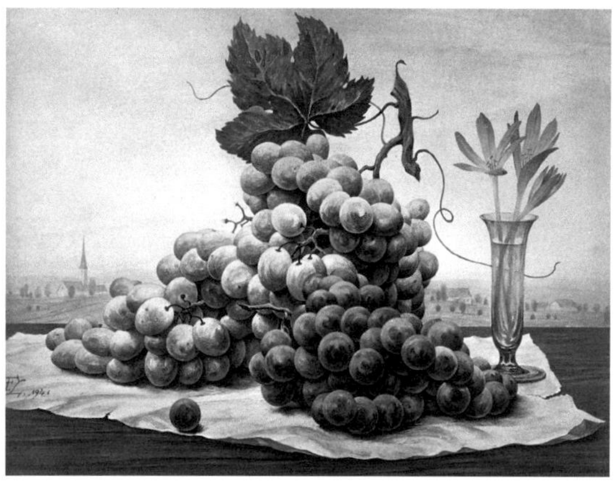

Abb. 4 — Franz Lenk, Amaryllis (Bücherstilleben, Blick auf den Chiemsee), 1941. Öl, Eitempera, Bildträger unbekannt, 146 × 102 cm, bez. u. l.: FL 1941, Verbleib unbekannt

Abb. 5 — Franz Lenk, Weintraubenstilleben, 1941. Öl, Eitempera. Bildträger und Maße nicht bekannt, bez. u. l.: FL 1941, ehem. im Besitz des Auswärtigen Amtes, Verbleib unbekannt

sondern erzeugt auch eine Distanz zwischen Bildwelt und Betrachter, die durch die vereinheitlichende, makellose Bildoberfläche zusätzlich gesteigert wird. Damit bedient sich Lenk eines der bevorzugten Stilmerkmale der Malerei der Neuen Sachlichkeit, nah und fern Liegendes gleichermaßen scharf abzubilden – weder das menschliche Sehvermögen noch die Fotografie sind dazu in der Lage. Franz Lenk zeigt sich in »Calla mit Fruchtschale« auf dem Höhepunkt seines neusachlichen Schaffens.

Die Besonderheit seiner Stillleben ist, dass sie »den Dingen durch additive Anordnung und in der Beschränkung in der Perspektivsicht ihre Natürlichkeit«[2] belassen und diese durch nuancierte Farbmodulation und abgestufte Tonwerte unterstreichen. Auch seine Aquarelle und Gouachen – das 1935 entstandene Blatt »Thomas Spielzeug« (Kat. 52) macht dies deutlich – sind von »beinahe impressionistischem Farbverständnis«[3] und verblüffen durch die Virtuosität, mit der die unterschiedliche Stofflichkeit der Gegenstände erfasst wird. Doch die zwingende Intensität von Lenks magischen Kompositionen verflüchtigte sich gegen Ende der 1930er Jahre und wich einer zunehmend dekorativen Darstellungsweise. Stillleben entstanden zwar bis in die 1960er Jahre, doch diese waren entweder Wiederholungen früherer Bilder oder glitten ins oberflächlich Schmückende ab (Kat. 81). Daneben weisen Lenks Darstellungen prominent ins Bild gesetzter knorriger Bäume stilllebenhafte Züge auf. Bis zuletzt faszinierten ihn diese Baumwesen, die entweder als halb vermoderter Stumpf erscheinen, als einzeln stehendes Individuum beeindrucken oder in kleiner Gruppe wie im Gespräch beieinanderstehend anmuten (vgl. Kat. 79).

[1] Thesing 1986, S. 18. [2] Ebd., S. 29. [3] Buderer 1994, S. 73.

Franz Lenk als Porträtist

Johannes Schmidt

Neben Landschaften und Stillleben bilden Porträtdarstellungen die kleinste Werkgruppe im Schaffen von Franz Lenk. Die frühesten Aufzeichnungen des Künstlers über das eigene Werk enthalten Nachricht über die Arbeit an Porträts von Bekannten, Selbstporträts und ersten Auftragsbildnissen.[1] Man kann davon ausgehen, dass das auftragsgemäße Porträtieren für Lenk mit seinem traditionellen Verständnis der Arbeit eines freischaffenden bildenden Künstlers keine ungewöhnliche Aufgabe gewesen ist. Richard Müller, Lenks erster Lehrer an der Dresdner Kunstakademie, war u. a. auch für seine gediegenen Bildnisse voller historischer Formzitate berühmt (Abb. 1).[2] Auch Lenks spätere Lehrer Ferdinand Dorsch und Robert Sterl waren erfolgreich als Bildnismaler tätig, bevorzugten jedoch im Gegensatz zu Müller, der einen sehr präzisen Realismus pflegte, eine lockere impressionistische Malweise.

Gerade in den wirtschaftlich krisenhaften Zeiten der 1920er Jahre war das Auftragsporträt neben dem öffentlichen Förderankauf zumeist die einzige Möglichkeit direkten Geldverdie-

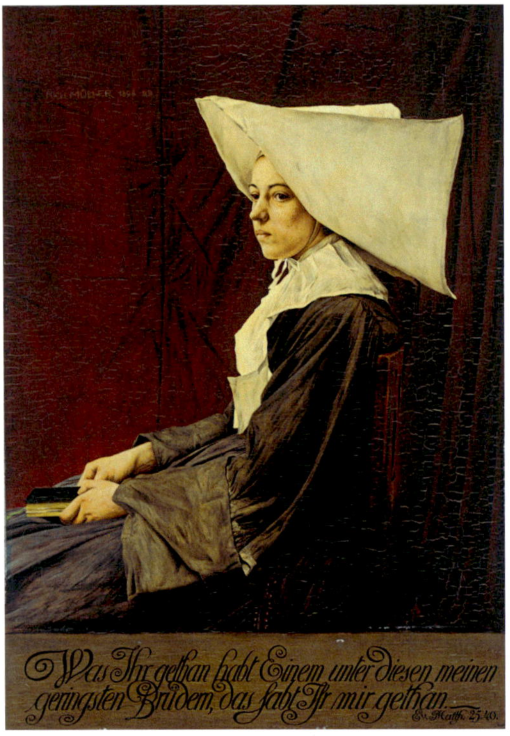

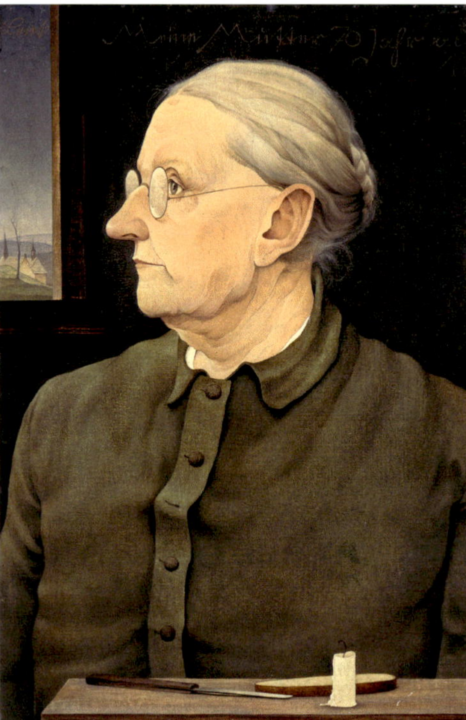

Abb. 1 — Richard Müller, Barmherzige Schwester, 1898/99. Öl auf Mahagoniholz, 128 × 91 cm, bez. o. l.: RICH. MÜLLER, Staatliche Kunstsammlungen Dresden, Albertinum, Gal. Nr. 2337

Abb. 2 — Franz Lenk, Meine Mutter, 1928. Öl auf Leinwand, auf Steinpappe gespannt, 60,5 × 43 cm, bez. o. r.: 1928; beschr. o. M.: Meine Mutter 70 Jahre alt, Privatbesitz

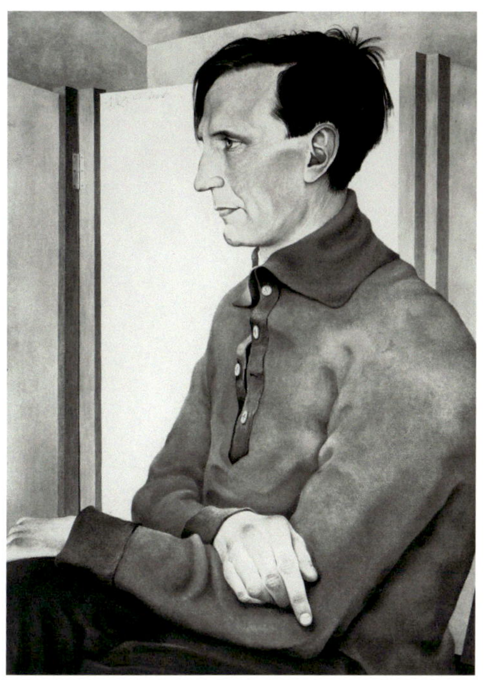

Abb. 3 — Franz Lenk, Bildnis Otto Vetter, 1928.
Öl auf Leinwand auf Holz, 76,5 × 55 cm, bez. o. l.: 1928 F. Lenk,
Verbleib unbekannt

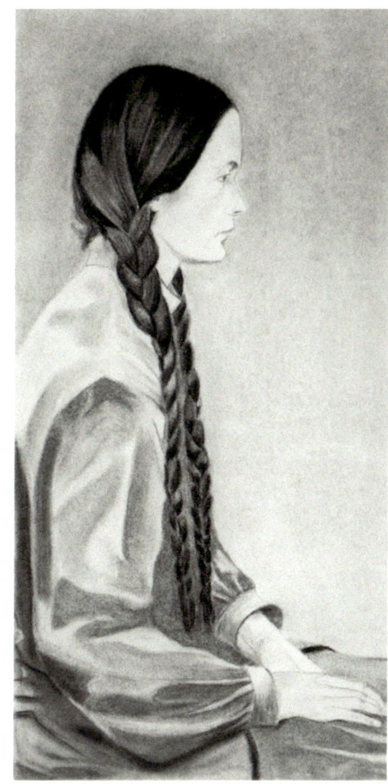

Abb. 4 — Franz Lenk, Anneliese Lenk
im Profil, 1927. Bleistift, Kohle, Kreide,
50 × 25,4 cm, unbez., Nachlass Franz Lenk

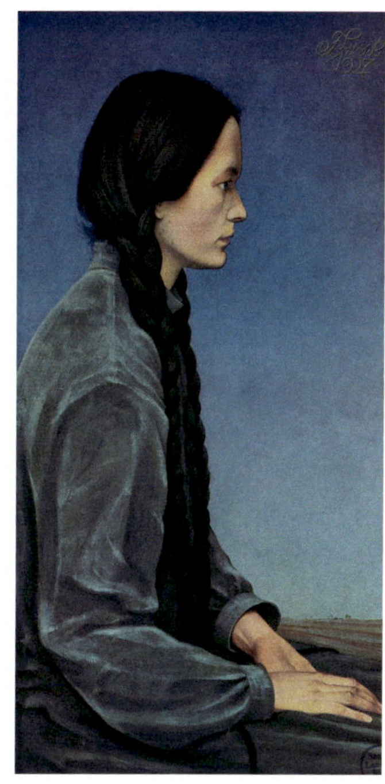

Abb. 5 — Franz Lenk, Mädchenbildnis
(Bildnis Anneliese Lenk im Profil), 1927.
Öl auf Holz, Maße nicht bekannt, bez. o. r.:
F. Lenk 1927, ehem. im Besitz der Stadt
Berlin, im II. Weltkrieg zerstört

nens im Metier der bildenden Kunst. Wenn Lenk sich selbst, seine Frau oder später seine
Mutter und Personen aus seinem Freundeskreis porträtiert hat, so kann man dies neben der
privaten Erinnerung auch als Übungen für das Auftragsbildnis ansehen (Abb. 2 u. 3).
Lenks Porträts sind ohne Ausnahme sehr statisch in der Auffassung. Seine genaue und wohl
auf exakten zeichnerischen Skizzen basierende Arbeitsweise machte einen genauen Plan
der Komposition erforderlich und schloss größere Korrekturen während des Malprozesses
nahezu aus. Zum ersten der beiden Bildnisse seiner Frau ist eine Vorzeichnung erhalten,
welche diesen Vergleich ermöglicht (Abb. 4 u. 5). Trotzdem gelangte Lenk zu teilweise sehr
lebendigen Darstellungen (Abb. 6). Nur zu einem seiner Bildnisse, dem 1926/27 entstandenen
»Mädchenbild« hat Lenk festgehalten »ohne Modell gemalt«.[3] Man kann davon ausgehen,
dass alle übrigen Porträts auf präzisen zeichnerischen Bestandsaufnahmen aufbauen.
Die Kompositionen folgen einem nachvollziehbaren Schema mit einer überschaubaren An-
zahl von Variationen. Die meisten der erhaltenen oder zumindest als Fotografie dokumen-
tierten Bildnisse sind Dreiviertelporträts. Nur wenige, wie etwa zwei frühe Frauenbildnisse
und die Porträtzeichnung seines Sohnes, legte Lenk als Bruststücke an. Man kann einfa-
chere Bildnisse ohne Hintergrundmotive und Darstellung der Hände sowie elaboriertere
und detailreichere Kompositionen unterscheiden.
Die Dargestellten sitzen zumeist und sind überwiegend im Profil gemalt. Wenn die Hände
mit im Bild sind, liegen sie im Schoß oder auf einem Tisch. Stilllebenmotive im Vordergrund
oder Landschaftsausblicke im Hintergrund vervollständigen die Bildausstattungen und tra-
gen dazu bei, den Porträts einen Bezug zur kunsthistorischen Tradition zu verleihen. Mit

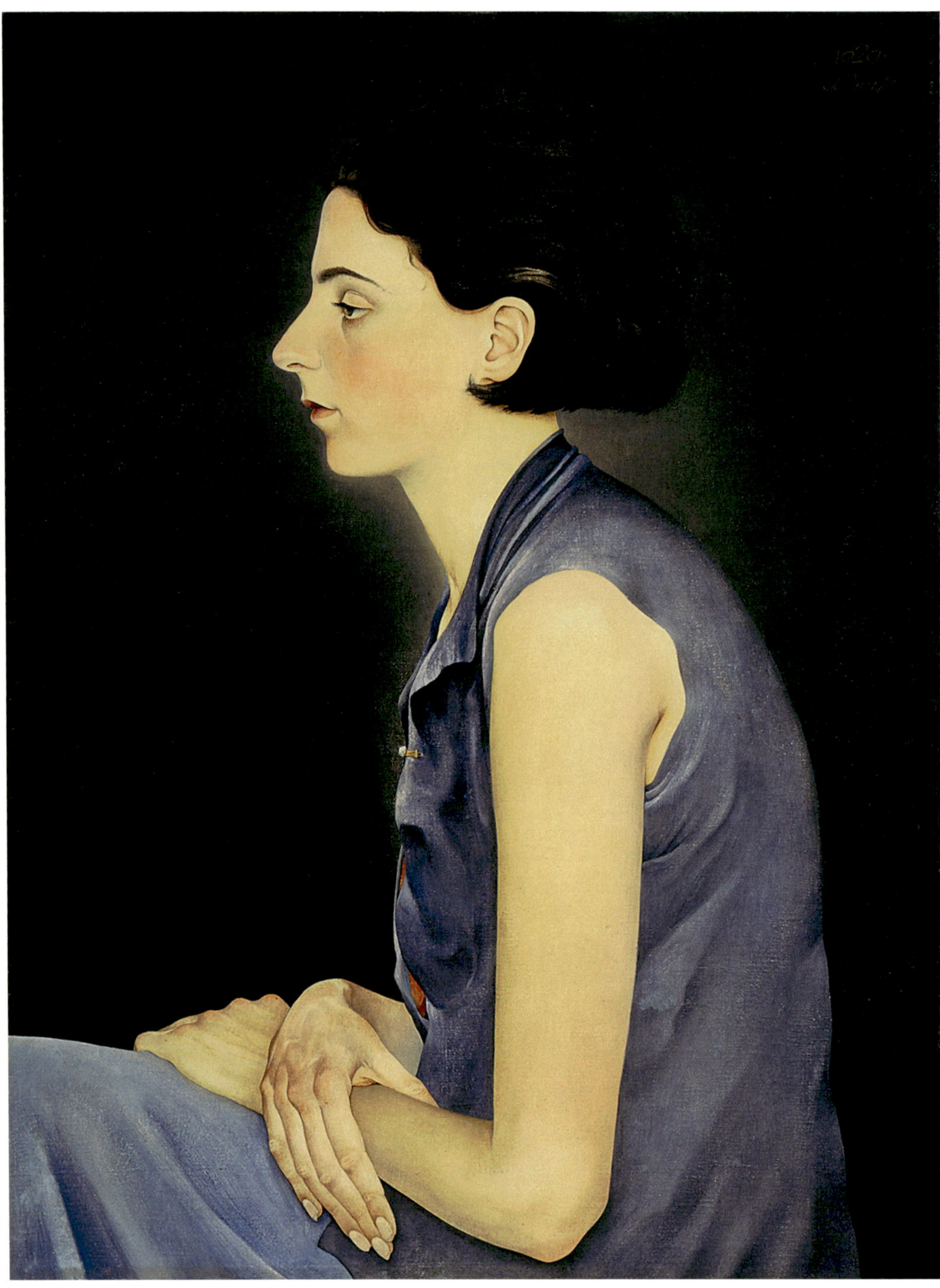

Abb. 6 — Franz Lenk, Bildnis Frau Preuß, 1929. Öl, Eitempera auf Leinwand auf Holz, 68,1 × 52,3 cm, bez. o. r.: 1929 / F. Lenk, Privatbesitz

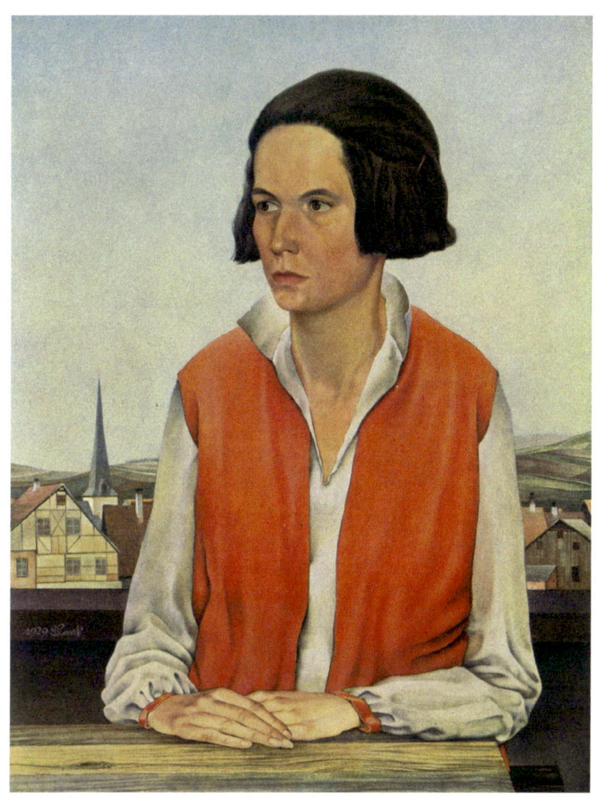

Abb. 7 — Franz Lenk, Bildnis Anneliese Lenk
mit roter Weste, 1929. Öl, Eitempera auf Leinwand
auf Holz, 106 × 76 cm, bez. u. l.: 1929 F. Lenk,
Verbleib unbekannt

diesen Zutaten verwies Lenk nicht zuletzt auch auf seine bevorzugten malerischen Interessen. Inwiefern Hintergrundlandschaften etwa zur Charakterisierung der Herkunft der Dargestellten dienten, lässt sich nicht nachvollziehen. So hat die im Hintergrund des Bildnisses von Lenks zweiter Frau Anneliese aus dem Jahr 1929 dargestellte Dorflandschaft mit Fachwerkhäusern und Kirchturm offenbar nichts mit ihrer Dresdner oder ursprünglich schlesischen Heimat zu tun (Abb. 7). Auch die Aussagekraft der Stilllebenelemente bleibt gering. Eine Symbolik der in zwei Frauenbildnissen hinzugefügten Blumen im Hinblick auf Vornamen oder Geburtsmonate, wie etwa in der englischen Malerei des 19. Jahrhunderts geläufig, lässt sich aufgrund des Fehlens von persönlichen Informationen über die Dargestellten nicht auflösen.

Worum ging es Lenk bei seinen Porträts, abgesehen vom Aspekt des sich Erinnerns in den Porträts aus seinem Familien- und Freundeskreis? Gemalte Porträts bringen es zwangsläufig mit sich, dass der Blick nicht nur auf die Malerei, sondern auch auf die Dargestellten fällt. Das soziale Typenporträt ist ein Spezifikum der Kunst der Weimarer Republik: August Sanders Fotoserie »Menschen des 20. Jahrhunderts« verkörpern diesen Bildtypus ebenso wie etwa die Porträtgemälde von Otto Dix, die uns Ärzte, Journalistinnen, Kunsthändler und Juweliere als Typen seiner Zeit präsentieren und die unser Bild von den Menschen der 1920er und 1930er Jahre wesentlich mitgeprägt haben. Franz Lenks Porträts zeigen zumeist Damen aus dem gehobenen Bürgertum. Weitergehende soziale Charakterisierungen lassen sich nicht erkennen. Dies mag in den Porträtaufträgen begründet liegen oder aber in Lenks vorrangigem Interesse an der individuellen Persönlichkeit seiner Modelle. Denn für

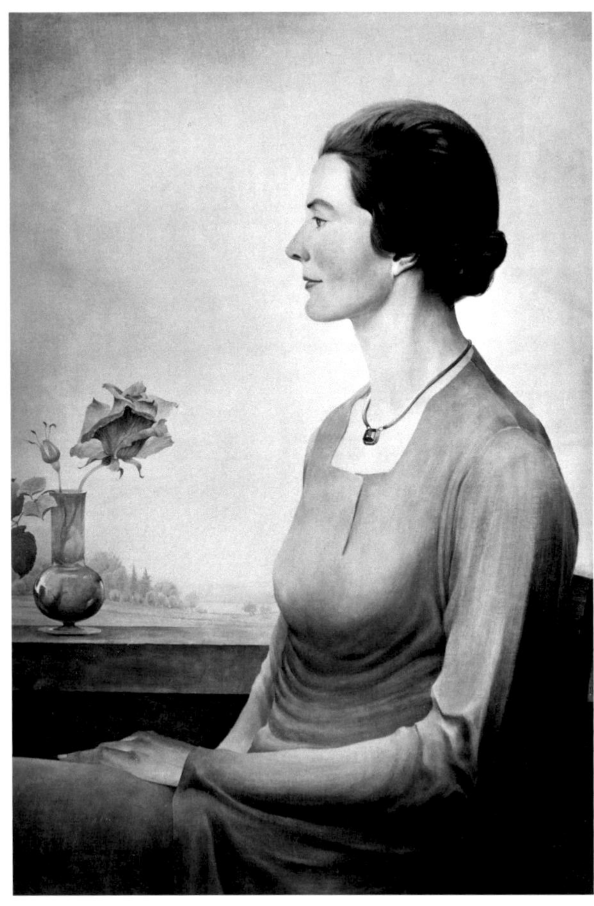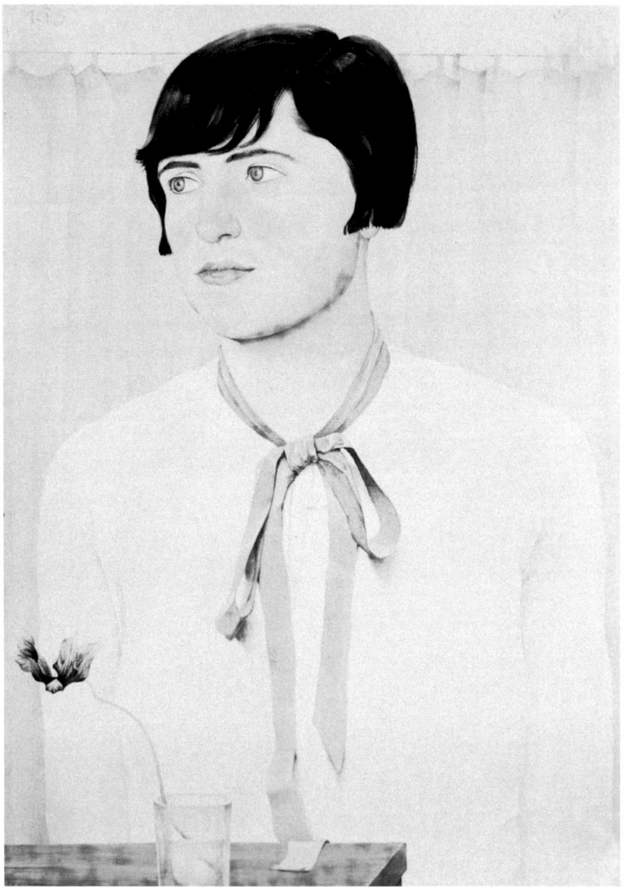

die Schilderung der Temperamente fand der Maler sehr wohl subtile Ausdrucksformen: Die ausgeglichene Ruhe von im Schoß liegenden Händen (Abb. 8), die Strenge betont aufrechten Sitzens, das Träumerische eines nach unten halb abgewandten Blicks (Abb. 9) oder die dynamische Pose eines nach vorn gereckten Kopfes im Profil, die vielleicht für Willensstärke oder Eigensinn stehen könnte (Abb. 10).

Bezüge zu ihrer Entstehungszeit sucht man in Lenks Bildnissen ebenfalls fast vergeblich. Auch in diesem Bereich seines Werkes strebte er keine Reflektionen über »seine Zeit« an. Nachvollziehbar ist hingegen, wo der Maler sich traditioneller Kompositionselemente bedient. Neben dem kühlen, strengen Profil und den erwähnten Landschafts- und Stillebenmotiven ist dies beispielsweise der das Halbfigurenporträt plausibel herleitende Abstandhalter am unteren Bildrand. Wählten die Maler der Renaissance dafür häufig steinerne Balustraden, ist es bei Lenk die Tischplatte, welche den als Halbfiguren angelegten Bildnissen kompositorische Stabilität verleiht.

Dass Lenk in den 1930er Jahren das Porträtieren aufgab, hat sicher nicht nur die Ursache, dass er die künstlerische Logik des gemalten Bildnisses nachhaltig infrage stellte, wie das ein Zitat überliefert: »Man kann doch in der heutigen Zeit keine Menschen mehr malen«.[4] Durch seine auf die Landschaftsmalerei konzentrierte Professur trat dieser ohnehin dominante Teil seines Schaffens noch mehr in den Vordergrund. Private Bildnisgemälde von

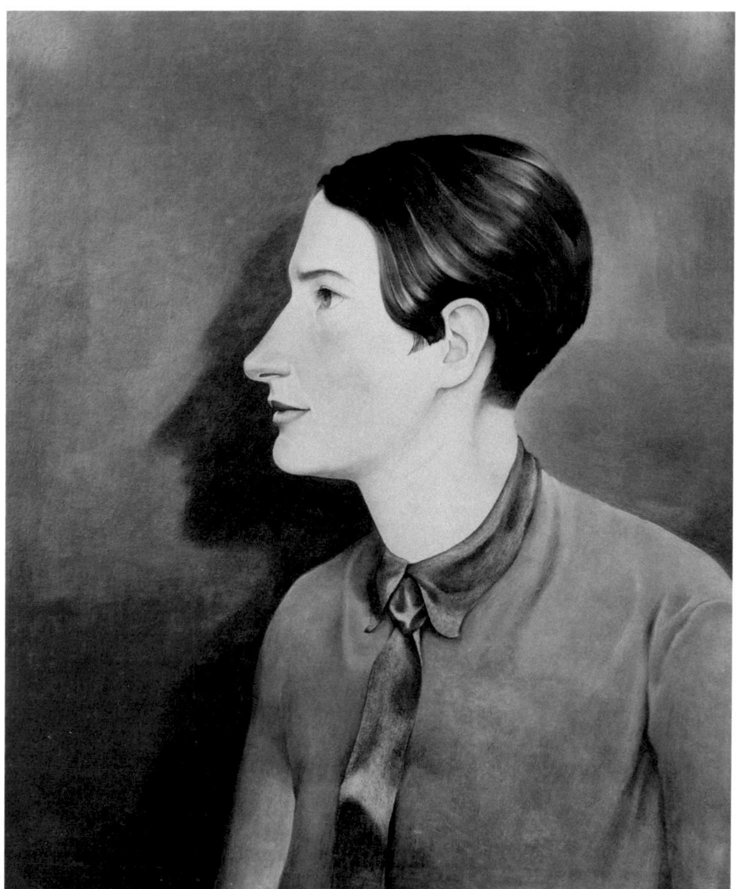

Familienmitgliedern und Freunden hatte Lenk schon seit 1930 nicht mehr geschaffen. Die Zeit seiner Staatsaufträge verstärkte diese Tendenz. In seinen autobiografischen und kunsttheoretischen Aufzeichnungen der 1940er Jahre spielt die Porträtmalerei keinerlei Rolle. Einen Bildnisauftrag der Familie von Ribbentrop[5] vermittelte er weiter an seinen Freund Otto Dix – wohl nicht nur aus selbstloser Freundschaft, sondern auch, weil er als Porträtist bei weitem nicht im gleichen Maße gefragt war und keine solche Reputation erlangt hatte, wie als Landschaftsmaler. Daran sollte sich auch in seinem späten Werk nach 1945 nichts mehr ändern. Lenks spätestes bekanntes Porträt ist eine Bildniszeichnung seines Sohnes aus dem Jahr 1939 (Kat. 53).

[1] Juni/Juli 1921 Nr. 8: Selbstbildnis im breiten schwarzen Hut, Nr. 9: Bildnis meiner Frau gegen blauen Himmel mit weißen Wolken (vernichtet), April 1922 Nr. 33: Porträt Frau Schürmann (Platte gebrochen, vernichtet), Juni–Juli 1922 Nr. 42: Bildnis Rosa Sönksen (1926 vernichtet), Nr. 43: Mädchenbildnis (an das Mädchen aus Chemnitz verkauft) Januar-Februar 1923 Nr. 71: Porträt meiner Frau Federzeichnung vernichtet, Nr. 74: Porträt Lotte (Besitz Charl. Lenk) Dez. 1923, Nr. 102: Selbstbildnis Aqu. Juni 1924 Nr. 122: Bildnis Frl. Zschau, Nr. 126: Blinder Mann (vernichtet), Nr. 133: Bildnis Trude Menzel (1926 vernichtet), März 1925, Nr. 163: Kranker Knabe, Jan. 1926 Nr. 192: Anneliese Lenk. April 1926 Nr. 207: Großmutter, 208: Vater in Uniform, 211: Aquarell Maler Eller (bis S. 32). [2] Für sein Bildnis »Barmherzige Schwester« erhielt Müller 1899 die Goldmedaille auf der Deutschen Kunstausstellung Dresden. Weitere Erfolge waren Präsentationen auf den Weltausstellungen Paris 1900 und St. Louis 1904. [3] Abercron 1976, Nr. D 27.12, Vermerk im Arbeitsbuch, Nr. 220. [4] Vgl. Kicherer 2019, S. 62. [5] Vgl. ebd., S. 45.

Franz Lenk als Künstler im NS-Regime – Balance zwischen Konsens und Konflikt

Johannes Schmidt

Non possum scribere contra eum, qui potest proscribere.

Carl Schmitt 1941 und 1945 (nach Macrobius Ambrosius Theodosius)

»Die Stadt fiebert. Ein Ton herrscht wie auf einem Kasernenhof. Die braunen Nazis sind selbständige Polizei geworden […] Ich liebe meine Freiheit über alles. Das ist ja der Boden meiner Kunst. Deswegen bin ich von den Dingen auch besonders stark berührt. Immer schreiben die Zeitungen, daß ich ein deutscher Maler bin. Ich behaupte sogar, daß ich ein nationaler Maler bin, aber Unfreiheit verstehe ich unter diesen Dingen durchaus nicht.« schrieb Franz Lenk am 23. März 1933 an einen Freund, den Pfarrer Friedrich Hartmann-Zeller.[1]

Diese Zeilen sind repräsentativ für Lenks Situation zu Beginn der NS-Herrschaft. Einerseits sah er sich selbst als traditionell, konservativ und heimatbewusst – später beschrieb er beispielsweise, wie er schon 1920 die Flucht vor der Experimentierwut seiner Kommilitonen an der Dresdner Kunstakademie ergriffen habe.[2] Andererseits war er kein Nationalsozialist und beharrte auf der Freiheit der Kunst. Sein Begriff von der gesellschaftlichen Stellung der Kunst und des Künstlers baute auf Vorstellungen auf, die ihre Wurzeln im Geniekult des 19. Jahrhunderts haben. Als die Bühne zeitgenössischer Kunst von Expressionismus, Dada und Verismus bestimmt wurde, hatte die Entwicklung seiner Haltung eine gewisse Zwangsläufigkeit: Lenks Interesse für die künstlerische Gestaltung von Natur und Landschaft hatte in den 1920er Jahren keinen Anschluss an eine lebendige Szene finden können. Sollte sich dies mit der Machtübernahme der Nationalsozialisten ändern?

Einen Monat nach dem eingangs zitierten Brief äußerte sich Lenk gegenüber einem Bekannten, der sich für seine Berufung auf eine Professur in Stuttgart einsetzen wollte, und erklärte diesem ausführlich, warum er daran kein Interesse habe: »Die Frage der deutschen Kunst ist ungeklärter denn je. Eine Gärung ohnegleichen hat in den Dingen meines Berufes eingesetzt. Leider werden eine ganze Reihe Kräfte an die Oberfläche getragen, bei denen das Wort Kitsch ein milder Ausdruck ist. Da ist z. B. der Punkt der sog. Schreckensausstellungen. Dass diese Ausstellungen in vielen Fällen ihre Berechtigung haben, sei gar nicht bestritten. Es befinden sich jedoch unter diesen Ausstellungen auch die Besten der deutschen Kunst, z. B. Corinth, Heckel, Schmitt-Rottluff [sic!] und viele, viele andere. In Mannheim hat man meinen eigenen Ausstellungskollegen Kanold [sic!] aus der Kunsthalle entfernt. Man baut die besten und ersten Museumsfachleute Deutschlands ab, darunter sind viele, die sich bei Ausstellungen ganz ausserordentlich für meine Malerei eingesetzt haben. Wir sind in Berlin fieberhaft an der Arbeit, diesen Blamagen Einhalt zu tun. Wie weit das gelingt, steht dahin. Dass aus unseren Museen viele Dinge entfernt werden müssen, ist auch meine ehrliche Überzeugung; aber es geschieht dies von völlig unberufenen Händen. An Akademien und Kunstschulen sind Posten neu besetzt worden mit unmöglichen Malern und Bildhauern, nachdem man bewährte Kräfte entliess. Du wirst verstehen, dass ich auf keinen Fall in den Ruf eines Konjunktur-Ritters kommen will. Gerade bei meiner Arbeit und Auffassung in Dingen deutscher Kunst wäre mir dies unerträglich.«[3]

Noch im selben Jahr wird Lenk jedoch Professor für Malerei an den Vereinigten Staatsschulen für freie und angewandte Kunst in Berlin-Charlottenburg und vertritt die Malerei im Präsidialrat der Reichskammer für bildende Künste innerhalb der neugegründeten Reichskulturkammer (RKK). Sein Werdegang steht beispielhaft für die wechselhafte und uneinheitliche Entwicklung der Kulturpolitik des NS-Staates zwischen 1933 und 1937: Künstler wie Lenk, die eine moderne, aber nicht avantgardistische Position vertraten und sich politisch keinem Lager zugehörig fühlten, hatten es schwer, in den Auseinandersetzungen zwischen dem völkisch-konservativen und dem einer gemäßigten Moderne aufgeschlossenen Flügel der neuen Machthaber ihren eigenen Standpunkt zu bestimmen.

Nach der 1932 beachteten Ausstellung mit der Gruppe »Die Sieben« war Lenk eben im Begriff gewesen, eine neue Stufe des Erfolgs für seine künstlerische Arbeit zu sichern. In seinen Äußerungen zum eigenen Werk hatte er bis dato zur Bescheidenheit gemahnt.[4] Die Kunst solle »im Lande bleiben« und sich auf die Tradition besinnen. In Lenks Werk ist zu beobachten, dass Motive mit Zeitkolorit, wie sie in der Kunst der späten 1920er Jahre nicht selten waren, schon 1930 gar nicht mehr auftauchen. Seine Landschaften und auch die Stillleben wurden zeitloser, zeitgenössische Architekturen und Alltagsgegenstände verschwanden. Mit einer solchen Position stand Franz Lenk damals nicht allein. Spätestens seit dem Beginn der Weltwirtschaftskrise war ein starker Aufschwung einer thematisch und im Ausdruck »gemäßigten«, zum Akademischen und Romantischen tendierenden Malerei festzustellen – komplementär zu einer sich zunehmend politisierenden kritischen Kunst. Diese Entwicklung von der nach Neuem suchenden Sachlichkeit (vgl. etwa Kat. 21) zu einer überzeitlich angelegten, ja teils historisierenden Auffassung vollzog auch Franz Lenk. Im Sommer 1932 war er an der Ausstellung *Deutsche romantische Malerei der Gegenwart* in Ulm beteiligt gewesen – und mit dem häufig geäußerten und äußerst positiv besetzten Begriff »Romantik« konnte man sich des Publikumsinteresses sicher sein: Besinnung, Sehnsucht nach Schönheit und Ausgeglichenheit und auch das Beschwören der »deutschen Geistigkeit« waren Stichworte, die sich durch die Ausstellungsbesprechungen zogen. Nur wenige Gegenstimmen verwiesen auf den eskapistischen Aspekt dieser Entwicklung. Bezeichnenderweise plante Gustav Hartlaub, Direktor der Kunsthalle Mannheim, gemeinsam mit Ludwig Grote, dem Direktor der Anhaltischen Gemäldegalerie Dessau, für das Jahr 1933 eine Ausstellung unter dem Titel *Beschauliche Sachlichkeit* als Fortsetzung seiner Epoche machenden Schau *Die Neue Sachlichkeit* von 1925.[6]

Schon in der Spätzeit von Lenks Dresdner Ausbildung war spürbar, dass er sich nicht zum Avantgardisten berufen fühlte und dass ihn mehr mit dem scheinbar ideologiefreien Realismus des 19. Jahrhunderts verband als mit den Protagonisten der Neuen Sachlichkeit. Wenn man diesen Stilbegriff auf die Bedeutung des Wortes selbst zurückführt und einen solchen Filter über Lenks Werk legt, kommt man schnell darauf, dass »Sachlichkeit« tatsächlich ein wesentlicher Aspekt der Grundhaltung des Künstlers war, während das Ringen um Neuartigkeit kaum eine wesentliche konzeptionelle Rolle für ihn spielte, sondern sich bestenfalls en passant aus zeitgenössischen Bildelementen ergab. In Lenks Werk und auch in seinen Schriften wird deutlich, dass er gar nicht anstrebte, eine spezifische Ausdrucksform für seine Zeit zu finden oder den Besonderheiten seiner Zeit ein künstlerisches Denkmal zu setzen – eine Haltung, die offenbar sehr gut in die damalige Situation und die zutiefst verunsicherte Gesellschaft passte.

Mit der Machtübernahme der Nationalsozialisten wurden Kunst und Kultur auf eine ganz neue Weise als Teil des Staates verstanden. Das Verständnis einer Malerei, wie sie Lenk vertrat, als eskapistische Nische geriet ins Wanken. Nun war nicht allein wesentlich, welcher Ausdrucksmittel sich ein Künstler bediente oder welche Themen er reflektierte. Anstelle freien künstlerischen Schaffens sollte es nun um »Dienst an der Volksgemeinschaft« gehen.[7] Wohl war Lenk in seiner stilistischen Haltung zunächst einmal akzeptiert. Trotzdem stand er den sich auf den Kunstbetrieb beziehenden politischen Veränderungen, die mit dem Abhängen missliebiger Werke in vielen deutschen Museen begannen, sehr kritisch gegenüber. Er sah zwar auch Veränderungsbedarf, vermisste jedoch das Wirken berufener Entscheidungsträger und nachvollziehbarer Kriterien.[8] Gemeinsam mit Karl Schmidt-Rottluff und Erich Heckel wandte sich Lenk im Mai 1933 mit einer Denkschrift an den Kultusminister Bernhard Rust, in der sich die Unterzeichner im Namen von insgesamt 36 Künstlern und unter Verweis auf die Rolle der Moderne in Italien für den »echten Aufbau einer nationalen Kunst« anboten.[9] Offen prangerten sie dabei die »ersten Anzeichen einer falsch verstandenen deutschen Kunstpolitik«, die Diffamierung von Künstlern in den ersten Schandausstellungen in Mannheim, Nürnberg und Dresden sowie die Entlassung von progressiven Museumsfachleuten an. Die Kunst solle, so die Unterzeichner, zur »geistigen Vollendung der deutschen Revolution« beitragen.[10]

Tatsächlich schien diese Initiative zum damaligen Zeitpunkt nicht chancenlos zu sein. Gerade in Berlin gab es unter den führenden NS-Kulturpolitikern eine Fraktion, welche Teile der expressionistischen Kunst als genuin deutsche Errungenschaft politisch nutzbar machen wollte. Insbesondere der Umgang mit den Werken von Emil Nolde und Ernst Barlach spiegelt dies exemplarisch. Beide Künstler nahmen wie Lenk an der Ausstellung *30 deutsche Künstler* in der Berliner Galerie Ferdinand Möller teil, die auf der Grundlage der Idee von einer »deutschen Moderne« organisiert worden war. Die Präsentation im Sommer 1933 erlangte Bekanntheit, weil der Galerist damit versucht hatte, die progressive Opposition des NS-Studentenbundes zu unterstützen. Reichsinnenminister Frick hatte aufgrund der Beteiligung bekannter expressionistischer Künstler die Eröffnung verboten und die Ausstellung für eine Woche schließen lassen. Anschließend war die Schau zwar für Besucher offen, jedoch nun ohne den Studentenbund als Mitveranstalter.[11]

Dass Lenk die Beteiligung an der Ausstellung als kämpferische Bekundung ansah, wird in einem weiteren Brief an Friedrich Hartmann-Zeller deutlich: »Mein wochenlanger Einsatz von wertvoller Arbeitszeit scheint nicht ganz umsonst gewesen zu sein. Langsam gewinnen wir Boden gegen den organisierten Kitsch […] Seit wenigen Tagen hat sich auch die studentische Jugend ganz Norddeutschlands mit einer großen und leidenschaftlichen Kundgebung in der Berliner Universität auf unsere Seite gestellt. Eine Ausstellung von 35 ersten deutschen Malern, von diesen Studenten zusammengetragen, wird am Dienstag in Berlin eröffnet. Es sind dabei Barlach, Kolbe, Nolde, Schmidt-Rottluff, Heckel usw. Von meinen Gesinnungsgenossen ist Kanoldt und Schrimpf vertreten, ich natürlich auch. Außerdem wird Mitte Juli eine Ausstellung von Kitsch gezeigt. Dort sollen die Auch-Künstler angeprangert werden, die sich jetzt zum Teil die Führung in der Kunst angeeignet haben. Wir sind froh, daß der Kampf nun endlich offen ausgebrochen ist. Durchgefochten muß er werden. Mein ganzes persönliches Dasein wird wahrscheinlich von Grund auf umgestellt werden in der nächsten Zeit. Seit drei Wochen verhandle ich mit dem preuß. Kultus-Ministerium wegen der Übernahme einer Professur […] Inzwischen ist Kanoldt Direktor der Preußischen Kunstschule in Berlin geworden. Wir freundeten uns sofort auf das Innigste an. […] Mein ganzer künstlerischer Gesinnungskreis wird wahrscheinlich nach Preußen geholt. Kanoldt ist schon hier, Schrimpf bekommt möglicherweise eine Professur an der Preuß. Kunstschule, Heise soll an meiner Stelle nach Breslau gehen. […] dann kommt Einheit und Ruhe, nach der Zerrissenheit der letzten Zeit. Ich wage noch kaum daran zu glauben. […] Aber – in der jetzigen aufregenden Zeit ist es möglich, daß alle Hoffnungen wieder in sich zusammenfallen.«[12]

Wohl überwiegend mit Zuversicht auf Gehör bei den neuen Machthabern trat Lenk auch sein Lehramt an. Die Berufungen von Kanoldt und Schrimpf werden ihn in der Auffassung bestärkt haben, dass die nationalsozialistische Kunstpolitik sich in seinem Sinne entwickeln würde. Mit Kanoldt diskutierte er die Antrittsrede von Alois Schardt als Direktor der Nationalgalerie und dabei insbesondere Schardts Eintreten für eine »nordische Kunst«.[13] Aus seiner Sicht bestand Hoffnung für eine Liberalisierung der NS-Kunstpolitik. Nicht zuletzt hatte auch hinter Lenks Berufung einer der Verfechter einer »Deutschen Moderne« gestanden: der zum 1. Mai 1933 als Kustos für die Vereinigten Staatsschulen berufene Architekt Winfried Wendland. Dieser war bestrebt, die veränderten Machtverhältnisse für eine Verjüngung des Lehrpersonals zu nutzen und holte neben dem als »junger deutscher Maler« wertgeschätzten Lenk u. a. auch den mit Lenk schon aus Dresden bekannten Maltechnik-Spezialisten Kurt Wehlte an die Schulen.[14]

In Lenks künstlerischem Werk sucht man vergeblich nach einer sichtbaren Zäsur in den Jahren um 1933. Er setzte seine rege Ausstellungstätigkeit kontinuierlich fort und sein Schaffen wurde in Rezensionen durchaus positiv hervorgehoben. In seinen neuen Ämtern und Funktionen sah er sich nicht selten in die Rolle des Fürsprechers für die Probleme von Künstlerkollegen gedrängt und versuchte zu helfen, wo es ihm möglich war.[15] Anneliese Lenk, die einen Großteil der offiziellen Korrespondenz ihres Mannes mit der Schreibmaschine schrieb und teils auch stellvertretend in seinem Namen führte, vertraute dem Dresdner Maler Ernst Alfred Mühler an: »Durch die Kritik, die er dauernd übt, ist er den Leuten schon sehr unangenehm geworden.«[16] Auch Otto Dix hatte im Frühsommer 1933 Kontakt mit Lenk aufgenommen und ihm im Dezember zu seiner Berufung in den Präsidialrat der Reichskammer für bildende Künste gratuliert. Lenk machte ihm daraufhin Hoffnungen, »die Dinge bald in Ordnung [zu] bringen«.[17] Ob damit Dix' Professorenamt gemeint war oder die Angriffe auf ihn und seine Kunst allgemein, bleibt unklar. Der Kontakt zwischen beiden bestand bereits zuvor – Lenks hatten Dix schon 1925 bei der Suche nach einem Atelier in Berlin geholfen. Wie Barlach, Heckel, Georg Kolbe und Emil Nolde gehörte auch Lenk zu den Unterzeichnern des »Aufrufs der Kulturschaffenden«, der 1934 für die Volksabstimmung über die Vereinigung der Ämter des Reichskanzlers und des Reichspräsidenten warb.[18] In seiner privaten Korrespondenz brachte er hingegen immer wieder Entrüstung über die Entwicklung der offiziellen Kunstpolitik zum Ausdruck. Dabei profitierte er mit seiner Kunst zunächst von der Aufgeschlossenheit der NS-Moderne-Befürworter, zu denen damals auch noch Joseph Goebbels gehörte.[19] Allein 1934 konnte Lenk drei Aquarelle an den preußischen Staat veräußern und eine Nordseelandschaft an Kultusminister Bernhard Rust.[20] Aus der *Großen Berliner Kunstausstellung* 1934 erwarb das Propagandaministerium eines der beiden von Lenk ausgestellten Gemälde, eine »Märkische Landschaft«.[21] Im Sommer 1934 gehörte Lenk zu den Künstlern, die im Deutschen Pavillon der Biennale in Venedig vorgestellt wurden[22] und erhielt eine Anerkennung des Carnegie Institutes in Pittsburgh für ein dort ausgestelltes Gemälde.[23]

Am 15. Mai 1934 schrieb Lenk an Otto Dix und schlug für den Sommer ein Treffen in Engen, ganz in der Nähe von Dix' damaligem Wohnort Randegg vor. Die dortige gemeinsame Arbeit scheint außerordentlich fruchtbar gewesen zu sein und ist gut dokumentiert durch die Ausstellung *Zwei deutsche Maler. Otto Dix und Franz Lenk*, die am 24. Januar 1935 in der Berliner Galerie Nierendorf eröffnete.[24] Einer der Beweggründe für die Entscheidung, gemeinsam auszustellen, war sicher Lenks Wunsch gewesen, die öffentliche Wahrnehmung seines Freundes und Kollegen zu fördern – eine Intention ganz ähnlich jener, mit der sich Lenk gemeinsam mit Kanoldt und Schrimpf in der Schau *30 deutsche Künstler* demonstrativ neben eine Reihe von verfemten Künstlerkollegen gestellt hatte. Dass die Idee zur gemeinsamen Ausstellung mit Dix auf Lenk zurückging, überliefert Fritz Hellwag in einer Rezension.[25] Beide Künstler, Dix und Lenk, hatten einzeln bereits zuvor bei Nierendorf ausgestellt. Dem Galeristen erschien es wohl als sinnvoller Schachzug, der Öffentlichkeit vorzuführen, dass Dix nicht mehr der Verist der frühen 1920er Jahre war, als der er von den Nationalsozialisten angegriffen wurde. Dafür spricht auch, dass Dix im Gegensatz zu Lenk nicht ausschließlich Werke aus der gemeinsamen Arbeit des Vorjahres bzw. kurz zuvor entstandene Bilder aus der gleichen Landschaft zeigte, sondern auch das 1924 gemalte Kinderbildnis »Nelly in Blumen«.[26] Die Schau war durchaus erfolgreich, u. a. erwarb die Nationalgalerie Werke von beiden Künstlern.[27] Die Rezensenten schieden sich in der Frage, ob Dix' neue Werke als authentisch oder opportunistisch einzustufen seien, in Bezug auf Lenks Rolle beim Zustandekommen des gemeinschaftlichen Projekts gab es hingegen keinerlei Kritik.

Mit der gemeinsamen Ausstellung verbindet sich eine Anekdote, deren Inhalt anzuzweifeln ist, die jedoch aufgrund mehrfacher Zitate in der Literatur nicht unerwähnt bleiben soll: Meta Nierendorf berichtete von einem inkognito-Besuch des Ministers Bernhard Rust in der Ausstellung. Kurz darauf habe Lenk einen Einschreibebrief erhalten, den er aber nicht annahm. Er soll das Procedere gekannt haben, dass Personen, von denen man eine klare Entscheidung erwartete, ein NSDAP-Parteibuch eingeschrieben zugeschickt bekamen. Lenk wurde daraufhin zu Rust bestellt und dazu befragt, worauf er erklärt haben soll, dass er alles Notwendige bei sich habe und seine Frau unterrichtet sei für den Fall, dass er nicht zurückkäme. Rust erklärte das Gespräch damit für beendet, aber nunmehr war Lenks Einstellung offenbar.[28] Diese Überlieferung passt allerdings nicht zu den Dokumenten in Lenks Nachlass, die eine bereits zuvor bestehende und später engere Verbindung Lenks zu Rust nahelegen.[29]

In der Zeit von April 1933 bis Ende 1939 unterbrach Lenk die Aufzeichnungen in seinem bis dato genauestens geführten Arbeitsbuch. Erst im Januar 1940 setzte er die Eintragungen fort und begründete die Unterbrechung: »Die Professur [...] verschluckte mit den Begleiterscheinungen von Nebenämtern und sog. Ehrenposten alle Zeit. Was übrig blieb davon und was die Schüler mir ließen, wurde auf die Arbeit verwendet.«[30] Zu den erwähnten Nebenbeschäftigungen zählte etwa die Tätigkeit als Beisitzer in der Filmoberprüfstelle.[31] In den Staatsschulen übernahm er ab 1934 zusätzlich zu seinen regulären Aufgaben die Korrektur in der Malsaal-Vorklasse und den künstlerischen Teil von Kurt Wehltes technischem Malunterricht.[32] In den Sommern 1934 und 1935 unternahm er mit seinen Studenten Studienreisen. Im Sommer 1935 arbeitete er nochmals mit Dix am Bodensee, 1936 empfing er diesen zu einem Arbeitsaufenthalt in Orlamünde. Anfang 1936 trat er als Stellvertreter des Vorsitzenden Adolf Strübe in den Vorstand der Berliner Secession ein. In seiner Ausstellungstätigkeit ist währenddessen kein Abnehmen der Frequenz festzustellen.[33] Von 1936 bis 1938 war Lenk auch mehrfach bei sogenannten Fabrikausstellungen der Deutschen Arbeitsfront (DAF) vertreten.[34]

Allerdings entstanden bis 1939 jeweils nur zwischen vier und zwölf Gemälde pro Jahr, eine deutlich geringere Produktion als in den Jahren zuvor. »Mr. Lenk had nothing in his studio«, berichtete 1934 Charlotte Weidler, die Ausstellungen deutscher Kunst für das Carnegie Museum zusammenstellte.[35] Nichtsdestotrotz nahm Lenk von 1933 bis 1939 regelmäßig an den Ausstellungen in Pittsburgh teil, und dies auch mit beachtlichem kommerziellen Erfolg. Dass Lenk 1935, inmitten all dieser positiven Geschäftigkeit, recht unvermittelt aus dem Präsidialrat der Reichskammer für bildende Künste ausschied, hängt direkt mit seinem Engagement für eine liberalere Kunstauffassung zusammen. Aus einem Bericht des »Amts für Kunstpflege« an die Geheime Staatspolizei geht hervor, dass er aufgrund seines Eintretens für die »deutschen Expressionisten« von den konservativen Hardlinern um Alfred Rosenberg angegriffen worden ist.[36] In der Bestätigung seiner Demission ist erwähnt, dass Lenk die entsprechende Bitte mit der Kritik an seinem Wirken als Juror für die Ausstellung *Berliner Kunst* in der Münchner Neuen Pinakothek begründet hatte.[37] Diese Schau war am 15. März 1935 eröffnet worden, zuvor hatte der bayerische Gauleiter Wagner jedoch 26 Werke der Ausstellung abhängen lassen.[38] Die Berliner Ausstellungskommission, in die neben Lenk auch die Maler Arthur Kampf, Leo von König, Otto Roloff, Erich Feyerabend und Karl Storch sowie die Bildhauer Arno Breker, Georg Kolbe und Wilhelm Gerstl berufen waren, hatte mit ihrer Künstlerauswahl nahezu eine Wiederauflage der 1933 umkämpften Schau *30 deutsche Künstler* inszeniert.[39] Im Vorwort des Münchner Kataloges von 1935 hieß es: »Vertreten sind auch Künstler, die in der letzten Zeit vielfach bekämpft worden sind. Die Werke, welche wir von ihnen zeigen, können wir mit unserem künstlerischen Gewissen verantworten.«[40] Mit dieser bemerkenswert kämpferischen Aussage stellte sich die Auswahljury klar auf die Seite der Befürworter einer Anerkennung des Expressionismus als »nationale Kunst«, obwohl es sich bereits andeutete, dass sich die NS-Führung in dieser Frage eher gegenteilig entscheiden würde.[41] Ob die Kritik an seinem Mitwirken für Lenk willkommener Anlass war, das Gremium des Präsidialrates zu verlassen, oder ob ihm der Rücktritt nahegelegt worden ist, muss offenbleiben.[42]

Aus Lenks Handeln lässt sich schlussfolgern, dass er den Prozess der Auseinandersetzung zwischen dem NS-Regime und den modernen Künstlern, den er 1933 selbst mit angestoßen hatte, in seinem weiteren Verlauf nicht mehr vollständig überblickte. Das Agieren der vom Propagandaministerium berufenen Jury ist kaum als bewusste Opposition gegen feststehende offizielle Politik zu verstehen, sondern wohl mehr als ein Missverständnis: Die Künstler nahmen an, dass die Auseinandersetzung um eine neue offizielle Staatskunst noch immer ergebnisoffen geführt und von ihnen als Diskutanten mitbestimmt werden könne. Sie hielten ihre eigenen Positionen für ausreichend abgesichert, um sich für ihre persönlichen Auffassungen und für die Belange der umstrittenen Künstlerkollegen einsetzen zu können. Dabei wurden die Weichen der Kulturpolitik längst auf anderer Ebene gestellt.

Lenk überliefert in seinen Aufzeichnungen fast nichts über seine Tätigkeit im Präsidialrat. Einige Briefe von Künstlerkollegen und Galeristen lassen vermuten, dass er für seinen früheren Bekanntenkreis vor allem zu einer Appellationsinstanz in Berlin geworden war. Rückblickend bekannte Lenk allerdings 1940 in seinem Arbeitsbuch, dass er den offiziellen Drangsalierungen seiner Freunde »selbst an dieser Stelle machtlos gegenüberstand« und sprach von einem »völlig unproduktive[n], in sich selbst sinnlose[n] Beginnen dort«.[43] Dass Lenk mit seinem Rücktritt auch den Schutz von Goebbels und dessen Ministerium verloren hatte, beweist bereits die im Mai 1935 geplant gewesene Präsentation von Nierendorfs Dix-Lenk-Ausstellung im Danziger Städtischen Museum, die nach Angabe von Anneliese Lenk nur für geladene Gäste zugänglich war, da der Direktor des Hauses öffentlichen Druck fürchtete. Dass Lenk sich dessen bewusst war, belegt ein Brief an Otto Dix, wo er schrieb: »Die Sonne der Kunst verdunkelt sich langsam und sicher immer mehr. Nach der neuesten Schreibweise des ›Angriff‹ fange auch ich an, die deutsche Kunst zu besudeln. Eine Ausstellung im Kronprinzenpalais zeigt ein Stilleben von mir, wo ein Mülleimer drauf ist (gemalt 1927), ›dieser Eimer Unflat sei dem Maler unvergessen‹, steht mit sanfter Drohung drin in der Zeitung. Nach und nach habe ich mich von allen kunstpolitischen Dingen zurückgezogen. Der Niedergang nimmt Ausmaße an, daß mir der Hut hochgeht. Wozu noch Zeit verschwenden für die Kunst-Kultur-Kammer, Senate und Beiräte und was es sonst noch den Deibel gibt.«[45]

Da die Reichskulturkammer selbst zeitweise Spielball der Machtkämpfe zwischen den Ministerien von Joseph Goebbels und Bernhard Rust war, führte möglicherweise gerade Lenks Aufgabe des Präsidialratsamtes dazu, dass sich der in dieser Auseinandersetzung unterlegene Rust verstärkt für ihn interessierte. Die persönliche Einladung für Lenk zu einem Empfang des Reichsministers am 26. November 1936 in das Haus der Flieger, Görings sogenannte »kleine Reichskanzlei«, legt diese Vermutung nahe.[46] Trotzdem war Lenk in der Zwischenzeit bewusst geworden, dass es wenig Hoffnung auf eine Lockerung der immer weitreichenderen Beschränkungen des Kunstbetriebs gab. Allgemein wird das Jahr 1937 als Schlüsseljahr für die weitere Radikalisierung der NS-Kunstpolitik angesehen.[47] Der Übergang geschah jedoch schrittweise. Dass Lenk Anfang 1936 ein Haus im thüringischen Orlamünde erwarb und es in Etappen nach seinen Vorstellungen ausbaute, kann als erster Schritt des Rückzugs aus Berlin und von seinen dortigen Amtsverpflichtungen angesehen werden.[48] Er hat die kleinen Anfeindungen gespürt, die sich – wenn auch ohne größere Konsequenzen – 1936 fortsetzten. So bezeichnete der Maler Walter Hansen Lenk in einem Artikel der in München erscheinenden Zeitschrift *Der SA-Mann* als »sich pathologisch gebärdenden Künstler«.[49] Mit dem Verbot der Kunstkritik Ende 1936, der Publikation von Wolfgang Willrichs Schrift »Säuberung des Kunsttempels«, der Münchner Ausstellung »*Entartete Kunst*« und Hitlers Ankündigung eines »unerbittlichen Säuberungskrieg[s]«[50] wird sich Lenk in seinen Rückzugsbestrebungen immer wieder bestätigt gesehen haben, auch wenn keine dieser Maßnahmen ihn direkt betraf. An der ersten *Großen Deutschen Kunstausstellung* nahm er nicht teil – nimmt man seine schriftliche Absage wörtlich, um benachteiligten Kollegen nicht im Wege zustehen.[51] Aus einem Brief seiner Frau an Georg Schrimpf geht hervor, dass Lenk auch keine Anstrengungen unternahm, sich »beide Ausstellungen« (die *Große Deutsche Kunstausstellung* und die Schau »*Entartete Kunst*«) anzusehen. Vielmehr erörterte Anneliese Lenk das Für und Wider, in dieser Situation eine gemeinsame Ausstellung in München zu organisieren.[52]

An den Vereinigten Staatsschulen waren inzwischen fast alle demokratisch oder ästhetisch modern eingestellten und nichtarischen Lehrkräfte aus der akademischen Lehre gedrängt worden.[53] Davon blieb Lenk verschont, doch hielt er sich offenbar nun mit jeglichem öffentlichen Einsatz für seine Kunstauffassungen zurück. Die Versuche der Annäherung zwischen den »neuromantischen« Künstlern und dem NS-Regime waren spätestens 1937 endgültig gescheitert und dies hatten offenbar beide Seiten auch verstanden. Mit dem »distanzierten Blick und dem kühlen Formpurismus, der Idyllik und Melancholie« war »kein nationalsozialistischer ›Staat‹ im Sinne pathetischer Verherrlichung zu machen«.[54] Gleichzeitig fällt auf, dass in Lenks Werk die Erwerbungen und Auftragsarbeiten von offiziellen Stellen mehr und mehr Raum gewannen. Für das Jahr 1937 sind Kontakte zum Reichsluftfahrtministerium und entsprechende Ankäufe dokumentiert.[55] Im Juli 1938 konnte Franz Lenk einen Auftrag

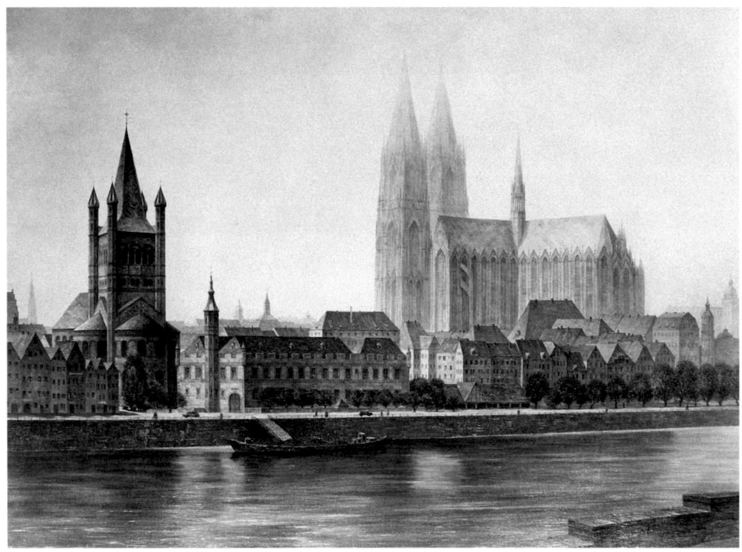

Abb. 1 — Franz Lenk, Köln am Rhein, 1939. Öl, Eitempera, Bildträger nicht bekannt, ca. 140 × 210 cm, bez. u. r.: Lenk 1939, ehem. im Besitz des Auswärtigen Amtes, Verbleib unbekannt

seines verstorbenen Freundes Georg Schrimpf übernehmen. Dieser war beauftragt gewesen, vier Landschaftsbilder für den Reichsminister Rudolf Hess anzufertigen, hatte jedoch nur eines davon ausführen können.[56] Einen Auftrag des Heeresbauamts zur Ausstattung des Neubaus einer Infanteriekaserne mit Jahreszeitenbildern lehnte Lenk jedoch ab.[57] Die Erschließung offizieller Aufträge als wirtschaftliche Alternative zum künstlerischen Lehrbetrieb wird Lenk letztendlich die Freiheit gebracht haben, seine Professur aufzugeben. Möglicherweise war er jedoch auch zu diesem Schritt gedrängt worden.[58] Als Lenk im Kriegsjahr 1943 eine autobiografische Skizze mit dem Titel »Der Regenbogen«[59] mit Exkursen zu Naturbeobachtungen, Kunstphilosophie und Geschichtsbetrachtung verfasste, legte er noch einmal seine grundlegenden Ansichten zu Kunst und Künstlerausbildung dar. Dort schilderte er sein Scheitern darin, die eigene, auf ein enges Verhältnis zum bäuerlichen und naturnahen Leben gegründete »zeitlose« Kunstauffassung an seine Studenten weiterzugeben und dieses Vorhaben gegenüber der Hochschulleitung hinreichend zu rechtfertigen. Er hatte trotz hartnäckiger Bemühungen einsehen müssen, dass die Landschaftsmalerei keinen großen programmpolitischen Stellenwert an der Hochschule genoss.[60] Auch mit der mangelnden Begeisterung der Studenten und der Streichung von Mitteln für Studienfahrten begründete er die Aufgabe des Lehramts und seinen Rückzug nach Thüringen.[61] Tatsächlich legte er seine Professur erst zum 31. März 1939 nieder,[62] nachdem er seinen Wohnsitz nach Orlamünde verlegt und einen hochdotierten Auftrag aus dem Auswärtigen Amt erhalten hatte.[63] Es ist anzunehmen, dass diese beiden Ereignisse in direktem Zusammenhang standen und Lenk tatsächlich zwischen der exponierten Stellung in der akademischen Lehre und dem Rückzug ins Private auf der Basis öffentlicher Aufträge abgewogen hat. Der Auftrag umfasste fünf Landschaftsgemälde für den Speisesaal in der Amtswohnung des Außenministers in der Berliner Wilhelmstraße 73. Beauftragt wurden großformatige Ansichten von Potsdam, Köln (Abb. 1), der Marienburg, der Wartburg und vom Watzmann. 1940 folgte ein weiterer Auftrag für die Ausstattung des Palais in der Wilhelmstraße mit noch einmal elf Bildern.[64] Das Auswärtige Amt wurde damit zum größten Mäzen von Lenks Kunst, blieb aber nicht der einzige. Nach Lenks Arbeitsbuch entstand 1941 z. B. auch ein

Gemälde der »Reichsautobahn im Bernauer Moos« mit dem Vermerk »für Reichsmin. Todt gemalt«[65] (vgl. Abb. 2).

Aus Lenks eigenen Aufzeichnungen geht hervor, dass es ihm wichtig war, die Autorität über die Prinzipien seines künstlerischen Schaffens zu behalten und von diesen auch in der Lehre nicht abzurücken. Andererseits begab er sich nun als Auftragnehmer in die Situation, auf ganz konkrete Motiv- und Formatwünsche bzw. auch auf Korrekturforderungen seiner Auftraggeber reagieren zu müssen.[66] So finden sich beispielsweise in seinen Städtebildern plötzlich Details wie Staffagefiguren und Automobile, die Lenk ansonsten seit seiner Dresdner Zeit nicht mehr verwendet hat. In dieser Situation kam ihm wohl seine generelle künstlerische Bescheidenheit und die Betonung des Handwerklichen in seiner Arbeit entgegen. Mit dem Kriegsbeginn 1939 wurde Lenk zum Militärdienst eingezogen und in Polen eingesetzt. 1943 berichtete er von seinen Erlebnissen – hauptsächlich im Unverständnis über die Opferung von »Bauwerken [und] unersetzlichen Werken der Kunst«.[67] Dieser Blickwinkel der Betrachtung wird deutlich in seinen Aquarellen aus der Stadt Łowicz: Lenk griff dort kleinteilige Ruinenansichten ohne spezifische dokumentarische Aussagekraft heraus (Kat. 64 u. 65), als ob er sich bewusst vom Zentrum und der Dimension der Ereignisse abwende. Nach seiner Entlassung vom Militär, bei der möglicherweise seine Auftragsarbeiten für das Auswärtige Amt eine Rolle gespielt haben, setzte er im Januar 1940 auch die Dokumentation seiner malerischen Tätigkeit im 1933 unterbrochenen Arbeitsbuch fort – zunächst mit einem Resümee über die Zeit der Unterbrechung. Darin rechnete er recht rigoros mit den Ereignissen der letzten Jahre ab: »Seit 1933 [...] ist von der Staatsführung die Knebelung des künstlerischen deutschen Lebens systematisch betrieben worden. Die traurigste, beschämendste, die meisten Künstler von Bedeutung demütigende Erscheinung waren die Ausstellungen der sog. entarteten Kunst und die damit verbundene Diffamierung vieler unserer ersten Künstler auf allen Gebieten.«[68] Unabhängig davon setzte er die Auftragsmalerei fort, so 1940 u. a. mit vier Gemälden für ein Unterrichtsgebäude der Wehrmacht in Ohrdruf.[69]

Bis zu diesem Zeitpunkt hatte sich Lenk von Mitgliedschaften in NS-Organisationen zurückhalten können. In Orlamünde genoss er jedoch zunächst keinen besonderen Status bzw. musste die örtlichen Autoritäten erst von einem solchen überzeugen. Aus einem Briefwechsel mit dem NSDAP-Kreisleiter in Jena vom Mai 1940 geht hervor, dass die Partei zuvor erfolglos nach Lenks Beitritt angefragt hatte.[70] Um einzulenken, trat Lenk daraufhin der Nationalsozialistischen Volkswohlfahrt (NSV) bei.[71] Diese ausweichende Haltung gegenüber der NSDAP scheint Lenks Stellung jedoch nicht geschadet zu haben. Sein Status als Auftragnehmer Berliner Ministerien machte ihn für die thüringischen Amtsträger offenbar unangreifbar.

Lenks privilegierte Situation begründete sich in dieser Zeit vor allem auf seine Verbindung zu Joachim von Ribbentrop, der ihn nicht nur mehrfach mit Aufträgen für das Auswärtige Amt bedachte, sondern ihn während des Krieges auch persönlich auf das exklusiv von ihm genutzte Schloss Fuschl in Hof bei Salzburg einlud.[72] Mit Ribbentrops Familie und seinem Ministerium hatte er den größten Förderer gefunden, der ihn noch dazu als Künstler weitgehend frei gewähren ließ. Die Aufenthalte in den Alpen waren für Lenk Grundlage für die Produktion von weiteren Auftragswerken. Darüber hinaus entstand eine größere Werkgruppe von Hochgebirgsansichten, von denen Ribbentrop einige privat erwarb.[73] Auch wenn dieser nicht zu den »großen« Kunstsammlern der NS-Elite gehörte, waren er und seine Frau durchaus an bildender Kunst interessiert.[74] Annelies von Ribbentrop hatte in München Kunstgeschichte studiert und die beiden haben schon zu Beginn der 1930er

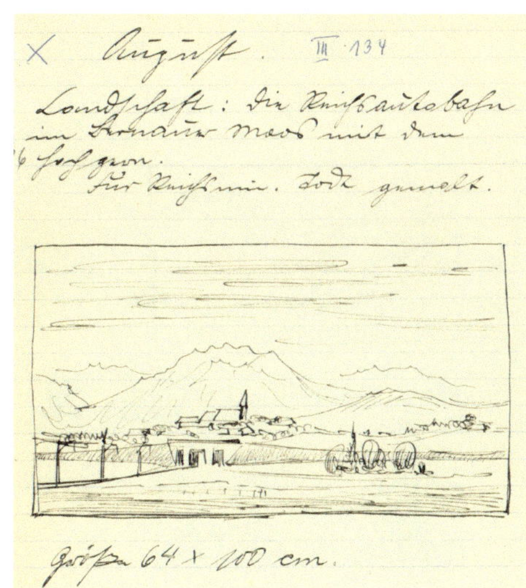

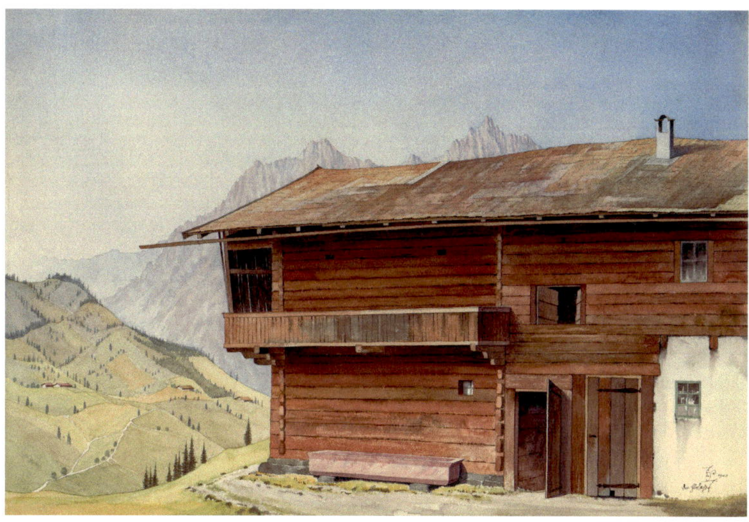

Abb. 2 — Franz Lenk, Eintragung im Arbeitsbuch vom August 1941 (S. 156). Nachlass Franz Lenk, Deutsches Kunstarchiv, Germanisches Nationalmuseum Nürnberg

Abb. 3 — Franz Lenk, Der Hörlahof, 1943. Tusche, Aquarell, 45 × 68 cm, bez. u. r.: FL 1943 / der Hörlahof, Privatbesitz

Jahre Bilder von Lenk gekauft, nachdem Baron von der Heydt[75] sie auf Lenks Arbeit aufmerksam gemacht hatte.[76]

An Friedrich Hartmann-Zeller schrieb Lenk im September 1942: »Ich war zwei Wochen in Fuschl als Gast meines Auftraggebers, dem ich ja beinahe schicksalhaft verbunden bin ob der Penetranz seiner Treue. Es waren ganz unbeschreiblich schöne Tage. Wie seltsam, daß ich ausgerechnet in der Höhle des Löwen den Krieg auf kurze Zeit beinahe vergaß. Die zehn Aquarelle, die ich dort malte, stehen um mich herum wie Wunder aus einer anderen Welt. Der Auftraggeber und seine Frau, unter deren Augen die Blätter entstanden, haben mich beinahe aufgefressen vor Liebenswürdigkeit und Begeisterung.« (vgl. Kat. 56)[77] Wie häufig Lenk sich in Fuschl aufhielt, ist nicht bekannt. Schon in der Frühlingsausstellung des Sächsischen Kunstvereins in Dresden 1941 hatte er Ansichten aus den Alpen präsentiert, ebenso im Januar 1942 in einer Ausstellung der Dresdner Galerie Kühl.[78] Ein Aquarell belegt, dass er 1943 auch den von Ribbentrop gepachteten Hörlahof bei Kitzbühel besucht hat (Abb. 3). Im selben Jahr finden sich im Werkverzeichnis noch zwei Gemälde mit Motiven vom Fuschlsee, die jedoch auch auf der Grundlage der Aquarelle vom Vorjahr entstanden sein können.[79] Auch hier versuchte Lenk, sich für Otto Dix einzusetzen und brachte diesen als potenziellen Auftragnehmer für Porträts der Familie von Ribbentrop ins Gespräch.[80] Dies war eine letztlich naheliegende Empfehlung, kannte Dix doch bereits seit 1940 Franziska Schniewind, die Schwester von Annelies Ribbentrop, für die er 1942 ein Bild ihrer Familie malte.[81] Darüber hinaus half Lenk Otto Dix auch bei der Unterbringung von brisanten Werken, die er in Orlamünde versteckte.[82]

Bis weit in die Kriegsjahre hinein konnte Lenk seine rege Ausstellungstätigkeit und auch seine Auftragsarbeiten fortsetzen. Noch bis Anfang 1944 war er an einer Ausstellung regionaler Künstler in Werdau beteiligt und am 14. August 1944 stellte er eine Rechnung an den Generalbauinspektor für die Reichshauptstadt über 18.200 RM für 14 Aquarelle und ein Ölbild.[83] Aufgrund dieses wohl letzten Staatsauftrags konnte Lenk auch seinen Umzug von Orlamünde nach Wilhelmsdorf in Süddeutschland trotz der Einschränkungen des »totalen Krieges« geregelt mit Fahrzeugen und Bahnfrachtraum abwickeln. In seinem Nachlass ist eine Bescheinigung aus Albert Speers Reichsministerium für Rüstung und Kriegsproduktion vom 4. September 1944 überliefert, die Fahrten zwischen Orlamünde und Hasskirch für Lenk und seinen Sohn als Dienstreisen deklarierte.[84]

Lenk war zweifellos ein überwiegend unpolitischer Mensch, auch wenn er in den ersten Jahren des NS-Regimes nicht nur für sich selbst um den Erhalt der freien Kunstausübung bemüht gewesen ist. Sein Werdegang lässt eine schrittweise, aber nicht gänzlich vollzogene Distanzierung vom zunehmend gleichgeschalteten NS-Kunstbetrieb erkennen: 1933 hat Lenk den Charakter des Machtwechsels verkannt, 1935 unterschätzte er den totalitären Anspruch der NS-Kulturpolitik und von 1935 bis 1939 löste er sich schrittweise von seinen offiziellen Ämtern und Tätigkeiten. Ob dies eine Entwicklung aus allmählich gewachsener Überzeugung war oder aus dem schlichten Wunsch heraus geschah, sich in die eigene Kunst zurückzuziehen, muss offenbleiben. Roland März fand für den Weg der »neuromantischen« Maler die diplomatische Formulierung des Versuchs »sich eine zeitlang anzupassen, ohne ihre innere Distanz zu den Nazis aufzugeben«.[85] Dass Lenk durchaus kritisch über das System dachte, geht aus seinen privaten Briefen und Aufzeichnungen hervor. In seiner Kunst schlug sich dies allerdings nicht nieder. Eine politische Metaphorik, wie sie zuweilen den Landschaftsbildern von Otto Dix konzediert wird, ist in Franz Lenks Bildern kaum feststellbar.[86] Andererseits erkaufte sich Lenk seinen Rückzug ins Private durch die Übernahme von Aufträgen aus wenigstens drei Regierungsstellen, wobei er dabei nie politisch zu deutende oder von seinem sonstigen Werk abweichende Inhalte gemalt hat. Während man ihm als Person durchaus einigen politischen Opportunismus bescheinigen muss, so ist in Bezug auf sein künstlerisches Werk festzustellen, dass Lenk kaum Konzessionen gegenüber den allgemeinen Erwartungen offizieller NS-Staatskunst machen musste. Der 1933 fehlende Bruch in seinem Werk wird 1945 mit einem noch weiteren Rückzug in kunsthistorisch aufgeladene Phantasielandschaften umso deutlicher sichtbar.

[1] Brief vom 23.3.1933, zit. nach: Storch 1985, S. 178. [2] Lenk 1943, S. 25. [3] Brief vom 30.4.1933, DKA, Nachlass Lenk, M-O. [4] Vgl. Lenk 1931, S. 377. [5] Vgl. Anonym, Deutsche romantische Malerei der Gegenwart. Zur Ausstellung im Ulmer Museum, in: Die Kunst für alle, Jg. 48, H. 2, Nov. 1932, S. 46–48. [6] Diese kam wegen Hartlaubs Entlassung zum 20. 3. 1933 nicht zustande. Auch Lenk befand sich auf der Liste der zu beteiligenden Künstler. [7] Vgl. Dahm 1986, S. 56. [8] S. o., Brief an Neumayr, Anm. 3. [9] DKA, Kopie im Nachlass Lenk. Neben Lenk und den bekannten Expressionisten finden sich auf der Liste der empfohlenen Künstler auch Schrimpf, Kanoldt und von Hugo. Das Schreiben wurde von einigen Autoren fälschlich auf 1934 datiert, z. B. Abercron 1976, S. 4, Fischer 1981, S. 102 u. v. Elm 1999, S. 42. [10] Ebd. [11] Roters 1984, S. 127. Ausst. v. Juli bis September 1933, von F. Lenk: Kat. Nrn. 33 »Meersburg am Bodensee«, 1932 u. 34 »Bayrisches Dorf«, 1930. [12] Brief vom 3.7.1933, zit. n. Abercron 1976, S. 23. [13] Lenk an Kanoldt, 13. 7. 1933, DKA, Nachlass Lenk, H-K. [14] Vgl. dazu Johnen 2015, S. 136 u. 256: Die Berufungsverhandlungen mit Lenk begannen Mitte Juni 1933. [15] In seinem Nachlass befinden sich verschiedene Bittschreiben u.a. von Gerhard Sperling, Herbert Volwahsen, E. A. Mühler und Ludwig Gutbier aus Dresden und Xaver Fuhr aus München. [16] Brief vom 23.2.1934, DKA, Nachlass Lenk, M-O. In Mühlers Bitte ging es um die Rolle der RKK in Dresdner Ausstellungsfragen. Vgl. Brief vom 12.2.1934, Mühler an Lenk, ebd. [17] Vgl. Lorenz 2013, S. 475 u. 476. [18] Vgl. Völkischer Beobachter, Nr. 229 v. 17.8.1934. [19] Vgl. bspw. Petropoulos 1996, S. 45. [20] DKA, Nachlass Lenk, K-L. [21] DKA, Nachlass Lenk, Brief vom 11.9.1934. Vgl. Kat. Berlin 1934, S. 17, Kat. Nr. 207. [22] Offizielle Einladung im DKA, Nachlass Lenk, T-Z. Vgl. auch Zeller 2007, S. 198. [23] Brief vom 16.10.1934, DKA. [24] Vgl. Elm 1999, S. 31–67. [25] Hellwag 1935, S. 222. [26] Löffler 1981, Nr. 1924/5. [27] Vgl. Elm 1999, S. 50. [28] Zitiert nach Fischer 1981, S. 103 u. 106. Der Bericht ist auch deshalb anzuzweifeln, weil die NSDAP zum 1.5.1933 eine strikte Aufnahmesperre erlassen hatte und keine aktive Mitgliederwerbung betrieb. Die Sperre bestand bis 1937. Vgl. Weigel 2009, S. 92 u. 108. [29] Ankauf Rusts 1934 – vgl. Anm. 20 und Einladung Rusts 1936 – vgl. Anm. 46. [30] Arbeitsbuch 2, S. 127, DKA. [31] Berufungsschreiben des Propagandaministeriums vom 11.5.1934, DKA. [32] Vgl. Johnen 2015, S. 369, 371 u. 376. [33] Vgl. Abercron 1976, S. 140f. [34] Vgl. Abercron 1976, S. 148f. Die Fabrikausstellungen wurden von Otto Andreas Schreiber organisiert, der 1933 für den NS-Studentenbund die Ausstellung 30 deutsche Maler mitorganisiert hatte. Vgl. dazu Scholz 1999, S. 99–104 u. Tymkiw 2020. [35] Brief von C. Weidler an Homer Saint Gaudens, Direktor des Carnegie Museums, vom 4.8.1934. Letters from Germany 1933–1938, in: Archive of American Art Journal, Bd. 25, H. 1.2/1985, S. 3–28. [36] BArch NS15-69, S. 60, Schreiben Amt Rosenberg an die Preußische Geheime Staatspolizei vom 4.6.1936. [37] BArch R55-21837, S. 7, Schreiben von Goebbels an Lenk vom 12.4.1935. [38] Wie Anm. 36 – BArch NS15-69, S. 60, Schreiben v. 4.6.1936. Vgl. auch Müller-Mehlis 1976, S. 156–159. [39] 16 Künstler waren in beiden Ausstellungen vertreten, u. a. Ernst Barlach, Erich Heckel, Georg Kolbe, Emil Nolde und Karl Schmidt-Rottluff. Die Schau

in München zeigte darüber hinaus auch Werke von Max Beckmann, Lyonel Feininger und Max Pechstein. *30 deutsche Künstler* fand von Juli bis September 1933 in der Galerie Ferdinand Möller in Berlin statt. **[40]** Katalog Berliner Kunst, Neue Pinakothek München März–April 1935, unpag. (S. 8). **[41]** Vgl. dazu Gillen 2015, S. 203–229 sowie Petropoulos 2015, S. 52. Müller-Mehlis bewertet die Ausstellung als »letzte[r] öffentlicher Versuch von Goebbels, Hönig und angesehenen Berliner Künstlern, die Kunst [...] vor der Gefahr traditionalistischer Eingleisigkeit zu bewahren.« Müller-Mehlis 1976, S. 157. **[42]** In der Bestätigung des Rücktrittsgesuches heißt es lakonisch: »Ohne zu der Angelegenheit Stellung zu nehmen, genehmige ich Ihren Rücktritt, da ich aus grundsätzlichen Erwägungen Rücktrittsgesuchen in jedem Fall stattgebe.« Vgl. BArch R55-21837, S. 7, Schreiben v. J. Goebbels vom 12.4.1935 – wie Anm. 37. **[43]** Arbeitsbuch 2, S. 128, DKA. **[44]** Anneliese Lenk an Dix, 3. 6. 1935, zit. n. Fischer 1981, S. 106. **[45]** Lenk an Dix, 19.12.1935, zit. n. Fischer 1981, S. 104. bzw. Elm 1999, S. 57. **[46]** DKA, Nachlass Lenk, P-S. **[47]** Vgl. Ruppert 2015, S. 56. **[48]** Vgl. Arbeitsbuch 2, S. 129, Aufzeichnung vom Januar 1940, DKA, Nachlass Lenk. **[49]** Der SA-Mann, August 1936, H. 32, S. 9, zit. n. Johnen 2018, S. 376, Anm. 347. Die Autorin leitet daraus ab, dass Lenk zur Aufgabe seiner Professur gedrängt worden ist. **[50]** Hitler in der Rede zur Eröffnung der *Großen Deutschen Kunstausstellung* in München, 18.7.1937. **[51]** Brief Lenks an Geschäftsstelle des Hauses der Deutschen Kunst München vom 9.2.1937, zit. n.: Abercron 1976, S. 6. **[52]** Anneliese Lenk an G. Schrimpf, 17.8.1937, DKA, Nachlass Lenk, P-S. Die Ausstellung fand im September 1937 in der Galerie Heller statt. Vgl. Wilhelm Rüdiger, Georg Schrimpf und Franz Lenk, in: Völkischer Beobachter, 23.9.1937. **[53]** Vgl. Ruppert 2015, S. 49. **[54]** März 1995, S. 517. **[55]** Reichsluftfahrtministerium an Lenk v. 8.11.1937, DKA, Nachlass Lenk, K-L sowie vermerkte Ankäufe des Ministeriums in: Abercron 1976, Gemälde Nr. D36-6, D37-3 u. D37-7. **[56]** Briefkopie Lenk an Peter von Seidlein v. 2.7.1938, DKA. Am 11.11.1938 verlangte Seidlein eine Korrektur an einem der von Lenk gelieferten Bilder, sodass der Auftrag von diesem wohl auch vollständig ausgeführt worden ist. S. ebd. **[57]** Vgl. DKA, Nachlass Lenk, H-K. Grund der Ablehnung war evtl. die mangelnde technische Erfahrung mit Wandbildern. **[58]** Vgl. Johnen 2015, S. 376, Anm. 347 sowie 454f. **[59]** MS mit 67 Seiten, DKA, Nachlass Lenk. **[60]** Vgl. Johnen 2015, S. 374. **[61]** Ebd., S. 34f. Im Januar 1940 hatte er als Grund angegeben: »da ich gegen die herrschende Staatskunst mit meiner Meinung stand. Wäre ich nicht selbst gegangen, hätte man mich früher oder später von dort hinausgeworfen« Arbeitsbuch 2, S. 128, DKA. **[62]** Entlassungsschreiben des Direktors der Vereinigten Staatsschulen, Max Kutschmann, vom 21.3.1939. DKA. **[63]** Die Allgemeine Thüringische Landeszeitung Weimar meldete Lenks Wohnsitzwechsel nach Orlamünde am 10.3.1939. **[64]** Briefe vom 17.3.1939, 2.8. und 17.9.1940, DKA. Das WV Abercron 1976 verzeichnet insges. 19 Gemälde, die zw. 1937 u. 1943 vom Auswärtigen Amt beauftragt oder erworben worden sind. **[65]** Arbeitsbuch 2, S. 156, WV Abercron D-41-16. **[66]** Vgl. z. B. Schriftwechsel mit dem Architekten Peter von Seidlein zu einer von Rudolf Hess gewünschten Motivkorrektur. Briefe vom 11.11.1938 u. 19.5.1939, DKA. **[67]** MS »Der Regenbogen«, S. 63. **[68]** Arbeitsbuch 2, S. 127–129, DKA. **[69]** Vgl. Schreiben des Heeresbauamts Magdeburg vom 12.7.1940, DKA, Nachlass Lenk, H-K. **[70]** Lenk an Kreisleiter Müller, 3.5.1940 u. NSDAP-Kreisleiter an Lenk 20.5.1940. DKA. Lenk berief sich darauf, dass Minister Rust ihm versichert habe, »daß eine Parteizugehörigkeit in künstlerischen Dingen nicht verknüpft zu sein braucht«. Sein Schreiben sandte er in Kopie an das Auswärtige Amt, seinen damals aktuellen Auftraggeber. **[71]** Beitrittsgesuch vom 3.5.1940, DKA. **[72]** Das Schloss war 1939 nach Enteignung der Besitzer an Ribbentrop verpachtet worden, der dort mitunter Künstler einlud, u. a. auch Ernst Jünger. Vgl. Ribbentrop 2008, S. 55, Anm. 61. **[73]** 26 neue Hochgebirgsaquarelle, die »im Zusammenhang mit einem Staatsauftrag entstanden«, zeigte Lenk im Juli 1942 im Städtischen Museum Trier, vgl. N. N., Poesie der Sachlichkeit, in: Nationalblatt Trier, 18.7.1942. **[74]** Vgl. dazu Petropoulos 1996, S. 203–211. Der Autor qualifiziert Lenk ebenso wie Georg Kolbe ohne Differenzierung als »Nazi-artists« ab und unterschätzt m. E. die Eigenständigkeit Ribbentrops als Sammler. Dieser sammelte bspw. auch Werke des französischen Impressionismus, die nicht der NS-Kunstdoktrin entsprachen. Vgl. dazu d'Almeida 2007, S. 193. **[75]** Vgl. Kicherer 2019, S. 30 – die Angabe dort basiert auf einem Gespräch des Autors mit Anneliese Lenk 1981. **[76]** Dass eine persönliche Beziehung zwischen Lenk und den Ribbentrops bestand, belegt u.a. ein Gratulationsschreiben Annelies von Ribbentrops zu Lenks 70. Geburtstag. Vgl. DKA. **[77]** Brief vom 25.9.1942, vgl. Abb. Kicherer 2019, S. 180. **[78]** Vgl. Zeitungsberichte Dresdner Nachrichten 12.5.1941, Dresdner Anzeiger 14.5.1941 u. Dresdner Neueste Nachrichten 4.1.1942. **[79]** Vgl. Abercron 1976, S. 118. **[80]** Zit. nach Kicherer 2019, S. 45. **[81]** Vgl. Brief von Dix an Lenk Febr. 1940, Lorenz 2013, S. 500 bzw. WV Löffler 1942/24. Der Porträtauftrag Ribbentrop kam jedoch nicht zustande. **[82]** Vgl. Lorenz 2013, S. 525. Dort ist die Rede von Zeichnungen und den Radierungen des Kriegs-Zyklus. **[83]** Vgl. Werdauer Zeitung v. 6.12.1943, S. 3 sowie DKA, Nachlass Lenk, E-G. Die Überweisung erfolgte am 21.8.1944. Vgl. ebd. **[84]** DKA, Nachlass Lenk, Dort auch Rechnungen für Speditionsleistungen usw. **[85]** März 1995, S. 517. Zur »uneinheitlichen Lebenswirklichkeit« in der NS-Zeit siehe Schäfer 1981, bes. S. 133. **[86]** Zu Otto Dix vgl. Werner Schmidt, Rede zur Verleihung des Rembrandt-Preises 1968, zit. n. Schubert 1990, S. 154. Natursymbole wie Baumstümpfe oder Gewitterwolken (vgl. Kat. 56, 57) können m. E. hier nicht politisch gedeutet werden, da diese auch schon vor 1933 in Lenks Werk zu finden sind.

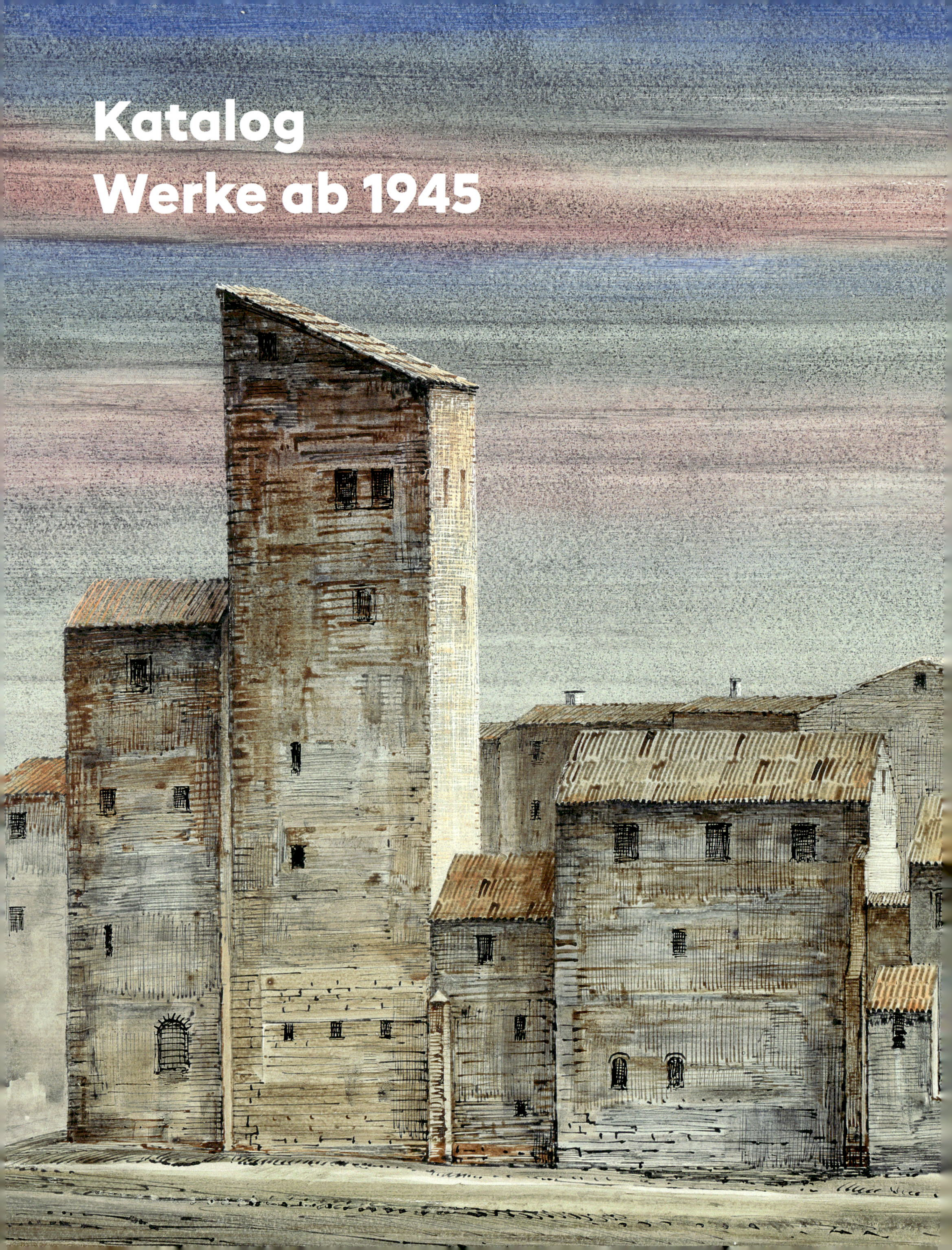
Katalog
Werke ab 1945

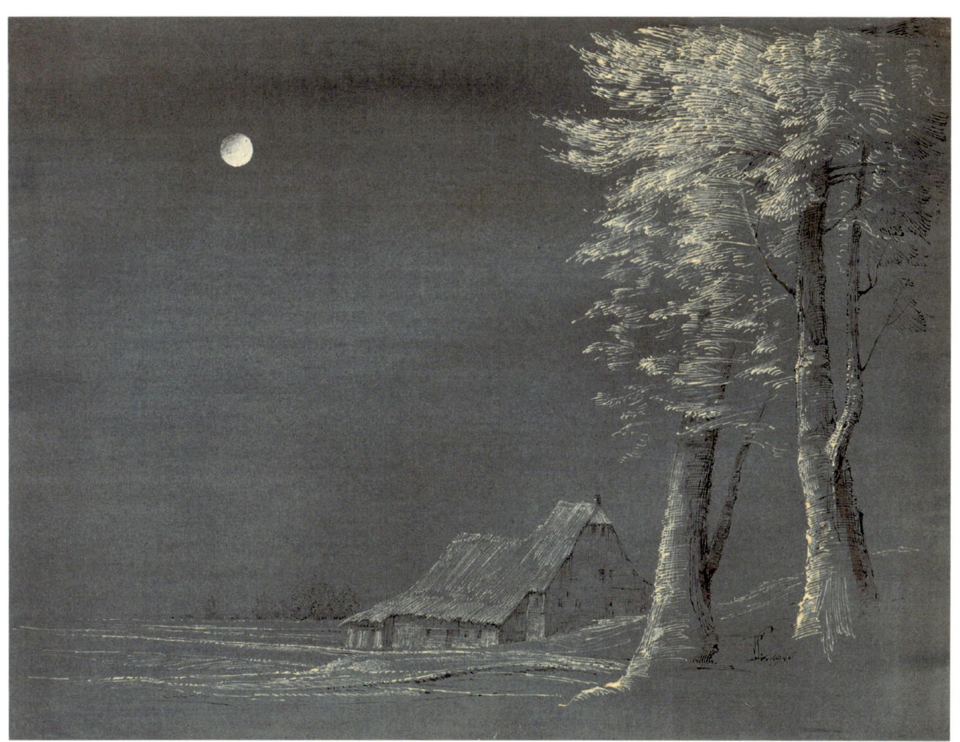

66 — **Landschaft im Mondschein** / 1946 / Tusche in Schwarz und Weiß

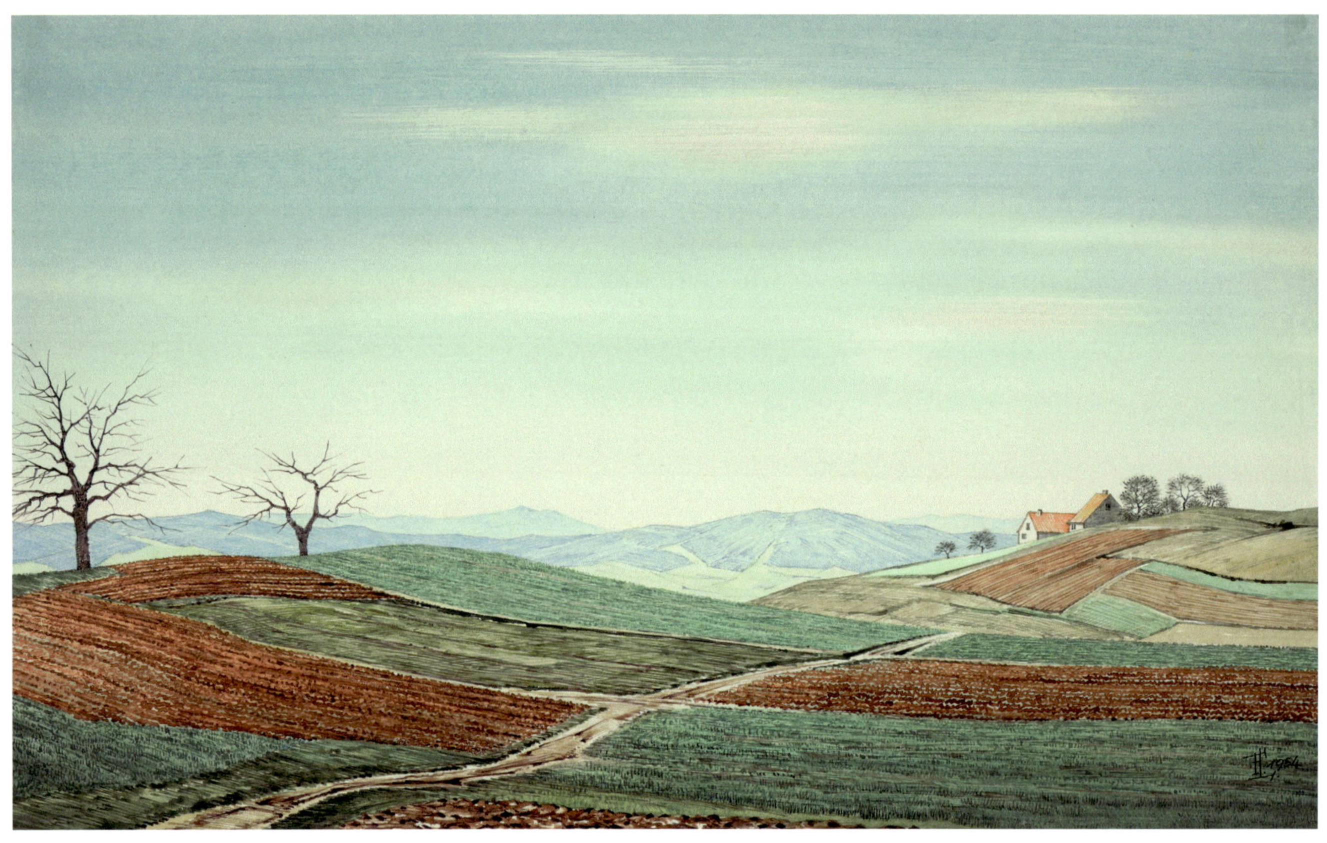

67 — **Frühling im Erzgebirge** / 1954 / Tusche, Aquarell

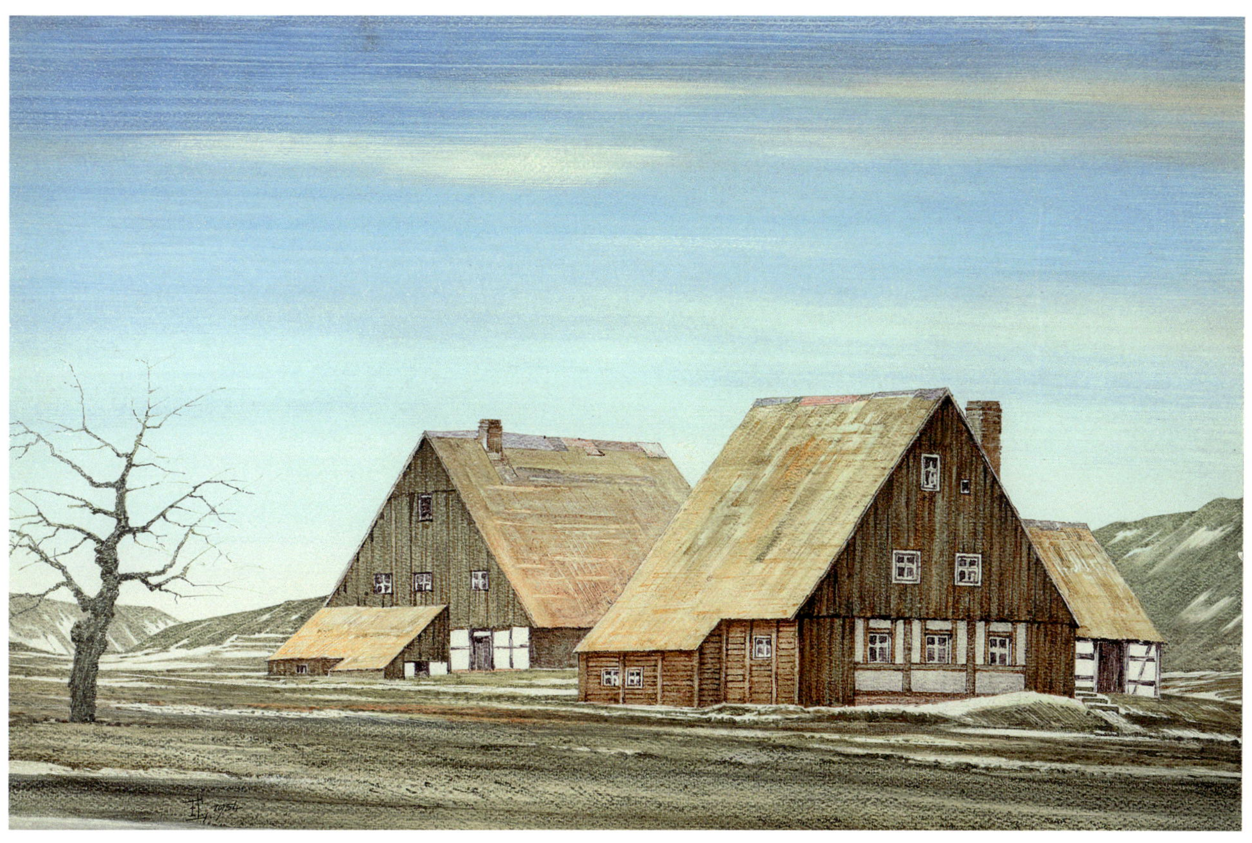

68 — **Zinnwald im Erzgebirge** / 1954 / Tusche, Aquarell

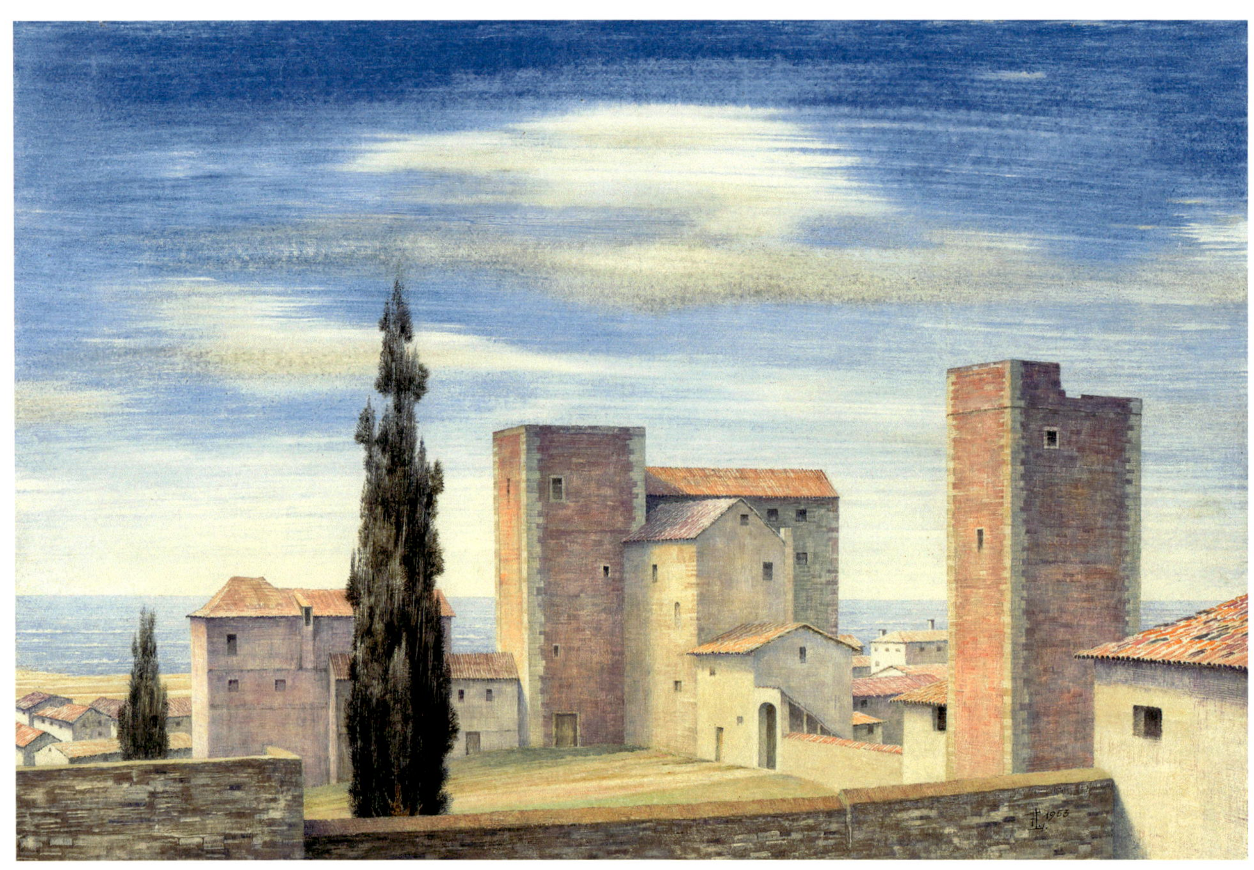

69 — **Italienische Landschaft** / 1953 / Öl und Eitempera auf Sperrholz

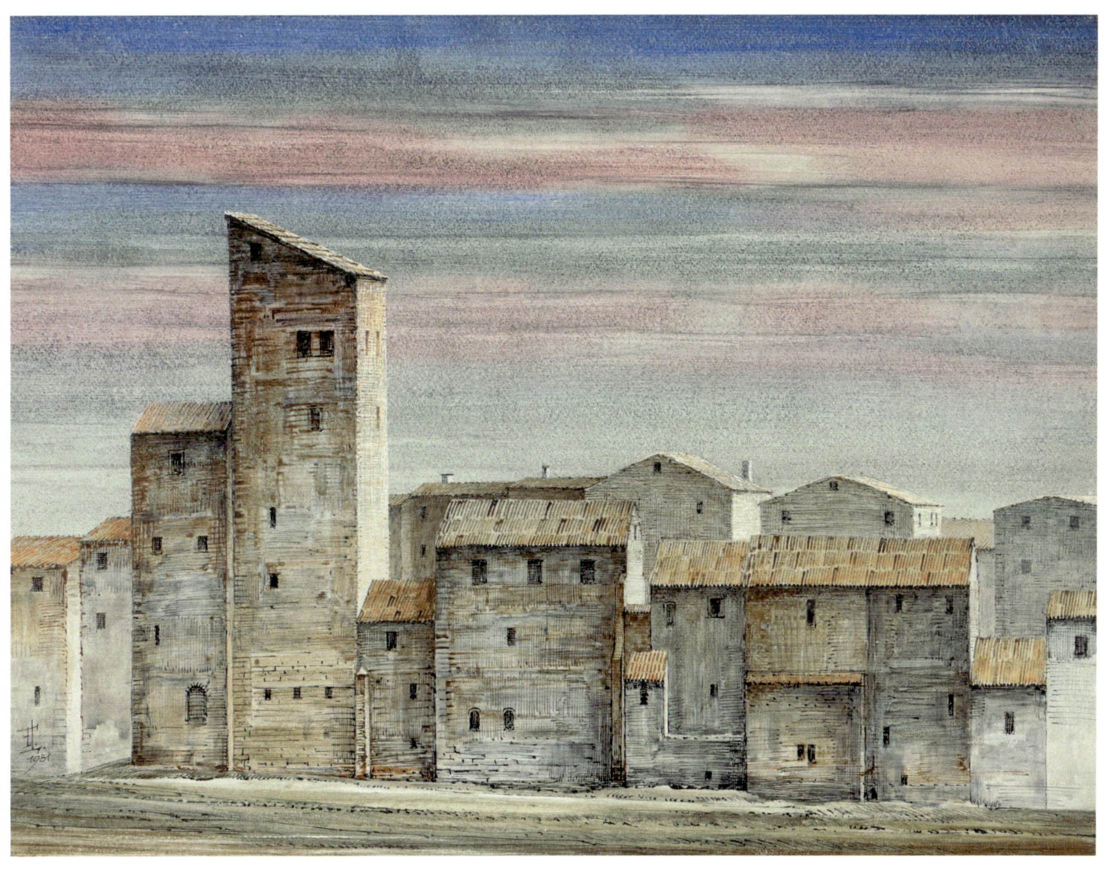

70 — **Italienische Häuser** / 1951 / Tusche, Aquarell

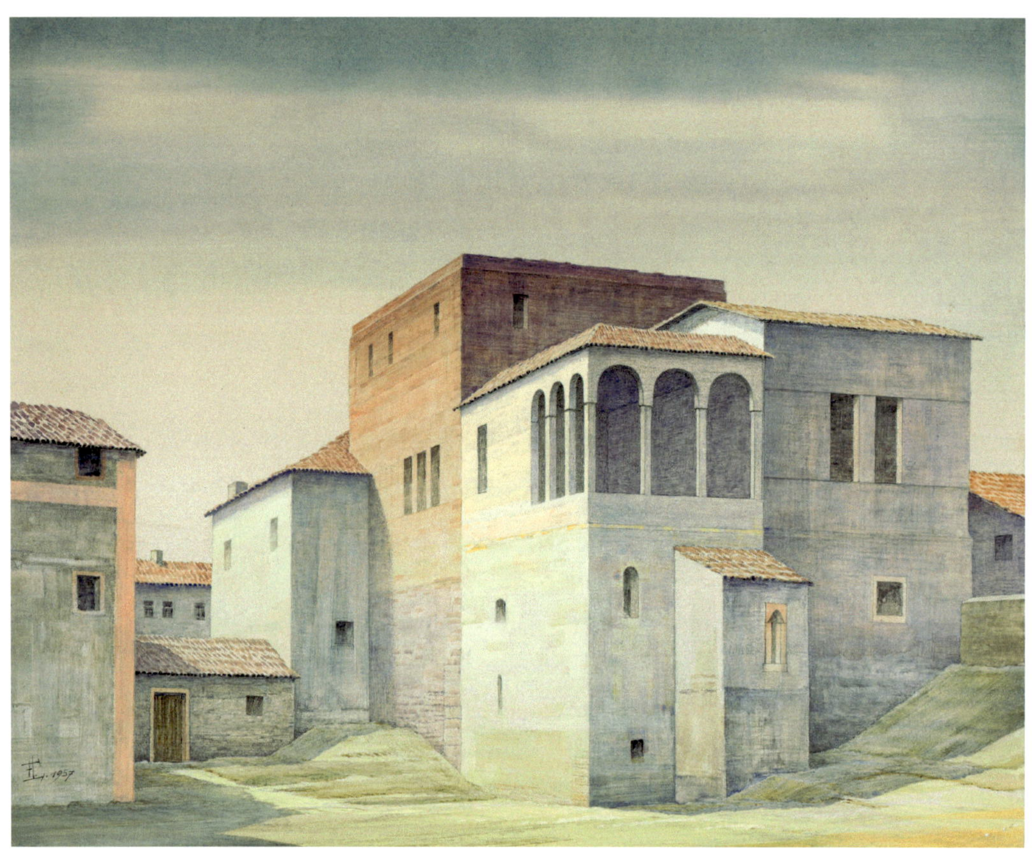

71 — **Italienische Architektur** / 1957 / Bleistift, Tusche, Aquarell

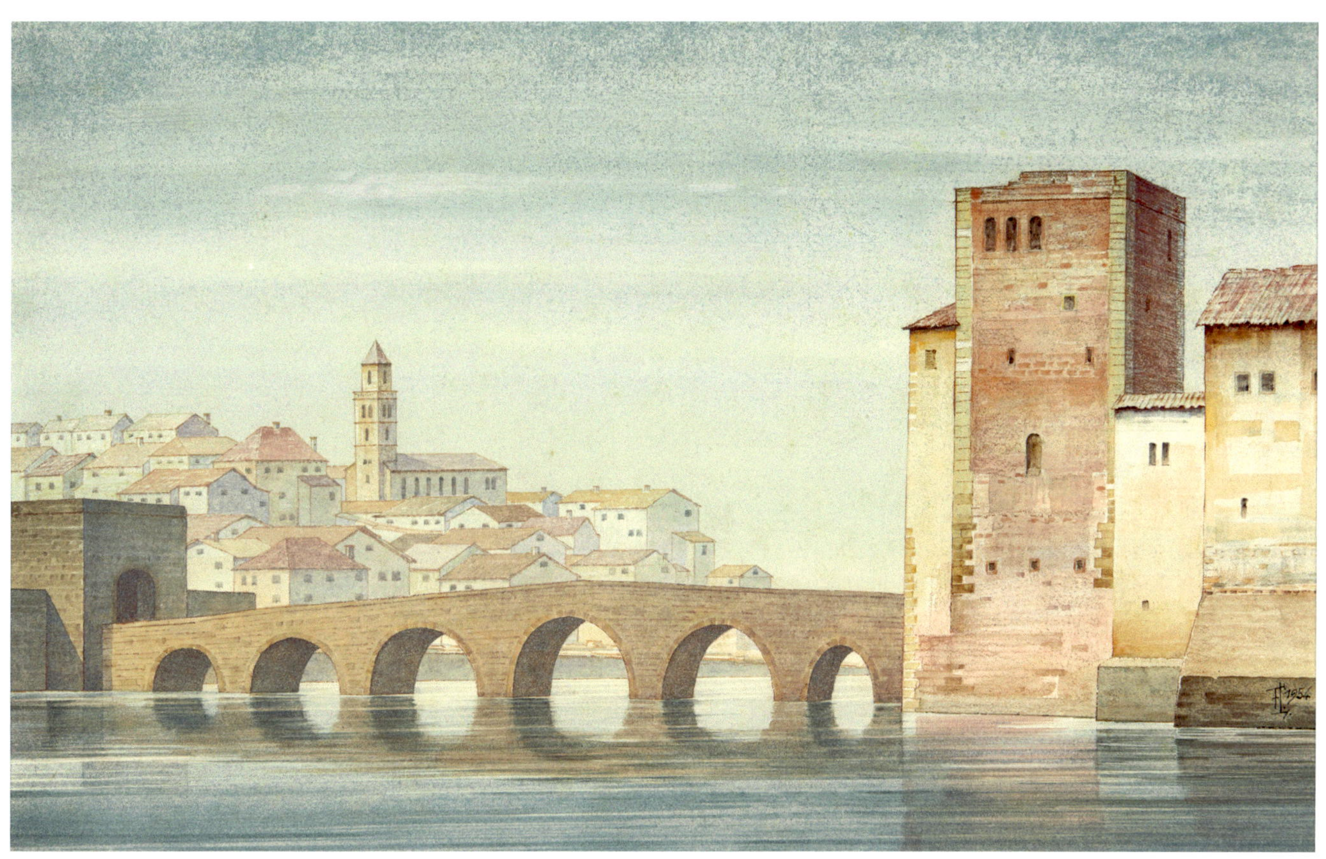

72 — **Brücke bei Brindisi** / 1954 / rote Kreide, Aquarell

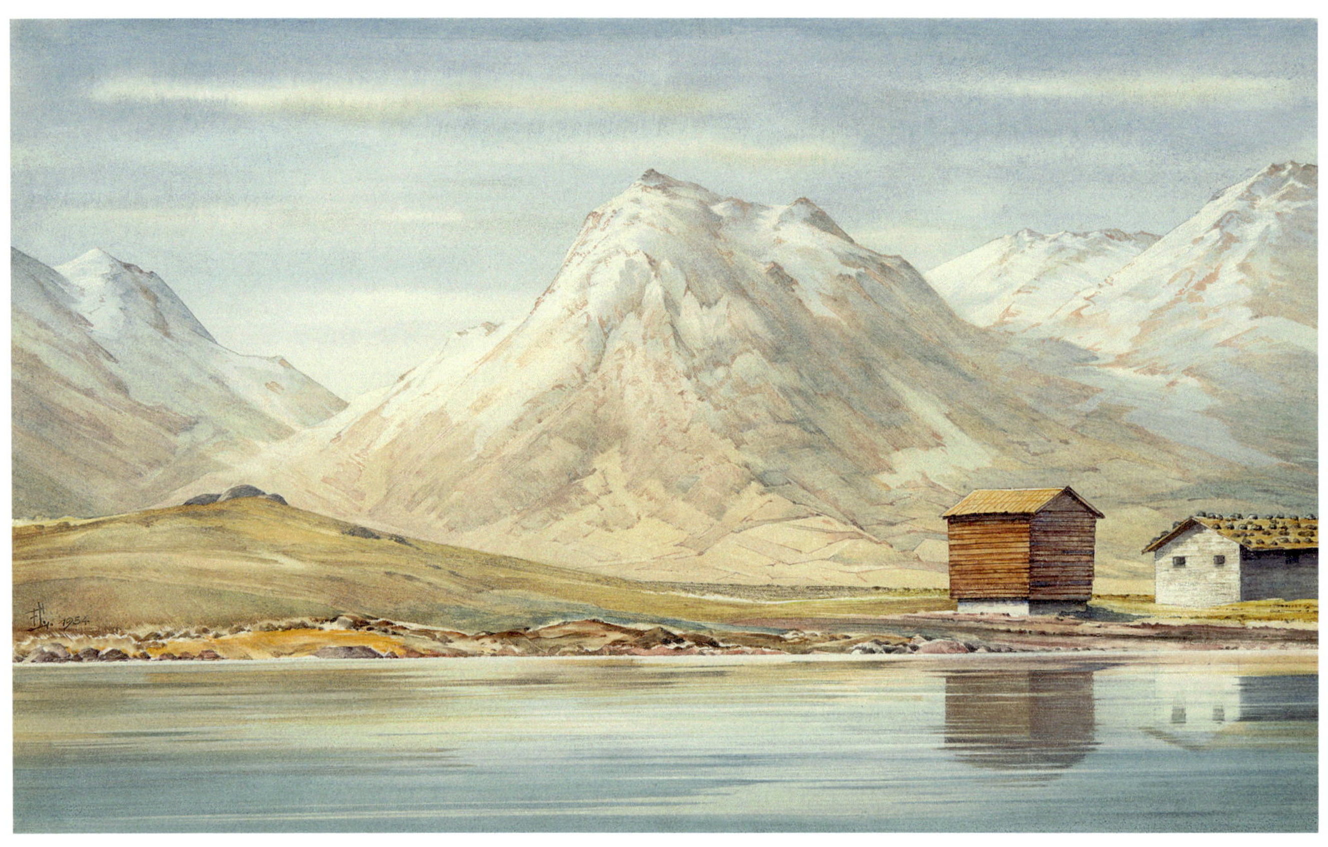

73 — **Bei Zermatt** / 1954 / Bleistift, Tusche, Aquarell

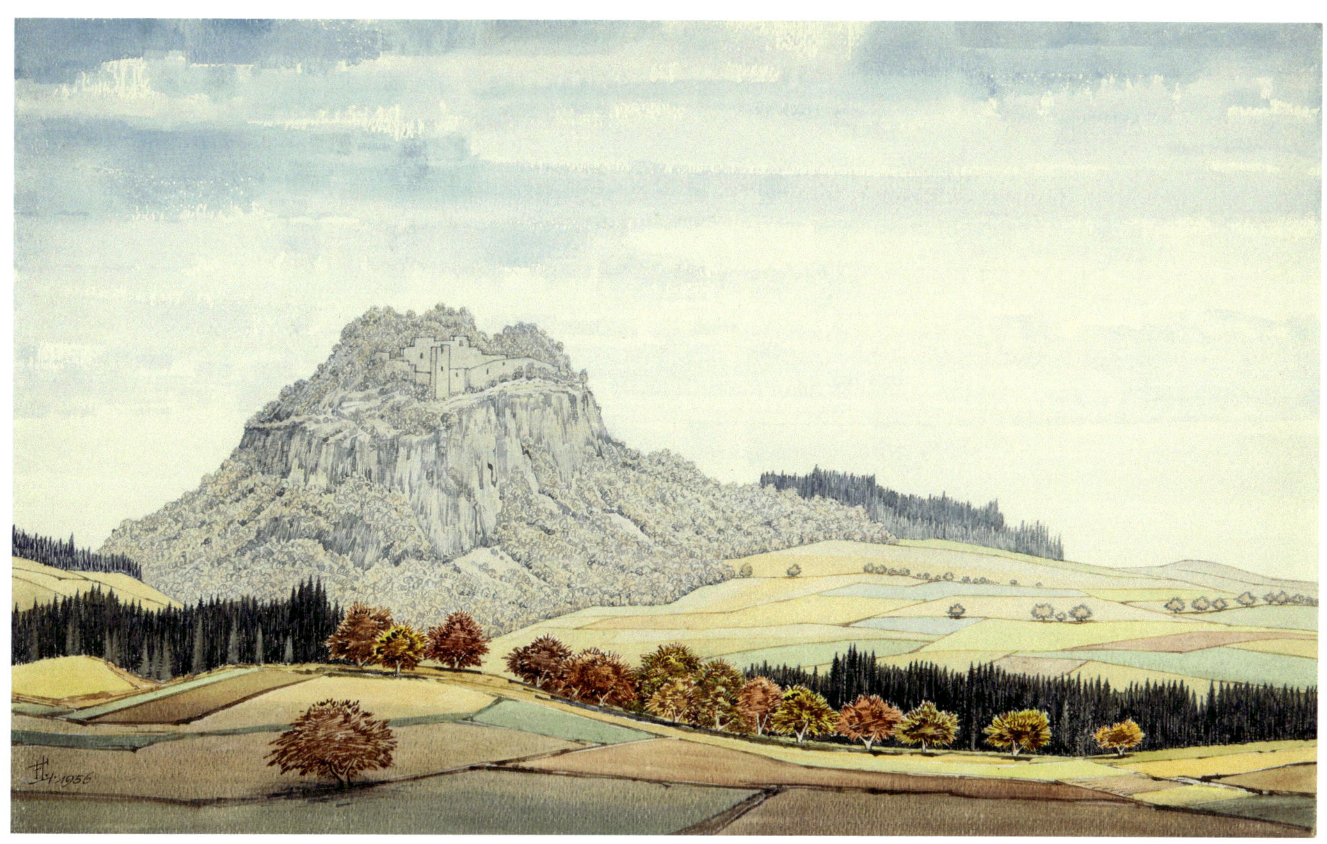

74 — **Mädgeberg im Hegau** / 1956 / Tusche, Aquarell

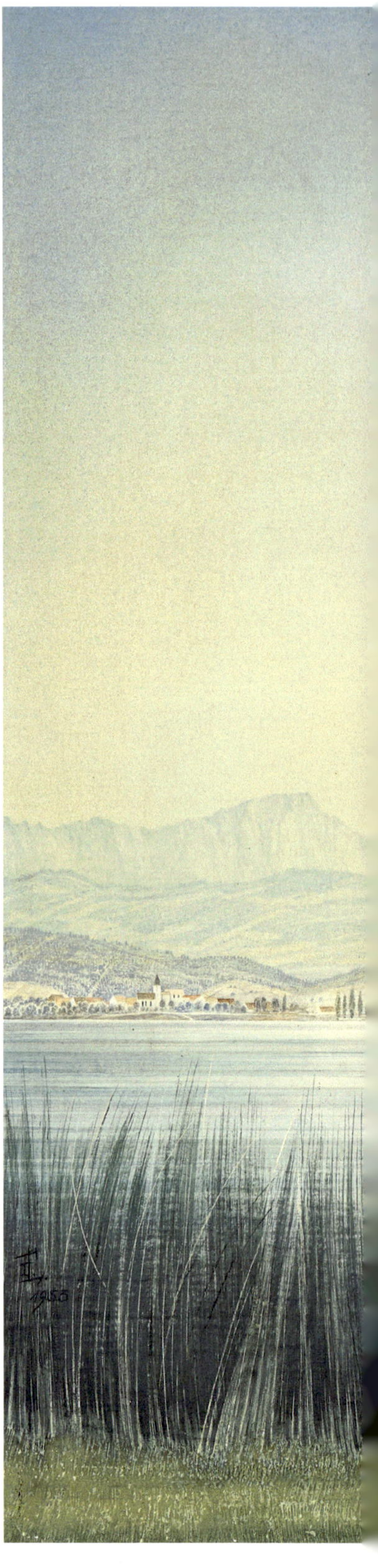

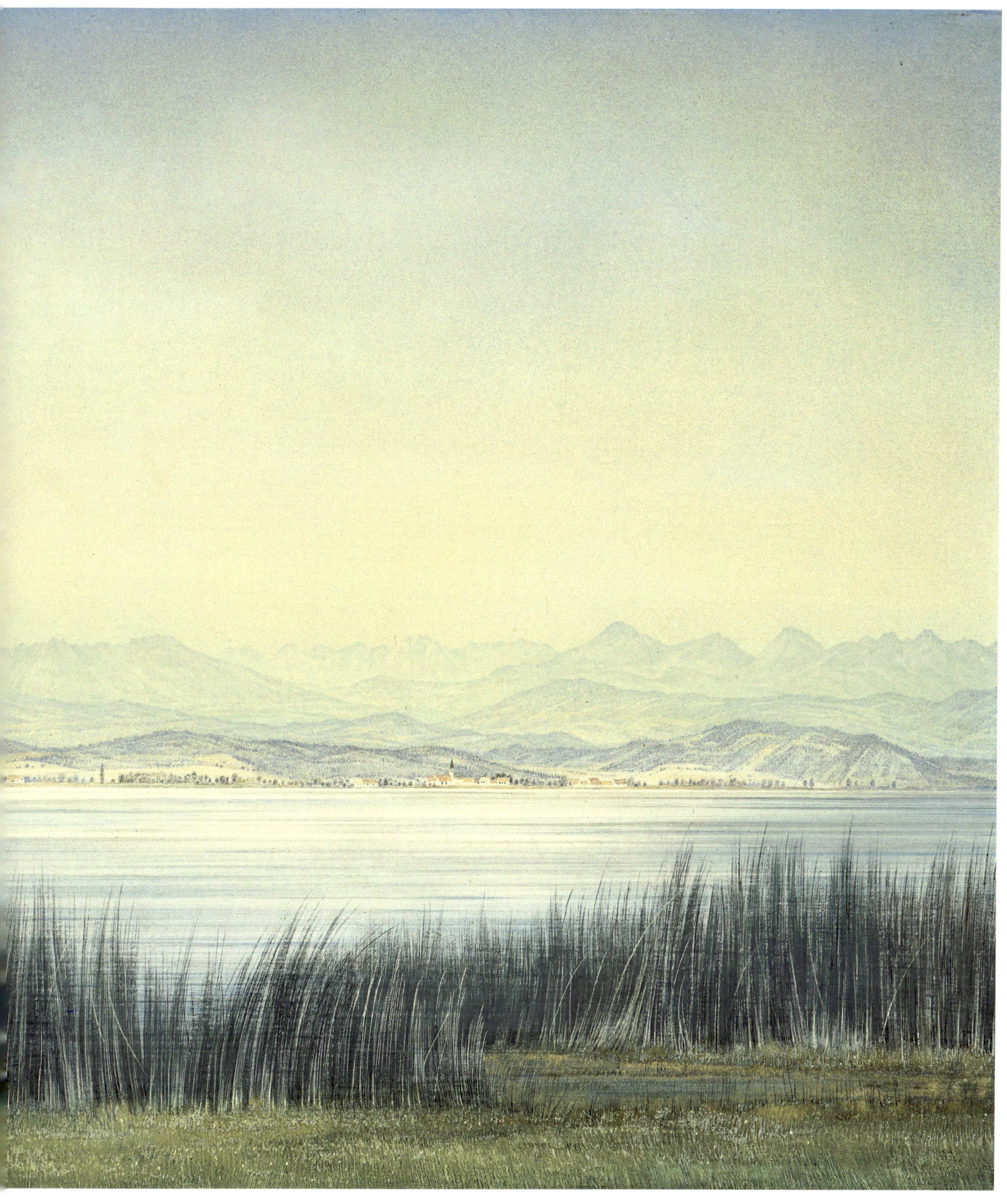

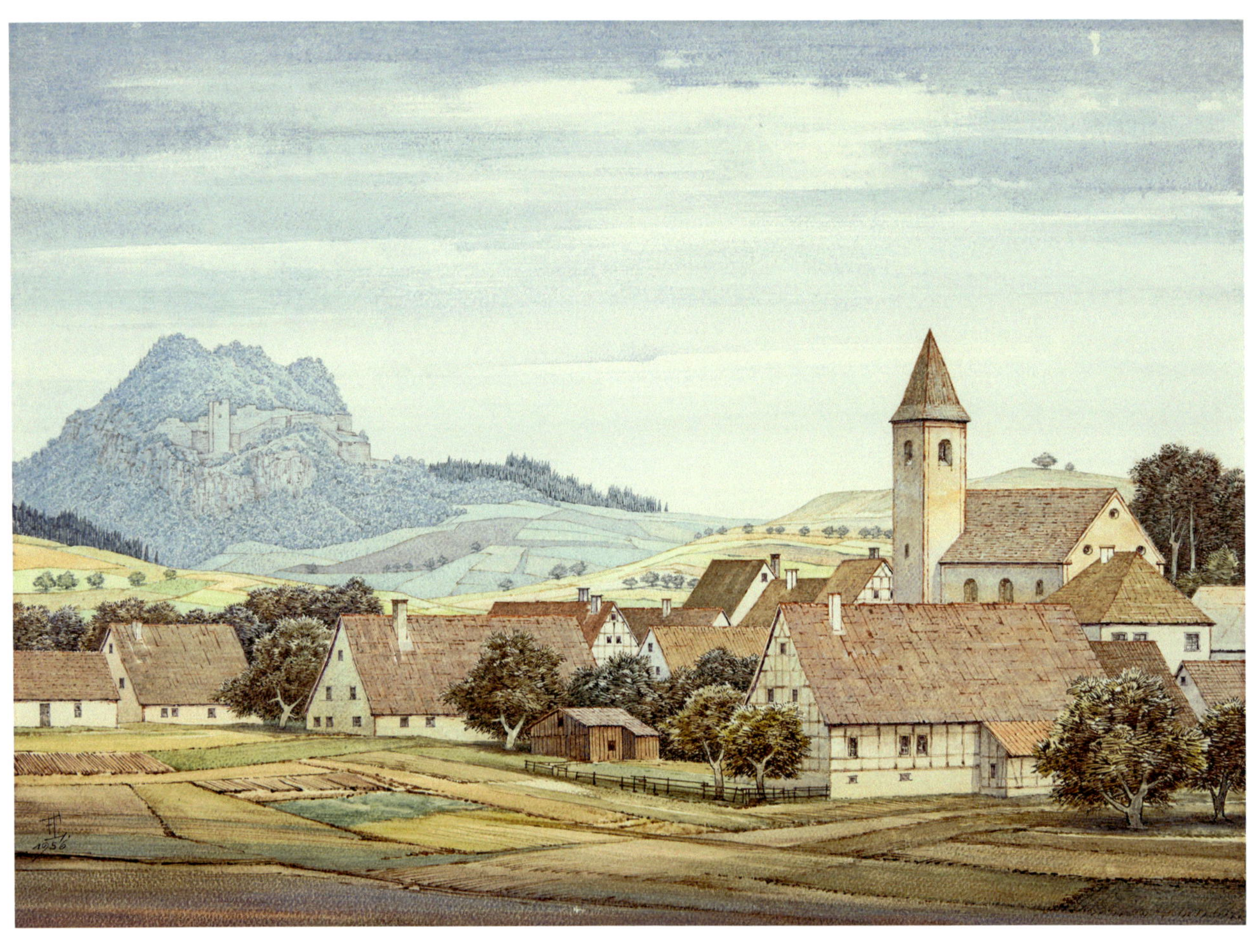

76 — **Duchtlingen und Mägdeberg** / 1956 / Tusche, Aquarell

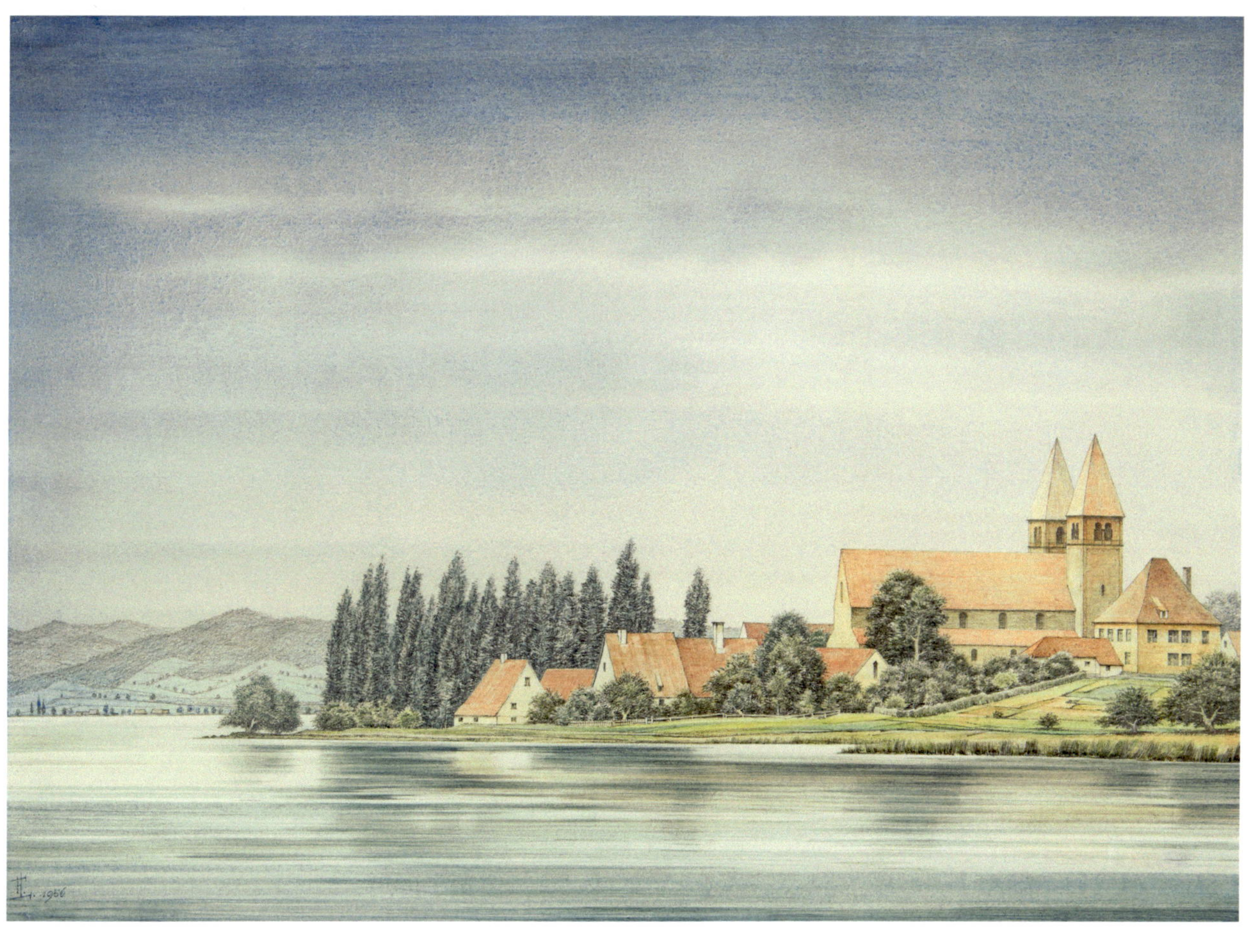

77 — **Niederzell auf der Insel Reichenau im Bodensee** / 1956 / Bleistift, Tusche, Aquarell

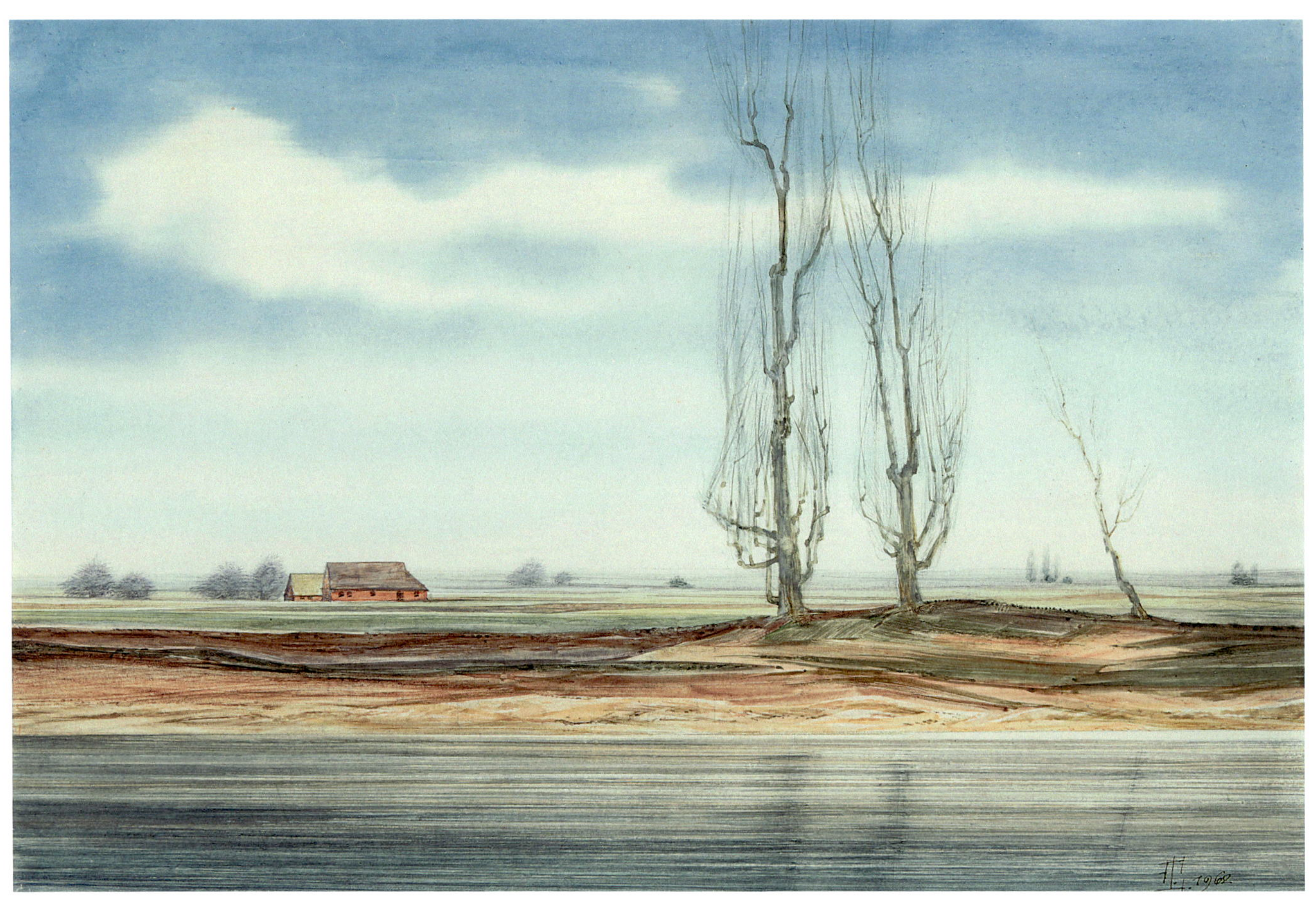

78 — **Niederrhein bei Xanten** / 1962 / Bleistift, Tusche, Aquarell

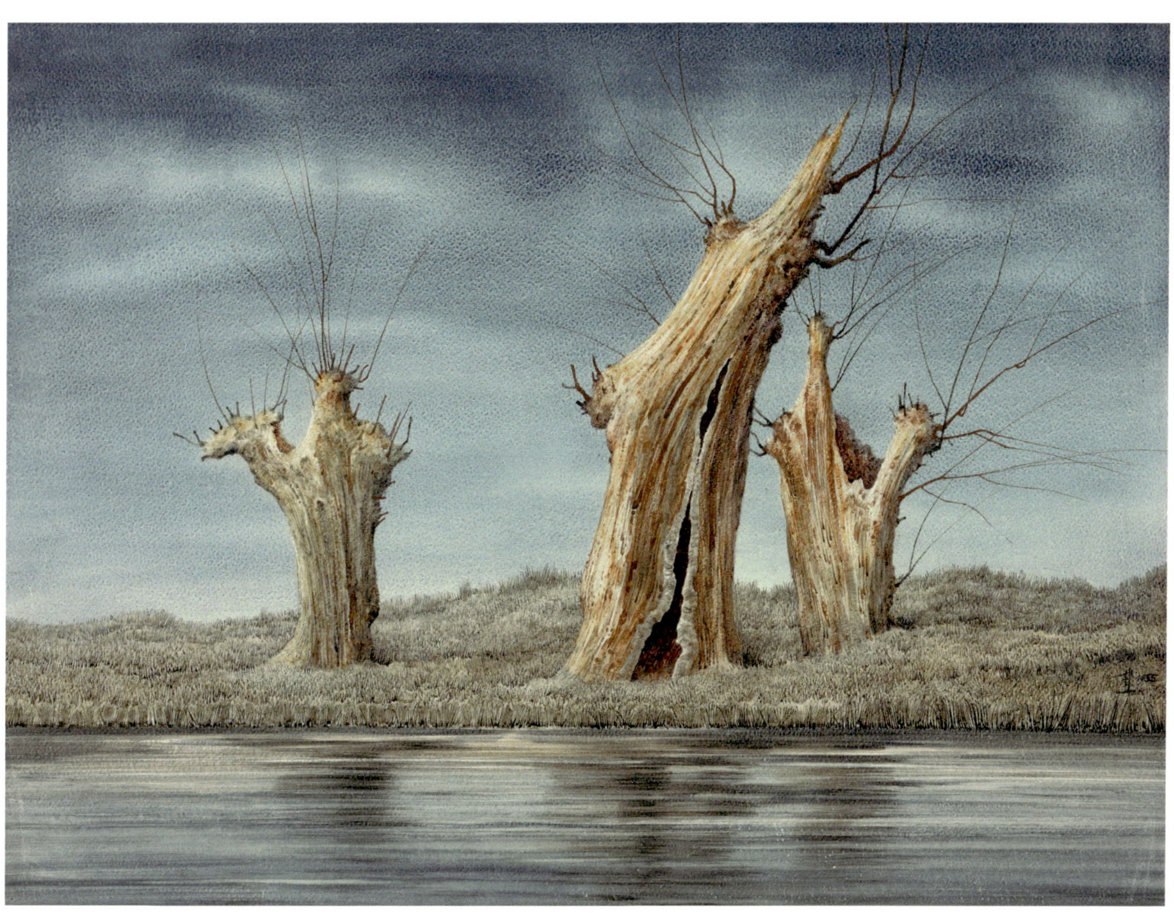

79 — **Weiden am Fluss** / 1955 / Tusche, Aquarell

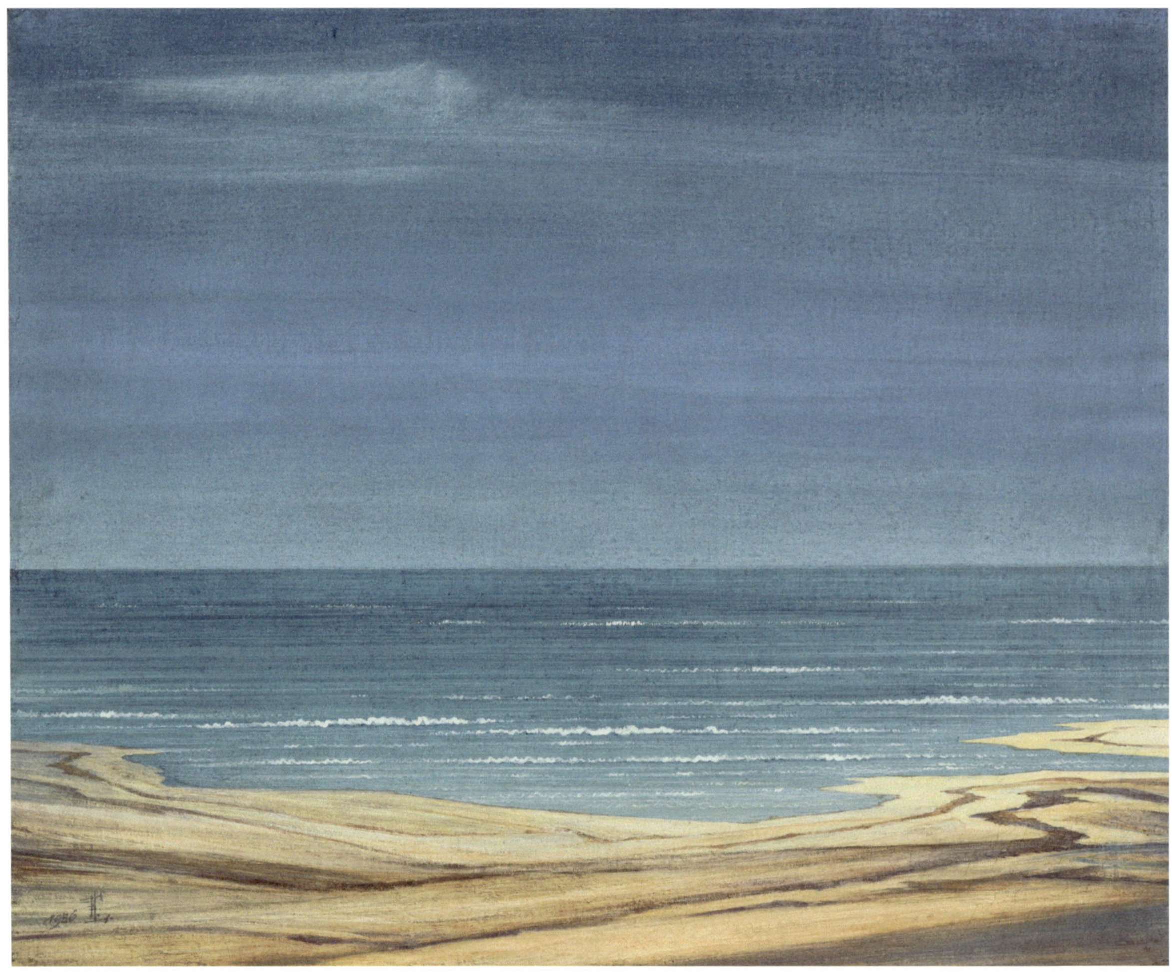

80 — **Meer und Strand** / 1956 / Öl und Eitempera auf Leinwand auf Holz

81 — **Lilie** / 1964 / Öl und Eitempera auf Leinwand auf Holz

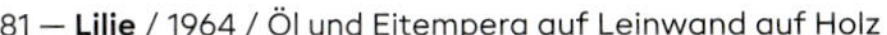

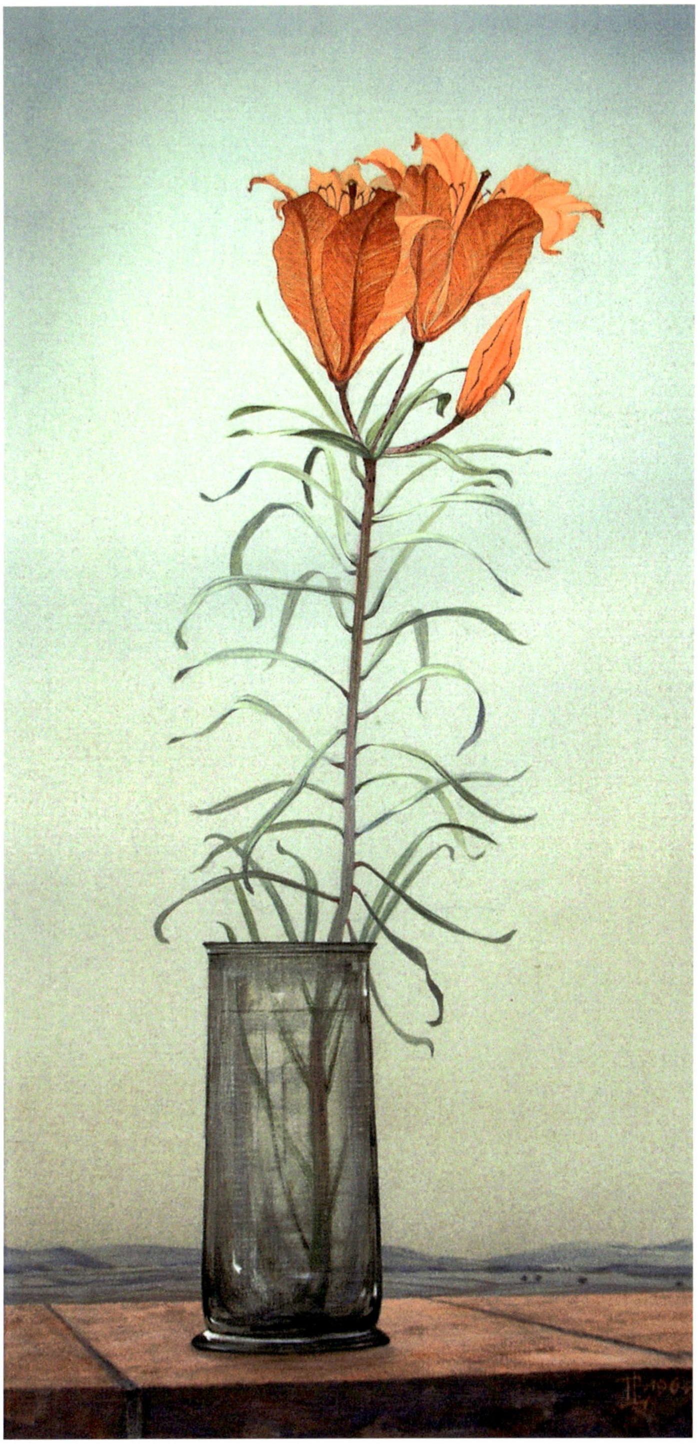

Werkverzeichnis

1 — S. 25
Der tote Kamerad
1917
Bleistift, Aquarell, 26,5 × 16,5 cm
bez. u. r.: im Felde / F.L. / 1917
beschr.: Der tote Kamerad
Nachlass Franz Lenk

2 — S. 27
Mein Stübchen in Le Cateau
1917
Bleistift, Aquarell, 26,2 × 22 cm
bez. u. l.: Mein Stübchen / in Le-Cateau.
E. Lenk 1917
Nachlass Franz Lenk

3 — S. 28
Brücke und Häuser an der Elbe
ohne Jahr (um 1920–1922)
Bleistift, Aquarell, 31,1 × 21,5 cm
unbez.
Nachlass Franz Lenk

4 — S. 29
**Pfarrhaus mit Kirche in
Langenbernsdorf**
1920
Bleistift, Aquarell, 29 × 35,5 cm
bez. u. r.: Franz Lenk / 1920
Nachlass Franz Lenk

5 — S. 30
Dresden Marsdorferstraße
1923
Aquarell, 33 × 42 cm
bez. u. r.: Lenk 1923
Nachlass Franz Lenk

6 — S. 31
**Stadtansicht von Dresden mit
Radfahrer und Laterne**
(Blick zum Neustädter Ufer von
unterhalb der Augustusbrücke)
1923
Bleistift, Aquarell, 37 × 45 cm
bez. u. r.: Franz Lenk 1923
Nachlass Franz Lenk

7 — S. 32
**Vorort von Dresden mit
Spaziergängern**
1923
Aquarell, 26,3 × 41,6 cm
bez. u. r.: 1923 F. Lenk
Nachlass Franz Lenk

9 — S. 34
Häuser bei Lausa
1924
Bleistift, 17,5 × 16 cm
bez. o. r.: FL 1926
Privatbesitz

11 — S. 36
Dorflandschaft
1924
Öl auf Hartfaserplatte, 30 × 42 cm
bez. u. r.: F. Lenk 1924
Nachlass Franz Lenk

12 — S. 37
Wohnhaus im Winter
1924
Öl auf Leinwand, 29,5 × 42,5 cm
bez. u. r.: F. Lenk 1924
Privatbesitz

13 — S. 38 l.
Bergarbeiterstadt
1924
Lithografie, 36,5 × 26,3 auf
43,1 × 33,8 cm
bez. o. r. (im Stein): Franz Lenk / 1924
Nachlass Franz Lenk

14 — S. 38 r.
Blick auf Dorf im Tal
1924
Lithografie, 33,5 × 29,5 auf 43 × 34 cm
bez. u. r. (im Stein): Franz Lenk 1924
Nachlass Franz Lenk

10 — S. 35
Backsteinhäuser
1925
Aquarell, 42 × 32 cm
bez. u. l.: Franz Lenk 1925
Sammlung Frank Brabant, Wiesbaden

16 — S. 40
Bäumchen mit Erdabhang
1925
Aquarell, 35 × 25 cm
bez. u. l.: Franz Lenk 1925
Nachlass Franz Lenk

8 — S. 33
Langenbernsdorf
1926
Bleistift, 34,5 × 47 cm
bez. o. l.: Langenbernsdorf / FL1926
Privatbesitz

17 — S. 41
Müllhaufen
1926
Öl auf Holz, 94 × 114 cm
bez. o. r.: 1926 / F. Lenk
Städtische Museen Heilbronn,
Inv. Nr. B 4074

27 — S. 54
Bildnis der Großmutter
1926
Öl auf Sperrholz, 58 × 37 cm
bez. verso: MEINE GROSSMUTTER
Gemalt 1925 in Lausa
Nachlass Franz Lenk

28 — S. 55
Bildnis des Vaters
1926
Öl auf Holz, 106 × 52 cm
bez. o. r.: F. Lenk / 1926
Privatsammlung Süddeutschland

15 — S. 39
Vorstadthäuser (Heidenau)
1927
Öl auf Holz, 31 × 42 cm
bez. o. r.: F. Lenk 1927
Privatbesitz

18 — S. 42/43
Flugplatz (Scheinwerfer)
1927
Öl auf Holz, 49,5 × 60 cm
bez. o. r.: F. Lenk / 1927
Cantone Ticino, Fondazione Monte
Verità, Donation Eduard von der Heydt

19 — S. 44
Wattenmeer bei beginnender Ebbe
1927
Aquarell, 34,5 × 46,5 cm
bez. u. l.: 1927 / F. Lenk
Privatbesitz

21 — S. 47
**Stilleben mit Gießkanne, Eimer
und Bretterkiste**
1927
Öl auf Sperrholz, 111,5 × 88,5 cm
bez. o. r.: F. Lenk / 1927
Stiftung Stadtmuseum Berlin

22 — S. 48 / Detail S. 24
Stilleben mit zwei Krokussen im Glas
1927
Öl auf Leinwand auf Holz,
23 × 22,7 cm
bez. o. l.: F. Lenk; beschr. o. M. 1927
Kunsthandel Wolfgang Werner
Berlin/ Bremen

23 — S. 49
**Stilleben mit Kartoffeln, Tasse
und Zwiebel**
1927
Öl auf Sperrholz, 24,2 × 29 cm
bez. o. l.: 1927; o. r.: F. Lenk
Kunsthandel Wolfgang Werner
Berlin/ Bremen

24 — S. 50
Bildnis G. Peppler
1927
Bleistift, 19 × 16 cm
bez. u. r.: FL 1927; beschr. u. r. von
fremder Hand: G. Peppler
Privatbesitz

26 — S. 53
**Bildnis des Malers Wilhelm Eller
(1873–1951)**
1927
Gouache, Aquarell, 45 × 33,8 cm
bez. u. r.: 1926 / F. Lenk
Sammlung Frank Brabant, Wiesbaden

29 — S. 56
Brand
1927
Öl auf Sperrholz, 125,5 × 90 cm
bez. o. l.: F. Lenk 1927
Städtische Galerie Dresden –
Kunstsammlung

20 — S. 45
Amrum (Odde)
1928
Öl auf Leinwand, 48 × 38,5 cm
bez. o. l.: 1928; o. r.: F. Lenk
Museum für Kunst und Kulturgeschichte
Schloss Gottorf, Landesmuseen
Schleswig-Holstein, Inv. Nr. 19179-79

25 — S. 51
Portrait Lotte Durst
1928
Öl auf Leinwand, 74 × 51 cm
bez. o. r.: 1928 F. Lenk
Hessisches Landesmuseum
Darmstadt, GK 1308

30 — S. 57
Berliner Hinterhäuser
(auch: Hinterhäuser Berlin-O)
1929
Öl auf Leinwand auf Sperrholz,
113,5 × 94 cm
bez. o. M.: 1929 F. Lenk
Berlinische Galerie

31 — S. 79
Bildnis eines jungen Mädchens
(Freundin des Bildhauers Lothar Strauch)
1930
Bleistift, 39,5 × 28,5 cm
bez. u. l.: 1930, u. r.: F. Lenk
Sammlung Frieder Gerlach, Konstanz

37 — S. 85
St. Lorenzi (Kirche in der Wachau)
1930
Öl und Eitempera auf Leinwand auf
Sperrholz, 78 × 65 cm
bez. u. r.: 1930 F. Lenk
Galerie der Stadt Sindelfingen

38 — S. 86
Stadtmauer in Dinkelsbühl
1930
Öl und Eitempera auf Leinwand,
53,7 × 45,2 cm
bez. o. r.: 1930 F. Lenk
Kunsthandel Wolfgang Werner

32 — S. 80
Stillleben mit Frauenschuh
um 1930
Öl und Eitempera auf Leinwand auf
Sperrholz, 44 × 33,5 cm
unbez.
Kunstsammlungen Chemnitz – Museum
Gunzenhauser, Eigentum der Stiftung
Gunzenhauser, Inv. Nr. GUN-M-0113

33 — S. 81 / Detail S. 78
Calla mit Fruchtschale
1931
Öl und Eitempera auf Leinwand,
71,5 × 55 cm
bez. u. l.: 1931 F. Lenk
Museum im Kulturspeicher, Würzburg

34 — S. 82
Erzgebirgslandschaft bei Crimmitschau
1931
Öl und Eitempera auf Leinwand auf
Sperrholz, 55 × 83 cm
bez. u. l.: 1931 F. Lenk
Privatbesitz

35 — S. 83
Heuberglandschaft
1931
Öl und Eitempera auf Leinwand auf Holz,
50 × 80 cm
bez. u. l.: 1931 F. Lenk
Privatbesitz

36 — S. 84
Landschaft am Bodensee
1932
Öl und Eitempera auf Leinwand auf Holz,
54 × 67 cm
bez. u. l.: 1932 F. Lenk
Cantone Ticino, Fondazione Monte
Verità, Donation Eduard von der Heydt

39 — S. 87
**Riedhütten mit Torfstich bei
Wilhelmsdorf**
1932
Öl und Eitempera auf Leinwand auf Holz,
75 × 88 cm
bez. u. r.: 1932 F. Lenk
Privatbesitz

46 — S. 95
Weiden am Wasser
1933
Öl und Eitempera auf Leinwand,
68 × 80 cm
bez. u. r.: 1933 F. Lenk
Privatbesitz München

47 — S. 96
Hegaulandschaft mit Hohentwiel
1934
Bleistift, Aquarell, 33 × 51,5 cm
bez. u. r.: 1934 Lenk
Privatbesitz Köln

48 — S. 97
Hegaulandschaft mit Hohenstoffeln
1934
Bleistift, Aquarell, 43,5 × 65 cm
bez. u. r.: Lenk 1934
Privatbesitz

52 — S. 100/101
Thomas' Spielzeug
1935
Aquarell, 48,5 × 68,5 cm
bez. o. r.: Thomas Spielzeug. Lenk 1935
Nachlass Franz Lenk

51 — S. 99
Kapelle im Hegau
1937
Öl und Eitempera auf Holz, 28 × 53 cm
bez. u. r.: Lenk 1937
Kunstmuseum Singen, Dauerleihgabe
aus Privatbesitz

55 — S. 104
Orlamünde im Nebel
1937
Öl und Eitempera auf Leinwand auf Holz,
72 × 112 cm
bez. u. r.: 1937 Lenk
Privatbesitz

53 — S. 102
Bildnis des Sohnes Thomas Lenk
1939
Bleistift, 46,4 × 34,2 cm
beschr. o. r.: Mein Sohn Thomas
bez. darunter: 15.-16. Dez. 1939 Lenk
Nachlass Franz Lenk

61 — S. 109 o.
Blick auf Łódz
1939
Bleistift, Tusche, Aquarell, 35,5 × 55,5 cm
bez. o. M.: Blick auf Lodz / 28. Sept.
1939. Lenk
Nachlass Franz Lenk

64 — S. 111 o.
Łowicz I
(Ruine mit Kachelofen)
1939
Tusche, Aquarell, 35,5 × 43 cm
bez. o. M.: Lowicz / Lenk 2. Okt. 1939
Nachlass Franz Lenk

65 — S. 111 u.
Łowicz II
(Ruine mit Madonnenbild)
1939
Tusche, Aquarell, 35,5 × 43 cm
bez. o. M.: Lowicz 22. Okt. 1939 / Lenk
Nachlass Franz Lenk

54 — S. 103
**Der Frühling von meinem Fenster
in Orlamünde**
1941
Bleistift, Aquarell, 43 × 59,5 cm
bez. o. M.: FL; beschr.: Der Frühling von
meinem Fenster / in Orlamünde 1941
Nachlass Franz Lenk

59 — S. 107 / Detail S. 94
Die Schlucht
1941
Tusche, Aquarell, 70 × 55 cm
bez. u. r.: FL / 1941
Nachlass Franz Lenk

56 — S. 105
Fuschlsee bei Gewitter
1942
Öl und Tempera auf Leinwand auf Holz,
109 × 153 cm
bez. u. l.: 19 FL 42
Privatbesitz

57 — S. 106 o.
Baumstumpf
1942
Tusche, Aquarell, 32 × 46 cm
bez. u. r.: FL 1942
Nachlass Franz Lenk

58 — S. 106 u.
Quelle
1942
Bleistift, Tusche, Aquarell, 32 × 46 cm
bez. u. l.: FL 1942
Nachlass Franz Lenk

60 — S. 108
Blick auf Potsdam
1944
Öl und Eitempera auf Leinwand auf Holz,
45 × 67 cm
bez. u. l.: 19 FL 44
Privatbesitz

62 — S. 109 u.
Orlamünde
1944
Bleistift, Aquarell, 29 × 56 cm
bez. u. l.: FL 1944; beschr. darüber:
Orlamünde / der Buchberg und
der Biehler
Nachlass Franz Lenk

63 — S. 110
Brennende Dorfkirche
1944
Öl und Tempera auf Leinwand auf
Sperrholz, 50 × 48 cm
bez. u. l.: FL 1944
Nachlass Franz Lenk

66 — S. 135
Landschaft im Mondschein
1946
Tusche in Schwarz und Weiß, 42 × 55 cm
bez. u. r.: FL 1946
Privatbesitz

70 — S. 139 / Detail S. 134
Italienische Häuser
1951
Tusche, Aquarell, 53 × 72 cm
bez. u. l.: FL / 1951
Nachlass Franz Lenk

69 — S. 138
Italienische Landschaft
1953
Öl und Eitempera auf Sperrholz,
49,5 × 73,5 cm
bez. u. r.: FL 1953
Nachlass Franz Lenk

75 — S. 144/145
Bodenseelandschaft
1953
Öl und Tempera auf Sperrholz,
72,5 × 85,5 cm
bez. u. l.: FL 1953
Privatbesitz

67 — S. 136
Frühling im Erzgebirge
1954
Tusche, Aquarell, 35,5 × 57 cm
bez. u. r.: FL 1954
Nachlass Franz Lenk

68 — S. 137
Zinnwald im Erzgebirge
1954
Tusche, Aquarell, 42,5 × 65 cm
bez. u. l.: FL 1954
Nachlass Franz Lenk

72 — S. 141
Brücke bei Brindisi
1954
rote Kreide, Aquarell, 41 × 65,5 cm,
bez. u. r.: FL 21954
Nachlass Franz Lenk

73 — S. 142
Bei Zermatt
1954
Bleistift, Tusche, Aquarell, 40 × 64,5 cm
bez. u. l.: FL 1954
Privatbesitz

79 — S. 149
Weiden am Fluss
1955
Tusche, Aquarell, 49,4 × 69,2 cm
bez. u. r.: FL 1955
Nachlass Franz Lenk

74 — S. 143
Mägdeberg im Hegau
1956
Tusche, Aquarell, 35 × 59 cm,
bez. u. l.: FL 1956
Privatbesitz

76 — S. 146
Duchtlingen und Mägdeberg
1956
Tusche, Aquarell, 49,9 × 69,5 cm
bez. u. l.: FL 1956
Städtische Wessenberg-Galerie
Konstanz, Dauerleihgabe der
Werner-Konrad-Siegert-Stiftung

77 — S. 147
**Niederzell auf der Insel Reichenau
im Bodensee**
1956
Bleistift, Tusche, Aquarell, 53,4 × 72,6 cm
bez. u. l.: FL 1956
Städtische Wessenberg-Galerie
Konstanz, Dauerleihgabe der
Werner-Konrad-Siegert-Stiftung

80 — S. 150
Meer und Strand
1956
Öl und Eitempera auf Leinwand auf Holz,
42,2 × 54,3 cm
bez. u. l.: 1956 FL
Privatbesitz

71 — S. 140
Italienische Architektur
1957
Bleistift, Tusche, Aquarell, 53,5 × 65 cm
bez. u. l.: FL 1957
Nachlass Franz Lenk

78 — S. 148
Niederrhein bei Xanten
1962
Bleistift, Tusche, Aquarell,
41,5 × 62 cm
bez. u. r.: FL 1962
Nachlass Franz Lenk

81 — S. 151
Lilie
1964
Öl und Eitempera auf Leinwand
auf Holz, 66,5 × 34,5 cm
bez. u. r.: FL 1964
Privatbesitz

49 — S. 98 o.
Otto Dix
Wintertag in Randegg
1933
Mischtechnik auf Holz, 59,6 × 80 cm
bez. u. r.: 19((Mgr.))33
Museum zu Allerheiligen Schaffhausen,
Depositum der Sturzenegger-Stiftung

50 — S. 98 u.
Otto Dix
Der Hohenkrähen im Hegau
1934
Mischtechnik (Öl, Tempera) auf
Hartfaserplatte, 60,2 × 80,2 cm
bez. u. r.: 19((Mgr.))34
Kunstsammlungen Chemnitz – Museum
Gunzenhauser, Eigentum der Stiftung
Gunzenhauser, Inv. Nr. GUN-M-0092

Die Gruppe »Die Sieben«

____

40 — S. 88
Hasso von Hugo
Blumenstück
um 1925–1930
Öl auf Sperrholz, 62 × 47 cm
Privatbesitz

41 — S. 89
Georg Schrimpf
Abendstimmung am Staffelsee
1932
Öl auf Leinwand, 60,5 × 100,5 cm
Privatbesitz Köln

42 — S. 90
Theo Champion
Zeltlager
1932
Öl auf Hartfaserplatte, 60 × 50 cm
Privatbesitz Hennef

43 — S. 91
Adolf Dietrich
Winterlandschaft
1925
Öl auf Karton, 38 × 54 cm
bez. u. r.: A. Dietrich 1925
Städtische Wessenberg-Galerie
Konstanz

44 — S. 92
Franz Radziwill
Flugzeugabsturz ins Kornfeld
1930
Öl auf Holz, 80 × 100 cm
Lübecker Museen. Museum Behnhaus
Drägerhaus, Leihgabe aus Privatbesitz

45 — S. 93
Alexander Kanoldt
Blumenstillleben mit Lilie
1929
Öl auf Leinwand, 91 × 70,5 cm
Städtische Galerie Sindelfingen

Literatur

Kat. Berlin 1934: Große Berliner Kunstausstellung 1934.
—

Kat. Ulm 1932: Deutsche romantische Malerei der Gegenwart, Schwörhaus Museum der Stadt Ulm 1932.
—

Abercron 1976: Galerie von Abercron (Hg.), Franz Lenk (1898–1968). Retrospektive und Dokumentationen, Köln 1976.
—

d'Almeida 2007: Fabrice d'Almeida, Hakenkreuz und Kaviar. Das mondäne Leben im Nationalsozialismus, Düsseldorf 2007.
—

Baum 1932: Julius Baum, »Deutsche romantische Malerei der Gegenwart«, in: Kat. Ulm 1932, S. 6f.
—

Benz u. a. 2015: Wolfgang Benz, Peter Eckel, Andreas Nachama (Hrsg.), Kunst im NS-Staat. Ideologie, Ästhetik, Protagonisten, Berlin 2015.
—

Bie 1935: Richard Bie, Entdeckung der Landschaft, in: Die Kunstkammer, Heft 1 (Januar 1935), S. 10f.
—

Buderer 1994: Hans Jürgen Buderer, Neue Sachlichkeit. Bilder auf der Suche nach der Wirklichkeit. Figurative Malerei der zwanziger Jahre. Hg. v. Manfred Fath, München 1994.
—

Dahm 1986: Volker Dahm, Anfänge und Ideologie der Reichskulturkammer, in: Vierteljahreshefte für Zeitgeschichte, 34. Jg. 1986, S. 53–84.
—

Denizel 2010: Birgit Denizel, Franz Radziwill in der Künstlergruppe *Die Sieben*, in: Franz Radziwill-Gesellschaft (Hg.), Ausst. Kat. Radziwill-Haus Dangast 21.3.2010– 9.1.2011, Oldenburg 2010, S. 11–39.
—

Elm 1998: Christina von Elm, Otto Dix und Franz Lenk: »Zwei deutsche Maler.« Geschichte und Hintergründe einer Ausstellung, Magisterarbeit Universität Tübingen 1998. Typoskript im Nachlass F. Lenk, Privatbesitz.
—

Elm 1999: Christina von Elm, Otto Dix und Franz Lenk – »Zwei deutsche Maler«. Geschichte und Hintergründe der Landschaftsausstellung von 1935, in: Wolfgang Meighörner (Hg.), Wissenschaftliches Jahrbuch des Zeppelin-Museums Friedrichshafen, 1999, S. 31–67.
—

Ernst 1997: Karsten Ernst, Auferstehungsmorgen. Heinrich A. Chr. Hävernick. Erweckung zwischen Reformation, Reaktion und Revolution. Gießen 1997.
—

Fischer 1981: Lothar Fischer, Otto Dix. Ein Malerleben in Deutschland, Berlin 1981.
—

Fischer-Defoy 1988: Christine Fischer-Defoy, Kunst. Macht. Politik. Die Nazifizierung der Kunst- und Musikhochschulen in Berlin, Berlin 1988.
—

Gerster 2000: Ulrich Gerster, Kontinuität und Bruch. Georg Schrimpf zwischen Räterepublik und NS-Herrschaft, in: Zeitschrift für Kunstgeschichte, 63. Bd., H. 4 (2000), S. 532–557.
—

Gillen 2015: Eckhart Gillen, Zackig … schmerzhaft … ehrlich … Die Debatte um den Expressionismus als »deutscher Stil« 1933/34, in: Ruppert 2015, S. 203–229.
—

Hartmann-Zeller 1933: Friedrich Hartmann-Zeller, Zum Schaffen Franz Lenks, in: Die Kunst für alle, 49. Jg., 1933/34, Heft 8, S. 226.
—

Haug 1998: Ute Haug, Der Kölnische Kunstverein im Nationalsozialismus – Struktur und Entwicklung einer Kunstinstitution in der kulturpolitischen Landschaft des ›Dritten Reichs‹. Dissertation Westfälische Technische Hochschule Aachen 1998.
—

Heinzelmann 1998: Markus Heinzelmann, Die Landschaftsmalerei der Neuen Sachlichkeit und ihre Rezeption zur Zeit des Nationalsozialismus, Frankfurt am Main u. a. 1998.
—

Heinzelmann 2001: Markus Heinzelman, Die Landschaftsmalerei der Neuen Sachlichkeit in Hannover in den zwanziger und dreißiger Jahren, in: Ausst.-Kat. Der stärkste Ausdruck unserer Tage. Neue Sachlichkeit in Hannover, Sprengel Museum Hannover 2001, S. 77–82.
—

Hellwag 1935: Fritz Hellwag, Otto Dix – Bilder aus dem Hegau. Zur Ausstellung in der Galerie Nierendorf in Berlin, in: Die Kunst für alle, Juni 1935, S. 220–225.
—

Hüneke 1991: Andreas Hüneke (Hg.), Karl Hofer. Malerei hat eine Zukunft, Briefe Aufsätze, Reden, Leipzig 1991.
—

Johnen 2015: Stefanie Johnen, Die »Vereinigten Staatsschulen für freie und angewandte Kunst« Berlin und die »nationale Revolution«, in: Ruppert 2015.
—

Johnen 2018: Stefanie Johnen, Die vereinigten Staatsschulen für freie und angewandte Kunst in Berlin. Kunsthochschulgeschichte zwischen Weimarer Republik und NS-Diktatur, Berlin 2018 (gleichz. Diss. UdK Berlin 2014).
—

Kicherer 2019: Michael Kicherer, Franz Lenk (1898–1968). Ein deutscher Maler der Landschaft. Ausst. Kat. Galerie Bayer, Bietigheim-Bissingen, 2019.
—

Kroll 1937: Bruno Kroll, Deutsche Maler der Gegenwart: Die Entwicklung der Deutschen Malerei seit 1900, Berlin 1937.
—

Lange 2006: Gudrun und Peter Lange, Der Landschaftsmaler Franz Lenk in Orlamünde und Niederkrossen, in: Rudolstädter Heimatblätter 52. Jg. (2006), Heft 7, S. 188–194.
—

Lenk 1931: Franz Lenk, Was ich will, in: Die Kunst für alle, Jg. 46, Heft 12, Sept. 1931, S. 372–377.
—

Lenk 1931a: Franz Lenk, Langenbernsdorf. Ein einheimischer Künstler; sein Leben von ihm selbst erzählt. In: 1881–1931. 50 Jahre Werdauer Zeitung. Werdau 1931 (Exemplar im Nachlass Franz Lenk, Schwäbisch Hall).
—

Lenk 1943: Franz Lenk, Der Regenbogen. Bilder und Gedanken eines Landschaftsmalers, 1943, unveröffentlichtes Typoskript. Nachlass Franz Lenk, Schwäbisch Hall.
—

Löffler 1981: Fritz Löffler, Otto Dix 1891–1969. Œuvre der Gemälde, Recklinghausen 1981.
—

Lorenz 2013: Ulrike Lorenz (Hg.), Otto Dix. Briefe, Köln 2013.
—

März 1995: Roland März, Neuromantik und Neue Sachlichkeit, in: Vitali 1995, S. 516–518.
—

Matuschek 2021: Stefan Matuschek, Der gedichtete Himmel – eine Geschichte der Romantik, München 2021.
—

Müller-Mehlis 1976: Reinhard Müller-Mehlis, Die Kunst im Dritten Reich, München 1976.
—

Petropoulos 1996: Jonathan Petropoulos, Art as Politics in the Third Reich, London und North Carolina 1996.
—

Presler 1992: Gerd Presler, Glanz und Elend der 20er Jahre. Die Malerei der Neuen Sachlichkeit, Köln 1992.
—

Presler 1998: Gerd Presler, Franz Lenk – Zum 100. Geburtstag, in: Weltkunst 1998, Heft 5, S. 964–966.
—

Roters 1984: Eberhard Roters, Galerie Ferdinand Möller. Die Geschichte einer Galerie für Moderne Kunst in Deutschland 1917–1956, Berlin 1984.

Ribbentrop 2008: Rudolf von Ribbentrop, Mein Vater Joachim von Ribbentrop, Erlebnisse und Erinnerungen, Graz 2008.

—

Rüdiger 1937: Wilhelm Rüdiger, Georg Schrimpf und Franz Lenk. Ausstellung in der Galerie Heller in München, in: Der Beobachter, 23.9.1937.

—

Ruppert 2015: Wolfgang Ruppert (Hg.), Die »Deutsche Kunst«, die Kunstpolitik und die Berliner Kunsthochschule, Köln, Weimar, Wien 2015.

—

Sarkowicz 2004: Hans Sarkowicz (Hg.), Hitlers Künstler. Die Kultur im Dienst des Nationalsozialismus, Fft. Main und Leipzig 2004.

—

Schäfer 1981: Hans Dieter Schäfer, Das gespaltene Bewusstsein. Deutsche Kultur und Lebenswirklichkeit 1933–1945. München 1981.

—

Schmidt 2004: Hans-Werner Schmidt (Hg.), Willi Baumeister – Karl Hofer. Begegnung der Bilder, Ausst. Kat. Museum der bildenden Künste Leipzig, Leipzig 2004.

—

Schneede 1979: Uwe Schneede, Die zwanziger Jahre, Manifeste und Dokumente deutscher Künstler, Köln 1979.

—

Scholz 1999: Dieter Scholz, Otto Andreas Schreiber, die »Kunst der Nation« und die Fabrikausstellungen, in: Eugen Blume und Dieter Scholze (Hg.), Überbrückt. Ästhetische Moderne und Nationalsozialismus. Kunsthistoriker und Künstler 1925–1937, Köln 1999, S. 92–108.

—

Schubert 1990: Dietrich Schubert, Politische Metaphorik bei Otto Dix 1933–1939, in: Maria Rüger (Hg. im Auftrag der Akademie der Künste der DDR), Kunst und Kunstkritik der dreißiger Jahre, 29 Standpunkte zu künstlerischen und ästhetischen Prozessen und Kontroversen, Dresden 1990.

—

Steinweis 1993: Alan E. Steinweis, Art, Ideology and Economics in Nazi Germany. The Reich Chambers of Music, Theater and the Visual Arts, London und North Carolina 1993.

—

Storch 1985: Wolfgang Storch (Hg.), Georg Schrimpf und Maria Uhden. Leben und Werk, Ausst. Kat. Berlin: Haus am Waldsee 11.5.–16.6.1985; München: Villa Stuck 1985; Albstadt: Städtische Galerie 1985, Berlin 1985.

—

Thesing 1986: Susanne Thesing, Franz Lenk. Recklinghausen 1986.

—

Tymkiw 2020: Michael Tymkiw, Die Massenproduktion von Fabrikausstellungen im Nationalsozialistischen Deutschland, in: Meike Hoffmann und Dieter Scholz (Hg.) Unbewältigt? Ästhetische Moderne und Nationalsozialismus. Berlin 2020, S. 212–229.

—

Vitali 1995: Christoph Vitali, Ernste Spiele, Der Geist der Romantik in der deutschen Kunst 1790–1990, München 1995.

—

Walter-Ris 2003: Anja Walter-Ris, Die Geschichte der Galerie Nierendorf. Kunstleidenschaft im Dienst der Moderne. Berlin, New York 1920–1995, https://d-nb.info/969071779/34.

—

Weigel 2009: Björn Weigel, »Märzgefallene« und Aufnahmestopp im Frühjahr 1933, in: Wolfgang Benz (Hg.), Wie wurde man Parteigenosse? Die NSDAP und ihre Mitglieder, Frankfurt am Main 2009.

—

Werner 1930: Bruno E. Werner, Franz Lenk, in: Die Kunst für alle, 45. Jg., Heft 5, Februar 1930, S. 137–142.

—

Zeller 2007: Ursula Zeller/ Institut für Auslandsbeziehungen (Hg.), Die deutschen Beiträge zur Biennale Venedig 1895–2007, Köln 2007.

Archivalien

Germanisches Nationalmuseum Nürnberg, Deutsches Kunstarchiv (DKA) – Nachlässe Franz Lenk und Otto Dix

—

Bundesarchiv Berlin (BArch), Dokumente zu Franz Lenk

—

Hochschule für Bildende Künste Dresden, Archiv – Studienakten zu Franz Lenk

—

Nachlass Franz Lenk in Privatbesitz

—

Nachlass Friedrich Hartmann-Zeller in Privatbesitz

Leihgeber

Stiftung Stadtmuseum Berlin – Landesmuseum für Kultur und Geschichte

—

Berlinische Galerie – Landesmuseum für Moderne Kunst, Fotografie und Architektur

—

Kunsthandel Wolfgang Werner, Bremen und Berlin

—

Kunstsammlungen Chemnitz, Museum Gunzenhauser, Stiftung Gunzenhauser

—

Hessisches Landesmuseum Darmstadt

—

Städtische Museen Heilbronn

—

Sammlung Frieder Gerlach, Konstanz

—

Nachlass Franz Lenk

—

Lübecker Museen. Museum Behnhaus Drägerhaus, Leihgabe aus Privatbesitz

—

Museo d'arte della Svizzera italiana, Lugano

—

Stiftung Schleswig-Holsteinische Landesmuseen Schloss Gottorf

—

Galerie der Stadt Sindelfingen, Sammlung Lütze

—

Sammlung Frank Brabant, Wiesbaden

—

Museum im Kulturspeicher Würzburg

—

sowie private Sammlungen in Aach, Berlin, Hennef, Köln und München

Fotonachweis

Nachlass Friedrich Hartmann-Zeller, Aach: 14 r., S .19 u.; Berlinische Galerie, Landesmuseum für Moderne Kunst, Fotografie und Architektur: S. 57; Fotostudio Bartsch, Karen Bartsch, Berlin: S. 61, 118; Stiftung Stadtmuseum Berlin/ Oliver Ziebe: S. 47; Galerie Rudolf Bayer: S. 34, 44, 50, 82, 83, 87, 97, 99, 104, 105, 108, 131 r., 135; Kunsthandel Wolfgang Werner, Bremen und Berlin/ Scheer Medien Service GmbH: S. 24, 48, 49, 86; Archiv Museum Gunzenhauser, Chemnitz: S. 98 u.; László Tóth, Chemnitz: S. 13, 80, 98 u.; Hessisches Landesmuseum Darmstadt, Wolfgang Fuhrmannek: S. 51; Städtische Galerie Dresden, Philipp Günther: S. 31, 32, 35–37, 39, 40, 53, 54, 56, 68, 94, 102, 106, 107, 109–111, 117 M., 119, 136–140, 144, 149–151; Städtische Galerie Dresden, Robert Vanis: S. 91, 150; Sächsische Landes- und Universitätsbibliothek, Deutsche Fotothek: S. 14 l., S. 117 r.; Staatliche Kunstsammlungen Dresden, Albertinum: S. 116 l.; Johannes Schmidt, Dresden: S. 12 o., 66; Hamburger Kunsthalle: S. 66; Christian Rose, Hannover: S. 88; Städtische Museen Heilbronn: S. 41; Saša Fuis/ VAN HAM Kunstauktionen GmbH & Co. KG, Köln: S. 89, 90, 96; Alexander Stertzig, Konstanz: S. 12 u., 16, 25, 27–30, 33, 38 l. u. r., 59 r., 62, 65, 100, 101, 103, 141–143, 146–148; Sammlung Frieder Gerlach, Konstanz: S. 79; Lübecker Museen, Museum Behnhaus Drägerhaus, Michael Haydn: S. 92; Museo d' arte della Svizzera italiana, Lugano: S. 42f., 84; Kunsthalle Mannheim: S. 113 l.; Kunsthandel Ron Krausz, München: S. 70; Ketterer Kunst GmbH & Co KG, München: S. 95; Walter Bayer, München: S. 55; Deutsches Kunstarchiv, Germanisches Nationalmuseum Nürnberg: S. 11 l., 131 l.; Museum zu Allerheiligen, Schaffhausen: S. 98 o.; Stiftung Schleswig-Holsteinische Landesmuseen Schloss Gottorf: S. 45; Nachlass Franz Lenk, Schwäbisch-Hall: S. 6, 10, 11 r., 17 l. u. r., 18 r. u. l., 19 o. u. M., 20 l. u. r., 22, 59 l., 60 l., 71, 72, 113 r., 115 l. u. r., 117 l., 120 l. u. r., 121, 122 l. u. r., 123, 129; Galerie der Stadt Sindelfingen: S. 85, 93; Andreas Bestle, Würzburg: S. 78, 81, Titel; Privat: S. 60 r., S. 114, 116 r.

Trotz sorgfältiger Recherche war es nicht in allen Fällen möglich, Rechteinhaber der Abbildungen ausfindig zu machen. Berechtigte Ansprüche werden selbstverständlich im Rahmen der üblichen Vereinbarungen abgegolten.

Impressum

**Der Katalog erscheint anlässlich der Ausstellung
Franz Lenk. Der entwirklichte Blick**

Ausstellung

8. Oktober 2022 bis 8. Januar 2023
Städtische Galerie Dresden
Wilsdruffer Straße 2 / 01067 Dresden
www.galerie-dresden.de
Direktor: Dr. Gisbert Porstmann

29. Januar bis 16. April 2023
Städtische Wessenberg-Galerie Konstanz
Wessenbergstraße 41 / 78462 Konstanz
www.konstanz.de/wessenberg
Leiterin: Dr. Barbara Stark

Kuratoren: Johannes Schmidt, Barbara Stark

Katalog

Herausgeber und Redaktion: Johannes Schmidt
Projektmanagement Verlag: David Fesser
Herstellung Verlag: Kerstin Protz
Gestaltung: Denise Walther (Pixel hausgemacht!, Dresden)
Reproduktion: DZA Druckerei zu Altenburg GmbH, Altenburg
Druck und Bindung: DZA Druckerei zu Altenburg GmbH, Altenburg

Aus Gründen der besseren Lesbarkeit wird in dieser Publikation das generische Maskulinum verwendet. Weibliche und anderweitige Geschlechtsidentitäten werden dabei ausdrücklich mitgemeint, soweit es für die Aussage erforderlich ist.

Verlag

Deutscher Kunstverlag GmbH Berlin München
Lützowstraße 33 / 10785 Berlin
www.deutscherkunstverlag.de
Ein Unternehmen der Walter de Gruyter GmbH Berlin Boston
www.degruyter.com

Die Deutsche Nationalbibliothek verzeichnet diese Publikation in der Deutschen Nationalbibliografie; detaillierte bibliografische Daten sind im Internet über http://dnb.dnb.de abrufbar.

© 2022 Städtische Galerie Dresden und Städtische Wessenberg-Galerie Konstanz; Deutscher Kunstverlag GmbH Berlin München; für Werke von: Adolf Dietrich, Otto Dix, Franz Lenk, Richard Müller, Werner Peiner, Franz Radziwill, VG Bild-Kunst, Bonn

ISBN 978-3-422-98905-4

Printed in Germany

Mit Unterstützung der

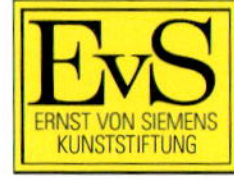

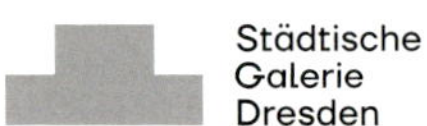

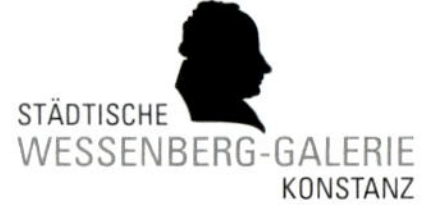